S 91 Nach dem Tod werden wir wieder beisammen sein.

Wir danken dem Werner Kristkeitz Verlag für die
Unterstützung bei der Realisierung dieses Projekts.

ICH BIN …

ICH BIN...

Gespräche mit
Sri Nisargadatta Maharaj

Auszüge aus
I AM THAT
(Originaltitel)

Aus dem Marathi nach
Tonbandaufzeichnungen ins Englische
übersetzt von M. Frydman,
überarbeitet von S. S. Dikshit.

Übersetzung:
Gilda Peters-Remscheid, Zürich
Heiner Siegelmann, München

Titel der englischsprachigen-indischen Originalausgabe:
I Am That, © Nisargadatta Maharaj,
Herausgeber: Maurice Frydman, Bombay 1973

Die Deutsche Bibliothek – CIP-Einheitsaufnahme

Nisargadatta:
Ich bin: Gespräche mit Sri Nisargadatta Maharaj; Auszüge aus
I am that (Originaltitel) / aus dem Marathi nach
Tonbandaufzeichn. ins Engl. übers. von M. Frydman. Überarb.
von S. S. Dikshit. – 3. Aufl. – Bielefeld: Context-Verl., 1996
ISBN 3-926257-03-2

3. Auflage 1996, 7–9. Tsd.

Uta Bodewig, Joachim Kamphausen GbR
Postfach 100850, 33508 Bielefeld

Bearbeitung der deutschen Übersetzung:
Brigitte Neuparth
Umschlaggestaltung: Thomas Luksch, Bad Oeynhausen
Satz: satzbau, Bielefeld
Druck / Einband: Clausen & Bosse, Leck

Vorwort

Meine Beziehung zu *Nisargadatta Maharaj* begann mit 'I Am That'.

1978 erschien in der Oktoberausgabe des Mountain Path (das offizielle Journal des *Ashrams* von *Ramana Maharshi*) ein Artikel von Jean Dunn. Darin wurde das Buch 'I Am That' erwähnt und Auszüge wiedergegeben, die mich zutiefst beeindruckten. Ich besorgte mir das Buch, las es vollständig in zwei Tagen durch und suchte danach *Maharaj* persönlich auf. Das war der Wendepunkt in meinem Leben. *Maharaj* starb im September 1981, und somit dauerte mein Zusammensein mit ihm nur drei Jahre, doch in diesen Angelegenheiten ist die Dauer des Zusammenseins nicht von Wichtigkeit.

Meine Empfehlung an den Leser ist, nicht zu viel Zeit auf das erste Durchlesen des Buches zu verwenden und zu versuchen, jede Zeile auf jeder Seite zu verstehen, sondern nur eine generelle Einsicht dessen zu bekommen, was in dem Buch gesagt wird. Um auch nur ein einigermaßen gutes Verständnis zu erlangen, sollte man das Buch mehrere Male lesen, doch dieser Aufwand lohnt sich, und das Lesen wird große Freude machen.

Bestimmte Fragen tauchen immer wieder auf, und mit der Zeit werden sich die meisten von selbst beantworten. Eine bestimmte Frage wird vielleicht bleiben: Was ist 'Bewußtsein', und was ist die Beziehung zwischen dem Bewußtsein und dem Verstand? Der entscheidende Punkt liegt in der Unmöglichkeit zu sagen, was etwas *ist*, außer in Bezug auf das, was es *tut*. Das

Bewußtsein ist beides, das Gewahrsein und der Schöpfer der Erfahrung. Es ist beides, die Erfahrung zu sein und die Erfahrung zu kennen.

Genaugenommen gibt es keinen Unterschied zwischen dem Bewußtsein und dem Verstand. Das Bewußtsein in Aktion ist der Verstand, somit ist der Verstand der Inhalt des Bewußtseins.

Bewußtsein kann ohne den Verstand existieren (wie z.B. im Tiefschlaf oder in Narkose), doch der Verstand kann ohne das Bewußtsein nicht existieren. Der Verstand, nach innen gerichtet (ohne Gedanken), ist das Bewußtsein; der Verstand, nach außen gerichtet, ist das Ego oder der 'Ich'-Gedanke, dessen Quelle das unpersönliche oder universelle Bewußtsein ist.

Der nach außen gerichtete Verstand und das Ego sind ein und dasselbe. Erinnerung und Intellekt sind Aspekte dieses Verstandes, der nur im Wachzustand vorhanden ist (und auch im Traum), doch nicht in tiefem Schlaf.

Vom persönlichen Standpunkt aus gesehen ist der Verstand oder das Ego die Verbindung zwischen dem Bewußtsein und dem physischen Körper, welcher träge und empfindungslos ist.

Der operierende Verstand hat zwei Aspekte:

— den 'denkenden Verstand', der aus der Erinnerung heraus operiert und Vorstellungen und Konzepte schafft. Diese beruhen auf vergangenen Erfahrungen und projizieren diese Vorstellungen als Hoffnungen, Ängste und Ambitionen in die selbsterdachte Zukunft;

— den 'arbeitenden Verstand', der sich auf die Geschehnisse im augenblicklichen Moment konzentriert. Der denkende Verstand - eine unnütze Vergeudung von Energie - mit seinem Gefühl von einem persönlich Handelnden wird zerstört, wenn etwas geschieht, das man als Erleuchtung bezeichnet, und wenn das persönliche, identifizierte Bewußtsein zu seiner Quelle, dem unpersönlichen, universellen Bewußtsein, zurückfindet.

Der Kern dieser Lehren könnte folgendermaßen zusammengefaßt werden: Die Gesamtheit der Manifestation ist eine Erscheinung im Bewußtsein (wie ein Traum). Ihr Ablauf ist ein unpersönlicher, sich selbst generierender Prozeß. Die Milliarden von Geisteswesen sind die Instrumente (erträumten Charaktere ohne freien Willen) durch die dieser unpersönliche Prozeß abläuft. Das klare Erfassen dieser Wahrheit bedeutet Erleuchtung.

Ramesh S. Balsekar

Ramesh S. Balsekar, 77, Schüler Nisargadattas, Autor, Ex-Body-Builder, Ex-Bank-Präsident, hält regelmäßig Diskurse in Indien.

Wer ist Nisargadatta Maharaj

Wenn man den Meister nach seinem Geburtsdatum fragt, antwortet er ganz freundlich, daß er nie geboren wurde.

Einen biographischen Abriß über *Sri Nisargadatta Maharaj* zu schreiben ist eine unbefriedigende und undankbare Aufgabe. Nicht nur, daß sein genaues Geburtsdatum unbekannt ist, es gibt auch keine bestätigten Daten und Fakten über seine Jugend. Doch einige seiner älteren Verwandten und Freunde datieren seine Geburt auf einen Tag des Vollmondes im März 1897, den Tag, an dem die *Hindus Hanuman Jayanti*, auch *Maruti* genannt, feiern und anbeten, einen Affen-Gott des *Ramayana*-Glaubens. Um seine Geburt mit diesem denkwürdigen Tag zu verbinden, nannten die Eltern ihn *Maruti.*

Die vorhandenen Daten über seine Kindheit und Jugend sind lückenhaft. Sein Vater, *Shivrampant*, war ein armer Mann, der für einige Zeit als Hausangestellter in Bombay arbeitete und später einen ärmlichen Lebensunterhalt als Kleinbauer in *Kandalgaon* verdiente, einem kleinen Dorf im Hinterland des *Ratnagiri Distriktes* von *Maharastra. Maruti* wuchs fast ganz ohne Schulbildung auf. Als Kind half er, soweit er konnte, seinem Vater bei der Feldarbeit, beim Kühehüten, führte das Ochsengespann, verrichtete Feldarbeiten und machte Besorgungen. Seine Freuden waren so einfach wie seine Arbeiten, doch war er mit einem wachen, neugierigen Verstand beschenkt worden, der überfloß von allen möglichen Fragen.

Sein Vater hatte einen *Brahmanen* zum Freund, *Vishnu Haribhau Gore*, einen frommen Mann, der auch durch das einfache Landleben lernte. *Gore* sprach oft über religiöse Themen, und *Maruti* hörte mit großer Aufmerksamkeit zu. Er dachte wesentlich mehr über diese Themen nach, als man vermutet hätte. *Gore* war der ideale Mann für ihn, ehrlich, freundlich und weise.

Als *Maruti* achtzehn Jahre alt war, starb sein Vater und hinterließ eine Witwe, vier Söhne und zwei Töchter. Das magere Einkommen aus der kleinen Landwirtschaft wurde noch kleiner und reichte nicht mehr aus, die vielen Münder zu stopfen. *Marutis* älterer Bruder ging nach Bombay auf die Suche nach Arbeit, und *Maruti* folgte ihm kurze Zeit später. Für einige Monate arbeitete er als unterbezahlter Bürobote, doch bald gab er die Arbeit angewidert auf. Er versuchte sich als Kleinhändler und eröffnete einen Laden für Kinderkleidung, Tabak und handgedrehte Zigaretten. Mit der Zeit blühte dieses Geschäft in bescheidenen Grenzen und gab ihm eine gewisse finanzielle Sicherheit. Zu dieser Zeit heiratete er und bekam einen Sohn und drei Töchter.

Kindheit, Jugend, Ehe, Familie – *Maruti* lebte das normale, eintönige und ereignislose Leben eines einfachen Mannes bis zu seinen mittleren Lebensjahren, ohne die geringsten Anzeichen der Heiligkeit, die später in Erscheinung treten sollte. Während dieser Zeit hatte er einen Freund namens *Yashwantrao Baagkar*, der ein Anhänger des *Sri Siddharameshwar Maharaj* war, ein spiritueller Lehrer der *Navnath Sampradaya*-Linie, einer hinduistischen Sekte. *Baagkar* nahm *Maruti* eines Abends mit zu seinem *Guru*, und dieser Abend sollte ein Wendepunkt in seinem Leben werden. Der *Guru* gab ihm ein *Mantra* und Anweisungen in Meditation. Sehr bald überkamen *Maruti* Visionen, und er fiel in eine Art Trance. Irgend etwas explodierte in ihm und gebar ein kosmisches Bewußtsein, ein Gefühl vom ewigen Leben. Die Identität des *Maruti*, des Kleinhändlers, löste sich auf, und die strahlende Persönlichkeit des *Sri Nisargadatta Maharaj* kam zum Vorschein.

Die meisten Menschen leben in einer Welt, in der sie sich nur ihrer selbst bewußt sind und haben nicht das Bedürfnis oder die Kraft, über sie hinauszuwachsen. Sie existieren nur für sich selbst, alle ihre Bemühungen sind nur auf Befriedigung ihrer eigenen Bedürfnisse und auf Selbstverherrlichung ausgerichtet. Doch es gibt Lehrer, Sehende und Offenbarende, die, während sie offensichtlich in derselben Welt leben, gleichzeitig auch in einer anderen Welt sind, der Welt des kosmischen Bewußtseins, erfüllt mit unbegrenztem Wissen. Nach seinem Erleuchtungs-Erlebnis begann *Nisargadatta* ein solches Leben in zwei Welten. Er betrieb weiterhin seinen Laden, doch hörte er auf, ein profitorientierter Händler zu sein. Später gab er seine Familie und sein Geschäft auf und wurde Bettelmönch, ein Pilger in der Weite und Vielfältigkeit der indischen religiösen Szene. Barfuß wanderte er in Richtung Himalaya, wo er den Rest seines Lebens verbringen wollte, auf der Suche nach dem ewigen Leben. Doch recht bald sah er die Sinnlosigkeit seines Vorhabens ein und kehrte nach Hause zurück. Er erkannte, daß er das ewige Leben nirgendwo zu suchen brauchte, er hatte es bereits. Nachdem er über die Vorstellung 'Ich bin der Körper' hinausgegangen war, hatte er einen geistigen Zustand von Freude, Frieden und Glückseligkeit erreicht, daß ihm, verglichen damit, alles andere wertlos erschien. Er hatte die Selbstverwirklichung erlangt.

Auch wenn der Meister ungebildet ist, sind die Gespräche mit ihm in außergewöhnlichem Maße erleuchtend. Geboren und aufgewachsen in Armut, ist er der Reichste unter den Reichen, denn er hat den grenzenlosen Reichtum des ewigen Wissens, mit dem verglichen die großartigsten Schätze nur reiner Tand sind. Er ist barmherzig und liebevoll, witzig und humorvoll, vollkommen angstfrei und vollkommen wahrhaftig, inspirierend, anleitend und unterstützend für jeden, der zu ihm kommt.

Jeder Versuch, über solch einen Mann eine biographische Note zu schreiben, ist nichtig und sinnlos. Er ist kein Mann mit Vergangenheit und Zukunft, er ist die lebendige Gegenwart, ewig und unveränderlich. Er ist das Selbst, das alles ist.

Bombay 1973

Anmerkung des Übersetzers

Der Autor dieses Buches, Maurice Frydman, ein gebürtiger Pole, verbrachte den Großteil seines Lebens in Indien. Zu Hause in der englischen Sprache und in *Marathi*, *Nisargadattas* Sprache, fiel ihm natürlicherweise die Aufgabe zu, zwischen *Nisargadatta* und seinen westlichen Besuchern zu übersetzen. Sein Verdienst ist es, *Nisargadatta* dem Westen zugänglich gemacht zu haben, so wie Paul Bruntons Buch *Ramana Maharshi* über Indiens Grenzen hinaus bekannt gemacht hat.

Nach Maurices Tod 1976 fand sich ein neuer Suchender bei *Nisargadatta* ein, *Ramesh Balsekar.* Seine Sprachkenntnisse befähigten ihn, zusammen mit einem anderen Inder, *Mullarpatan*, die Lücke zu schließen, die Maurice hinterlassen hatte. *Ramesh Balsekar*, ein pensionierter Bankier, teilweise im Westen aufgewachsen, war ein Leben lang an spirituellen Fragen interessiert, doch erst das Zusammentreffen mit *Nisargadatta* brachte seine Suche zu einem schnellen Ende. Die Person des Bankiers löste sich auf und legte das Absolute, Gott, das universelle Bewußtsein, frei.

Nisargadatta realisierte selbstverständlich die Verwandlung, die stattgefunden hatte, und als ihm der Krebs im Endstadium das Sprechen mehr und mehr erschwerte, forderte er *Ramesh* auf, die Fragen der Besucher zu beantworten. *Nisargadatta* starb im September 1981 in Bombay.

Nach meinem intensiven Studium von Maurices Buch 'I Am That' führte mich meine Suche 1986 zu *Ramesh* und eröffnete mir einen direkten Zugang zu diesem unpersönlichen, universellen Wissen. Jegliche Übersetzung von Texten, die die Auslegungen eines Verwirklichten darstellen, ist so begrenzt wie das tiefe Verständnis - nicht das intellektuelle Verstehen - des Übersetzers. Da mir durch *Ramesh* eine direkte Quelle zu diesem Wissen offensteht, habe ich mein eigenes beschränktes Verständnis durch Rückfragen an *Ramesh* ergänzen können. Ich hoffe, daß ich in der vorliegenden Arbeit die sprachlichen und terminologischen Barrieren auf ein Minimum beschränken konnte.

Die größte Schwierigkeit beim Übersetzen waren bestimmte Worte, die im Deutschen kein Äquivalent zur englischen Sprache bieten. Von all diesen Worten wird das Wort 'mind' sicherlich die größten Kontroversen auslösen. Studiert man den Text genau, wird man unweigerlich zu der Überzeugung gelangen, daß *Nisargadatta* den Verstand, den Intellekt meint, wenn er vom 'mind' spricht. Ist doch der Kern des Problems einzig und allein unsere Vorstellung, etwas Bestimmtes, Greifbares, Erklärbares zu sein. Diese Vorstellung allein, und nichts anderes ist unser selbsterschaffenes Gefängnis, d.h. unser sogenanntes Gefangensein existiert einzig und allein im Verstand. Also ist nicht der Verstand als solcher das Problem, sondern die Vorstellungen, die Illusionen sind es, die er erschafft. *Ramesh* hat in seinem Vorwort die Spaltung des Verstandes erklärt, und wenn in diesem Buch vom Verstand die Rede ist, dann ist es dieser denkende Teil des Verstandes, der die Illusion vom Gefangensein geschaffen hat.

Der wichtigste Punkt, den *Nisargadatta* immer wieder anspricht, ist jedoch die Begrenztheit der Worte, die, wie er sagt, auf vielfältige, sogar sich widersprechende Weise zusammengefügt werden können. Worte sind nur Wegweiser, ein absolut begrenztes Medium. Doch solange unser Verstand nach Worten verlangt, ist es gut und richtig, ihn damit zu füttern. Die intensive Auseinandersetzung mit der Materie bereitet nur den Boden für das Erfassen, das keine Hilfsmittel braucht. Es geschieht von allein, wenn der Zeitpunkt gekommen ist.

Heiner Siegelmann

Kapitel 1

Frage: Des öfteren wurde die Frage gestellt, ob das Universum dem Gesetz von Ursache und Wirkung unterliegt, oder ob es außerhalb dieses Gesetzes existiert und funktioniert. Sie scheinen der Ansicht zu sein, daß es keinen Grund für die Existenz des Universums gibt, daß alles, wie unbedeutend es auch sein mag, ohne Ursache ist - es entsteht und vergeht ohne einen bestimmten Grund.

Maharaj: Ursache und Wirkung bedeuten zeitliche Abfolge von Geschehnissen im Raum. Dieser Raum kann physischer oder mentaler Art sein. Zeit, Raum und Ursache sind mentale Kategorien, die im Verstand erscheinen und mit diesem auch wieder enden.

Frage: Solange der Verstand operiert, gilt das Gesetz von Ursache und Wirkung.

Maharaj: Wie alles Mentale widerspricht das sogenannte Gesetz von Ursache und Wirkung sich selbst. Nichts, was existiert, hat eine bestimmte Ursache. Das gesamte Universum trägt zur Existenz auch des kleinsten Teiles bei. Nichts könnte so sein, wie es ist, ohne daß das Universum so ist, wie es ist. Wenn der Ursprung und die Basis auch gleichzeitig die einzige Ursache von allem sind, dann ist es falsch, von Kausalität als einem universellen Gesetz zu sprechen. Das Universum ist nicht limitiert durch seinen Inhalt, denn seine Potentiale sind unendlich; außerdem ist es die Manifestation oder der Ausdruck von einem fundamentalen und total freien Prinzip.

FRAGE: Ja, absolut gesehen, ist es falsch, von einer Sache als der einzigen Ursache einer anderen Sache zu sprechen. Doch sind unsere Handlungen im täglichen Leben unvermeidlich immer auf ein bestimmtes Ergebnis gerichtet.

MAHARAJ: Ja, viele solcher Aktivitäten entpringen der Ignoranz. Würden die Menschen verstehen, daß nichts geschehen kann, ohne daß das gesamte Universum es geschehen läßt, sie würden mit weniger Aufwand wesentlich mehr erreichen.

FRAGE: Wenn alles der Ausdruck der Gesamtheit aller Ursachen ist, wie können wir dann von sinnvollen Taten, die auf bestimmte Ergebnisse gerichtet sind, reden?

MAHARAJ: Auch dieses Bedürfnis, etwas zu erreichen, ist ein Ausdruck des gesamten Universums. Es zeigt nur, daß das Energiepotential an einem bestimmten Punkt aufgestiegen ist. Es ist die Illusion von Zeit, die Sie von Kausalität reden läßt. Wenn Vergangenheit und Zukunft im zeitlosen Jetzt gesehen werden, als Teil eines gemeinsamen Musters, so verliert die Vorstellung von Ursache und Wirkung ihre Gültigkeit und wird durch kreative Freiheit ersetzt.

FRAGE: Ich kann dennoch nicht sehen, wie irgend etwas ohne Ursache sein kann.

MAHARAJ: Wenn ich sage, daß etwas ohne Ursache ist, dann meine ich, es kann ohne eine bestimmte offensichtliche Ursache sein. Ihre eigene Mutter war nicht erforderlich für Ihre Geburt, Sie hätten auch von einer anderen Mutter geboren werden können. Doch Sie hätten nicht ohne Sonne und Erde geboren werden können. Doch auch sie allein hätten Ihre Geburt nicht ermöglicht ohne den wichtigsten Faktor: Ihren Wunsch, geboren zu werden. Es ist der Wunsch, der Geburt, Namen und Form ermöglicht. Die Wunschvorstellung wird geboren und ausgeführt und manifestiert sich als etwas Greifbares und Faßbares. So entsteht die Welt, in der wir leben - unsere persönliche Welt. Die wirkliche Welt ist jenseits der Begrenzung des Verstandes; wir sehen sie durch das Netz unserer

Wünsche, getrennt in Freude und Leid, richtig und falsch, innen und außen. Um das Universum zu sehen, wie es ist, müssen Sie sich aus dem Netz befreien. Dies ist gar nicht so schwierig, denn das Netz ist voller Löcher.

FRAGE: Was meinen Sie mit Löchern, und wie finde ich sie?

MAHARAJ: Sehen Sie das Netz und seine vielen Widersprüche an, Sie erschaffen und zerstören es jeden Moment. Sie wollen Frieden, Liebe und Glück und arbeiten hart daran, Schmerz, Haß und Krieg zu erzeugen. Sie wollen ein langes Leben und essen zuviel. Sie wollen Freundschaft und beuten aus. Erkennen Sie Ihr Netz, gesponnen aus diesen Widersprüchen, und beseitigen Sie sie. Wenn Sie sie durchschauen, werden sie sich auflösen.

FRAGE: Da dieses Durchschauen die Auflösung erzeugt, gibt es nicht einen kausalen Zusammenhang zwischen dem Durchschauen und dem Auflösen?

MAHARAJ: Kausalität, auch als Konzept, gilt nicht für das Chaos.

FRAGE: In welchem Ausmaß ist der Wunsch ein kausaler Faktor?

MAHARAJ: Einer von vielen. Für alles gibt es unendlich viele kausale Faktoren. Doch die Quelle von allem, was ist, ist die unendliche Möglichkeit, die höchste Realität, die in Ihnen ist und deren Licht und Kraft und Liebe alle Erfahrungen durchdringt. Doch diese Quelle ist keine Ursache, und keine Ursache ist eine Quelle. Deshalb sage ich, alles ist ohne Ursache. Sie können vielleicht herausfinden, wie etwas passiert ist, doch Sie können nicht herausfinden, warum etwas ist, wie es ist. Etwas ist, wie es ist, weil das Universum so ist, wie es ist.

Kapitel 2

FRAGE: Ist das Beobachter-Bewußtsein permanent oder nicht?

MAHARAJ: Es ist nicht permanent. Der Wissende entsteht und vergeht mit dem Wissen. Die Worte 'permanent' oder 'ewig' treffen nicht zu.

FRAGE: Im Schlaf gibt es weder das Wissen noch den Wissenden. Was erhält den Körper empfindsam und empfänglich?

MAHARAJ: Sicher können Sie nicht sagen, der Wissende war abwesend. Die Erfahrung von Dingen und Gedanken war nicht vorhanden, das ist alles. Doch die Abwesenheit von Erfahrungen ist auch eine Erfahrung. Es ist, als ob man ein dunkles Zimmer betritt und sagt: 'Ich sehe nichts'. Ein Mensch, von Geburt an blind, weiß nicht, was Dunkelheit ist. Genauso weiß nur der Wissende, daß er nicht weiß. Schlaf ist nur eine Lücke im Gedächtnis, das Leben geht weiter.

FRAGE: Und was ist der Tod?

MAHARAJ: Es ist der Wechsel im lebendigen Prozeß eines bestimmten Körpers. Die Integration endet, und der Verfall beginnt.

FRAGE: Was geschieht mit dem Wissenden? Verschwindet auch der Wissende, wenn der Körper zerfällt?

MAHARAJ: So wie der Wissende bei der Geburt des Körpers erscheint, so verschwindet er beim Tod.

FRAGE: Und nichts bleibt zurück?

MAHARAJ: Das Leben bleibt. Das Bewußtsein braucht einen Träger und ein Instrument, um sich zu manifestieren. Wenn das Leben einen anderen Körper produziert, entsteht ein anderer Wissender.

FRAGE: Gibt es einen kausalen Zusammenhang zwischen den aufeinanderfolgenden Körper-Verstand-Einheiten?

MAHARAJ: Ja, es gibt etwas, das man den 'Körper der Erinnerung' nennen kann oder Kausalkörper, eine Aufzeichnung von allem, was je gewünscht, getan oder gedacht wurde. Es ist wie eine zusammenhängende Wolke von Bildern.

FRAGE: Was ist dieses Gefühl von getrennter Existenz?

MAHARAJ: Es ist die Reflexion der einen Realität in einem separaten Körper. In dieser Reflexion werden das Grenzenlose und das Begrenzte verwechselt und für gleichwertig angesehen. Diese Verwirrung aufzulösen, ist der Sinn von *Yoga*.

FRAGE: Löst nicht der Tod diese Verwirrung auf?

MAHARAJ: Beim Tod stirbt nur der Körper, nicht das Leben, nicht das Bewußtsein, nicht die Realität. Das Leben ist nie so lebendig wie nach dem Tod.

FRAGE: Gibt es eine Wiedergeburt?

MAHARAJ: Was geboren wurde, muß sterben. Nur was nie geboren wurde, ist unsterblich. Finden Sie heraus, was es ist, das nie schläft und nie wacht, und dessen unscheinbare Reflexion unser Gefühl von 'Ich' ist.

FRAGE: Wie fange ich es an, dies herauszufinden?

MAHARAJ: Wie fangen Sie es an, irgend etwas herauszufinden? Indem Sie Ihren Verstand und Ihr Herz darauf ausrichten. Notwendig sind dafür Interesse und ständige Erinnerung. Der Schlüssel des Erfolges liegt in der Erinnerung dessen, was wichtig ist. Die Ernsthaftigkeit wird Sie dorthin bringen.

FRAGE: Wollen Sie damit sagen, daß allein der Wille, es herauszufinden, genug ist? Sicherlich sind dafür doch auch gewisse Gelegenheiten und Fähigkeiten erforderlich?

MAHARAJ: Die Ernsthaftigkeit wird sie erzeugen. Es ist äußerst wichtig, von Widersprüchen frei zu sein: der Weg und das Ziel dürfen nicht auf verschiedenen Ebenen liegen, das Leben und das Licht dürfen nicht miteinander in Streit liegen, die Verhaltensweisen dürfen nicht den Glauben hintergehen. Nennen Sie es Anständigkeit, Ehrlichkeit, Ganzheit. Sie dürfen nicht zurückgehen, dieses Terrain, das Sie gewonnen haben, zerstören oder aufgeben. Beharrlichkeit bezüglich Ihrer Absichten und Ehrlichkeit bei der Ausführung werden Sie zum Ziel bringen.

FRAGE: Beharrlichkeit und Ehrlichkeit sind eine Begabung, ganz sicher. Ich besitze nicht eine Spur davon.

MAHARAJ: Alles wird Ihnen zufließen, wenn Sie Ihren Weg verfolgen. Immer ein Schritt nach dem anderen, alle Segnungen kommen aus Ihrem Inneren. Gehen Sie nach innen. Sie kennen das 'Ich bin'. Lassen Sie das bei sich sein, so oft Sie können, bis es ganz spontan erscheint. Es gibt keinen einfacheren, simpleren Weg.

Kapitel 3

FRAGE: Alle Lehrer raten einem zu meditieren. Was ist die Absicht von Meditation?

MAHARAJ: Wir kennen unsere äußere Welt, die Ereignisse und Geschehnisse, doch unsere innere Welt der Gedanken und Gefühle kennen wir sehr wenig. Der wesentliche Zweck von Meditation ist, daß wir uns unseres inneren Lebens bewußt werden und uns mit ihm vertraut machen, doch der Endpunkt ist, die Quelle des Lebens und des Bewußtseins zu erreichen. Übrigens, angewandte Meditation beeinflußt unseren Charakter zutiefst. Wir sind Sklaven dessen, was wir nicht wissen, und wir sind Herren dessen, was wir wissen. Welche Stärke oder Schwäche wir auch immer in uns entdecken und deren Ursachen und Abläufe verstehen, lassen wir durch dieses Verstehen hinter uns; das Unbewußte löst sich auf, wenn es in das Bewußtsein gebracht wird. Die Auflösung des Unbewußten setzt Energie frei. Der Verstand genügt sich selbst und wird ruhig.

FRAGE: Wozu ist ein ruhiger Verstand gut?

MAHARAJ: Wenn der Verstand ruhig ist, entdecken wir uns als den reinen Zeugen. Wir lösen uns von der Erfahrung und dem Erfahrenen und beziehen unseren Standpunkt in reinem Gewahrsein, welches zwischen und jenseits der beiden ist. Die Persönlichkeit, geboren aus der Identifikation, aus der Vorstellung, etwas Bestimmtes zu sein, 'Ich bin dies, ich bin das', existiert weiterhin, doch nur als ein Teil der objektiven Welt. Ihre Identifikation mit dem Beobachter zerbricht.

FRAGE: So wie ich es verstehe, lebe ich auf vielen Ebenen, und das Leben auf jeder Ebene erfordert Energie. Es liegt in der Natur des Selbst, sich an allem zu erfreuen, seine Energien fließen nach außen. Ist nicht der Zweck von Meditation, diese Energien auf höheren Ebenen zu sammeln oder sie zurückzuorientieren und aufsteigen zu lassen, um auch die höheren Ebenen gedeihen zu lassen?

MAHARAJ: Es ist nicht so sehr eine Frage von Ebenen als von *Gunas* (Eigenschaften). Meditation ist eine *sattv*ische Handlung und ist auf die vollständige Aufhebung von *Tamas* (Trägheit) und *Rajas* (Unruhe) gerichtet. Reine *Sattva* (Harmonie) bedeutet die totale Freiheit von Trägheit und Ruhelosigkeit.

FRAGE: Wie kann man *Sattva* stärken und läutern?

MAHARAJ: *Sattva* ist immer rein und stark. Sie ist wie die Sonne, sie scheint durch Wolken und Dunst verdunkelt zu sein, doch nur aus der Perspektive des Beobachters. Setzen Sie sich mit den Ursachen der Verdunkelung auseinander, nicht mit der Sonne.

FRAGE: Was ist der Sinn von *Sattva*?

MAHARAJ: Was ist der Sinn von Wahrheit, Güte, Harmonie, Schönheit? Sie sind ihr eigenes Ziel. Sie manifestieren sich spontan und ohne Anstrengung, wenn man die Dinge sich selbst überläßt, wenn man nicht eingreift, nicht vermeidet, begehrt oder konzeptualisiert, sondern sie nur in reinem Gewahrsein erfährt. Solches Gewahrsein selbst ist *Sattva*. Es hat keine Verwendung für Dinge und Menschen - es erfüllt sie.

FRAGE: Da ich also die Harmonie nicht verbessern kann, soll ich mich nur mit *Tamas* und *Rajas* beschäftigen? Wie gehe ich mit ihnen um?

MAHARAJ: Indem Sie ihren Einfluß in Ihnen und auf sich beobachten. Seien Sie sich ihrer bewußt und wie sie operieren. Beobachten Sie, wie sie sich in Ihren Gedanken ausdrücken, in

Ihren Worten und Taten, und nach und nach wird sich ihre Gewalt über Sie verringern, und das klare Licht von *Sattva* wird zum Vorschein kommen. Es ist weder ein schwieriger noch ein langwieriger Vorgang. Ernsthaftigkeit ist die einzige Bedingung für den Erfolg.

Kapitel 4

FRAGE: Es gibt sehr interessante Bücher von offenbar sehr kompetenten Leuten, die es ablehnen, die Welt als Illusion zu sehen (jedoch nicht ihre Vergänglichkeit). Sie behaupten, es gibt eine Hierarchie von Wesen, von den niedrigsten bis zu den höchsten. Auf allen Ebenen ermöglicht und reflektiert die Komplexität des einzelnen Organismus' die Tiefe, Weite und Intensität von Bewußtsein, ohne einen sichtbaren oder erkennbaren Kulminationspunkt. Ein einziges, absolutes Gesetz ist zutreffend: allgemeine Evolution für das Wachstum und die Bereicherung des Bewußtseins und der Manifestation seiner unendlichen Möglichkeiten.

MAHARAJ: Dies mag zutreffen oder nicht; selbst wenn es stimmt, dann nur aus der Sicht des Verstandes, doch das gesamte Universum *(Mahadakash)* existiert nur im Bewußtsein *(Chidakash)*, während mein Standpunkt im Absoluten *(Paramakash)* ist. In reinem Sein steigt das Bewußtsein auf, im Bewußtsein entsteht und vergeht die Welt. Ich bin alles; alles, was es gibt, ist mein. Bevor irgend etwas begann, nachdem alles endet - ich bin. Alles hat sein Sein in mir, in dem 'Ich bin', das in jedem lebenden Wesen strahlt. Sogar Nicht-sein ist unvorstellbar ohne mich. Was auch immer passiert, ich bin erforderlich als der Beobachter.

FRAGE: Warum sagen Sie, die Welt existiere nicht?

MAHARAJ: Ich verneine nicht die Existenz der Welt. Ich sehe sie als eine Erscheinung im Bewußtsein, was die Gesamtheit des Wissens in der Unermeßlichkeit des Unbekannten ist.

Was einen Anfang und ein Ende hat, ist bloße Erscheinung. Man kann sagen, die Welt erscheint, aber nicht, sie *ist*. Diese Erscheinung mag in Relation zu bestimmten Zeitabläufen sehr lange, in Relation zu anderen sehr kurz erscheinen, doch es läuft auf dasselbe hinaus. Alles, was zeitlich begrenzt ist, ist momentan und nicht real.

FRAGE: Sicher sehen Sie die eigentliche Welt so, wie sie Sie umgibt. Sie scheinen sich ganz normal zu verhalten.

MAHARAJ: So sieht das für Sie aus. Was in Ihrem Fall das gesamte Feld des Bewußtseins einnimmt, ist gerade ein kleiner Fleck in meinem. Die Welt existiert nur für einen Moment. Es ist Ihre Erinnerung, die Ihnen das Gefühl gibt, daß sie Bestand hat. Ich selbst lebe nicht aus der Erinnerung. Ich sehe die Welt, wie sie ist, eine momentane Erscheinung im Bewußtsein.

FRAGE: In Ihrem Bewußtsein?

MAHARAJ: Alle Ideen von 'mir' und 'mein' und sogar die Idee von 'Ich bin' sind nur im Bewußtsein.

FRAGE: Ist dann Ihr 'absolutes Sein' *(Paramakash)* Un-Bewußtsein?

MAHARAJ: Die Idee von Un-Bewußtsein existiert nur im Bewußtsein.

FRAGE: Woher wissen Sie dann, daß Sie sich in dem höchsten Zustand befinden?

MAHARAJ: Weil ich mich darin befinde. Es ist der einzige natürliche Zustand.

FRAGE: Können Sie ihn beschreiben?

MAHARAJ: Nur durch Verneinung. Wie zum Beispiel unverursacht, unabhängig, ohne Bezug, ungeteilt, nicht zusammengesetzt, unerschütterlich, unzweifelbar, nicht erreichbar durch Anstrengung. Jede positive Beschreibung ist aus der Erinnerung und trifft deshalb nicht zu. Und doch ist mein Zustand äußerst wirklich und deshalb möglich, realisierbar, erreichbar.

FRAGE: Sind Sie nicht zeitlos in eine Abstraktion versunken?

MAHARAJ: Abstraktion ist etwas Mentales und Verbales und verschwindet im Schlaf oder in Bewußtlosigkeit und kehrt zurück als Zeit. Ich bin in meinem eigenen Zustand *(Swarupa)*, zeitlos im Jetzt. Vergangenheit und Zukunft sind nur im Verstand, ich bin jetzt.

FRAGE: Auch die Welt ist jetzt.

MAHARAJ: Welche Welt?

FRAGE: Die Welt um uns herum.

MAHARAJ: Es ist Ihre Welt, an die Sie denken, nicht meine. Was wissen Sie von mir, wenn selbst mein Gespräch mit Ihnen nur in Ihrer Welt existiert? Es gibt für Sie keinen Grund zu glauben, daß Ihre Welt identisch mit der meinen ist. Meine Welt ist real, echt, so, wie sie wahrgenommen wird, während Ihre erscheint und vergeht, entsprechend dem Zustand Ihres Verstandes. Ihre Welt ist etwas Fremdes, Sie haben Angst vor ihr. Meine Welt bin ich selbst. Ich bin zu Hause.

FRAGE: Wenn Sie die Welt sind, wie können Sie sich ihrer bewußt sein? Ist das Subjekt des Bewußtseins dann nicht unterschiedlich von seinem Objekt?

MAHARAJ: Das Bewußtsein und die Welt erscheinen und vergehen zusammen, also sind sie zwei Aspekte desselben Zustandes.

FRAGE: Im Schlaf bin ich nicht vorhanden, und die Welt existiert weiter.

MAHARAJ: Woher wissen Sie das?

FRAGE: Wenn ich aufwache, weiß ich es. Meine Erinnerung sagt es mir.

MAHARAJ: Die Erinnerung ist im Verstand. Auch im Schlaf existiert der Verstand.

FRAGE: Er ist teilweise außer Kraft gesetzt.

MAHARAJ: Doch sein Weltbild ist unbeeinflußt. Solange der Verstand existiert, existieren Ihr Körper und Ihre Welt. Ihre Welt ist eine Kreation Ihres Verstandes, subjektiv, im Verstand gefangen, bruchstückartig, zeitlich begrenzt, persönlich, gewoben aus Erinnerungen.

FRAGE: So wie Ihre?

MAHARAJ: Oh nein, ich lebe in einer Welt der Realität, während Ihre aus Vorstellungen besteht. Ihre Welt ist persönlich, privat, ganz intim Ihre eigene Welt, Sie können sie nicht teilen. Niemand kann sie betreten oder durch Ihre Augen sehen, sie hören, wie Sie sie hören, Ihre Emotionen fühlen, Ihre Gedanken denken. In Ihrer Welt sind Sie wirklich allein, gefangen in dem sich ewig verändernden Traum, den Sie für das Leben halten. Meine Welt ist eine offene, gemeinsame, zugänglich für alle. In meiner Welt ist Gemeinschaftlichkeit, Einsicht, Liebe, Lebensfreude. Das Individuum ist das Ganze und die Gesamtheit - im Individuum. Alles ist eins und das Eine ist alles.

FRAGE: Ist Ihre Welt so voll von Dingen und Menschen wie meine?

MAHARAJ: Nein, sie ist erfüllt von mir selbst.

FRAGE: Aber Sie sehen und hören wie wir?

MAHARAJ: Ja, es scheint, daß ich sehe und höre, spreche und agiere, doch für mich passiert das nur so, wie bei Ihnen Verdauung und Schwitzen passieren. Die Körper-Verstand-Einheit kümmert sich um sich selbst und läßt mich in Ruhe. So wie Sie sich nicht um Ihren Haarwuchs kümmern, so brauche ich mich nicht um Worte oder Taten zu kümmern. Sie geschehen einfach und lassen mich unberührt, denn in meiner Welt läuft nie etwas falsch.

Kapitel 5

FRAGE: Ich habe viele Wünsche und möchte, daß sie sich erfüllen. Wie erreiche ich das?

MAHARAJ: Verdienen Sie, was Sie sich wünschen? Auf irgendeine Weise müssen Sie an der Erfüllung Ihrer Wünsche arbeiten. Investieren Sie Energie, und warten Sie auf die Ergebnisse.

FRAGE: Woher soll ich die Energie nehmen?

MAHARAJ: Der Wunsch selbst ist Energie.

FRAGE: Warum erfüllt sich dann nicht jeder Wunsch?

MAHARAJ: Vielleicht war er nicht stark und ausdauernd genug.

FRAGE: Ja, das ist mein Problem. Ich wünsche mir Dinge, aber ich bin zu bequem, wenn es an die Umsetzung geht.

MAHARAJ: Wenn Ihr Wunsch weder klar noch stark ist, kann er keine Form annehmen. Außerdem wird die Energie, wenn Ihre Wünsche persönlicher Art, für Ihr eigenes Vergnügen sind, zwangsläufig begrenzt sein. Sie kann nicht mehr sein, als Ihnen zur Verfügung steht.

FRAGE: Trotzdem erreichen oft ganz normale Menschen doch, was sie anstreben.

MAHARAJ: Aber nur, nachdem sie eine lange Zeit und mit sehr großer Intensität begehren. Doch selbst dann ist ihr Erfolg begrenzt.

FRAGE: Wie steht es mit selbstlosen Wünschen?

MAHARAJ: Wenn Sie Gutes für die Allgemeinheit anstreben, haben Sie die ganze Welt hinter sich. Machen Sie der Menschheit Wohl zu Ihrem eigenem, und arbeiten Sie dafür, dann können Sie nichts falsch machen.

FRAGE: Die Menschheit ist Gottes Werk, nicht meins. Ich kümmere mich um mich selbst. Ist es nicht mein Recht, daß meine legitimen Wünsche erfüllt werden? Sie schaden niemandem, meine Wünsche sind berechtigt. Es sind berechtigte Wünsche, warum erfüllen sie sich nicht?

MAHARAJ: Wünsche sind richtig oder falsch, entsprechend den Umständen und abhängig von Ihrer Sichtweise. Die Einteilung in richtig und falsch trifft nur für das Individuum zu.

FRAGE: Welches sind die Richtlinien für solche Einteilungen? Woher weiß ich, welche meiner Wünsche richtig und welche falsch sind?

MAHARAJ: In Ihrem Fall sind Wünsche, die Leid erzeugen, falsch, und solche, die Freude erzeugen, richtig. Doch sollten Sie auch andere Menschen nicht vergessen, auch deren Leid und Freude zählen.

FRAGE: Die Ergebnisse sind in der Zukunft, woher soll ich wissen, wie sie sein werden?

MAHARAJ: Benutzen Sie Ihren Verstand. Erinnern Sie sich. Beobachten Sie. Sie unterscheiden sich nicht von anderen Menschen, die meisten ihrer Erfahrungen treffen auch auf Sie zu. Denken Sie klar und tief und erfassen Sie die gesamte Struktur Ihrer Wünsche und ihrer Verzweigungen. Sie sind ein essentieller Teil Ihrer mentalen und emotionalen Beschaffenheit und beeinflussen sehr stark Ihre Taten. Erinneren Sie sich stets daran, daß Sie nichts hinter sich lassen können, was Sie nicht durchschaut haben. Um über Ihre Person hinauszuwachsen, müssen Sie sie kennen.

FRAGE: Was heißt es, mich selbst zu kennen? Wenn ich mich selbst kenne, was ist es genau, das ich dann kenne?

MAHARAJ: Alles, was Sie nicht sind.

FRAGE: Und was bin ich nicht?

MAHARAJ: Was Sie sind, sind Sie bereits. Durch das Wissen, was Sie nicht sind, werden Sie frei davon und bleiben so in Ihrem eigenen, natürlichen Zustand. Alles geschieht vollkommen spontan und ohne Anstrengung.

FRAGE: Was werde ich herausfinden?

MAHARAJ: Sie werden entdecken, daß es nichts zu entdekken gibt. Sie sind, was Sie sind, und das ist alles.

FRAGE: Doch was bin ich letzten Endes?

MAHARAJ: Die totale Verneinung von allem, was Sie nicht sind.

FRAGE: Das verstehe ich nicht.

MAHARAJ: Es ist Ihre fixe Idee, daß Sie irgend etwas sein müssen, die Sie blind macht.

FRAGE: Wie kann ich diese Vorstellung loswerden?

MAHARAJ: Indem Sie mir vertrauen, wenn ich Ihnen sage, daß Sie reines Bewußtheit sind, die Ihr Bewußtsein und seinen unbegrenzten Inhalt erleuchtet. Erkennen Sie dies, und leben Sie entsprechend. Wenn Sie mir nicht glauben können, dann gehen Sie in sich. Fragen Sie sich, 'Was bin ich?', oder konzentrieren Sie Ihren Verstand auf 'Ich bin', was nichts weiter ist als einfaches, reines Sein.

FRAGE: Wovon ist mein Vertrauen in Sie abhängig?

MAHARAJ: Von Ihrer Fähigkeit, in anderer Menschen Herzen zu schauen. Und wenn Sie nicht in mein Herz schauen können, schauen Sie in Ihr eigenes.

FRAGE: Ich kann beides nicht.

MAHARAJ: Dann läutern Sie sich durch ein ordentliches und nutzvolles Leben. Beobachten Sie Ihre Gedanken, Gefühle, Worte und Taten. Das wird Ihre Sichtweise klären.

FRAGE: Muß ich nicht erst allem abschwören und ein heimatloses Leben führen?

MAHARAJ: Sie können nicht abschwören. Sie können Ihr Zuhause verlassen und Ihre Familie ins Unglück stürzen, doch Verknüpfungen sind im Verstand, und sie werden sich nicht auflösen, bis Sie Ihren Verstand in- und auswendig kennen. Ein Schritt nach dem anderen: Erkennen Sie sich selbst, alles andere kommt von allein.

FRAGE: Aber Sie haben mir bereits gesagt, daß ich die höchste Realität bin. Ist das nicht Selbsterkenntnis?

MAHARAJ: Natürlich sind Sie die höchste Realität, aber was soll es? Jedes Sandkorn ist Gott. Das zu wissen, ist wichtig, doch ist das nur der Anfang.

FRAGE: Gut, Sie haben mir erzählt, daß ich die absolute Realität bin. Ich glaube Ihnen. Was soll ich als nächstes tun?

MAHARAJ: Ich habe es Ihnen bereits gesagt, finden Sie alles heraus, was Sie nicht sind. Körper, Gefühle, Gedanken, Vorstellungen, Raum, Sein und Nicht-Sein, dies oder das - Sie sind nichts Konkretes oder Abstraktes, das bezeichnet werden kann. Nur eine verbale Behauptung ist nicht genug. Sie können eine Formel endlos wiederholen, ohne jegliches Ergebnis. Sie müssen sich selbst ununterbrochen beobachten, besonders Ihren Verstand, von Moment zu Moment, ohne etwas auszulassen. Dieses Beobachten ist essentiell für die Trennung des Selbst von dem Nicht-Selbst.

FRAGE: Die Beobachtung, ist sie nicht meine wahre Natur?

MAHARAJ: Die Beobachtung bedingt etwas, das beobachtet wird. Wir sind immer noch in Dualität.

FRAGE: Wie ist es mit der Beobachtung des Beobachters, sich des Gewahrseins gewahr sein?

MAHARAJ: Wortklaubereien bringen Sie nicht weiter. Gehen Sie in sich, finden Sie heraus, was Sie nicht sind. Nichts anderes ist von Bedeutung.

Kapitel 6

FRAGE: Was tun Sie, wenn Sie schlafen?

MAHARAJ: Ich bin gewahr zu schlafen.

FRAGE: Ist Schlaf nicht ein unbewußter Zustand?

MAHARAJ: Ja, ich bin gewahr, unbewußt zu sein.

FRAGE: Und wenn Sie wach sind oder träumen?

MAHARAJ: Dann bin ich gewahr, wach zu sein oder zu träumen.

FRAGE: Da komme ich nicht mit. Was meinen Sie genau? Lassen Sie mich meine Vorstellung klar machen: Mit Schlafen meine ich, unbewußt zu sein, mit Wachsein meine ich, bewußt zu sein, und mit Träumen meine ich, sich seines Verstandes bewußt zu sein, doch nicht der Umgebung.

MAHARAJ: Ja, mit mir ist es fast genauso, und doch scheint da ein Unterschied zu sein. In jedem dieser Zustände vergessen Sie die anderen zwei, während es für mich nur einen Zustand des Seins gibt, der die drei mentalen Zustände von Wachsein, Träumen und Schlafen einschließt und transzendiert.

FRAGE: Hat die Welt für Sie eine Richtung und einen Sinn?

MAHARAJ: Die Welt ist nur eine Reflexion meiner eigenen Vorstellung. Was immer ich sehen will, kann ich sehen. Doch warum soll ich Strukturen von Kreation, Evolution und Zerstörung erfinden? Ich brauche sie nicht. Die Welt ist in mir, die

Welt bin ich selbst. Ich habe keine Angst vor ihr, und ich habe auch nicht das Bedürfnis, sie in einem mentalen Bild einzuschließen.

FRAGE: Um noch einmal auf den Schlaf zurückzukommen, träumen Sie?

MAHARAJ: Selbstverständlich.

FRAGE: Was sind Ihre Träume?

MAHARAJ: Sie sind das Echo des Wachzustandes.

FRAGE: Und Ihr tiefer Schlaf?

MAHARAJ: Das identifizierte Bewußtsein ist unterbrochen.

FRAGE: Sie sind also unbewußt?

MAHARAJ: Unbewußt meiner Umgebung, ja.

FRAGE: Also nicht ganz unbewußt?

MAHARAJ: Ich bleibe gewahr, unbewußt zu sein.

FRAGE: Sie benutzen die Worte 'Gewahrsein' und 'Bewußtsein', sind sie nicht dasselbe?

MAHARAJ: Gewahrsein ist der Anfang von allem, es ist der Urzustand, ohne Anfang, ohne Ende, unverursacht, unabhängig, nicht teilbar, unveränderlich. Bewußtsein bedingt Kontakt, Reflexion, es ist ein Zustand von Dualität. Es kann kein Bewußtsein ohne Gewahrsein geben, doch es kann Gewahrsein ohne Bewußtsein geben, so wie im tiefen Schlaf. Gewahrsein ist absolut, Bewußtsein steht in Relation zu seinem Inhalt. Bewußtsein bedingt immer irgend etwas, Bewußtsein ist partiell und wechselhaft, Gewahrsein ist total, unveränderbar, entspannt und ruhig. Und es ist der gemeinsame Nährboden aller Erfahrungen.

FRAGE: Wie geht man über das Bewußtsein hinaus ins Gewahrsein?

MAHARAJ: Da Gewahrsein Bewußtsein ermöglicht, beinhaltet jeder Zustand von Bewußtsein Gewahrsein. Deshalb ist, sich seines Bewußtseins bewußt zu sein, schon ein Vorgang im Gewahrsein. Das Interesse an Ihrem Strom des Bewußtseins wird Sie zum Gewahrsein bringen. Das ist kein neuer Zustand, er wird sofort als die grundsätzliche, ursprüngliche Existenz erkannt, welche das Leben selbst ist und auch die Liebe und die Freude.

FRAGE: Wenn also die Realität immer mit uns ist, was bedeutet dann Verwirklichung?

MAHARAJ: Verwirklichung ist nur das Gegenteil von Ignoranz. Die Welt als real und sich selbst als unreal zu sehen, ist Ignoranz und Ursache des Leidens. Das Selbst als die einzige Realität zu erkennen und alles andere als zeitlich begrenzt und durchschaubar, bedeutet Frieden, Freiheit und Freude. Es ist alles so einfach. Anstatt die Dinge so zu sehen, wie wir sie uns vorstellen, lernen Sie, sie so zu sehen, wie sie sind. Wenn Sie alles sehen können, wie es ist, werden Sie auch sich selbst sehen, wie Sie sind. Es ist, als ob man einen Spiegel reinigt. Derselbe Spiegel, der Ihnen die Welt zeigt, wie sie ist, wird Ihnen auch Ihr eigenes Gesicht zeigen. Der Gedanke 'Ich bin' ist das Reinigungstuch. Benutzen Sie es.

Kapitel 7

FRAGE: Bitte seien Sie so freundlich und erzählen uns, wie Sie verwirklicht haben.

MAHARAJ: Ich traf meinen *Guru*, als ich 34 Jahre alt war und verwirklichte mit 37.

FRAGE: Was passierte, was veränderte sich?

MAHARAJ: Freude und Leid verloren ihre Macht über mich. Ich war frei von Verlangen und Ängsten. Ich erkannte mich als vollständig, daß mir nichts fehlte. Ich sah, daß in dem Ozean von reinem Gewahrsein, auf der Oberfläche des universellen Bewußtseins, die zahllosen Wellen der phänomenalen Welt erscheinen und vergehen, ohne Anfang und ohne Ende. Auf der Ebene des Bewußtseins bin ich all diese Wellen. Auf der Ebene von Geschehnissen gehören sie alle mir. Eine geheimnisvolle Kraft kümmert sich um sie. Diese Kraft ist Gewahrsein, Selbst, Leben, Gott, wie immer Sie es nennen wollen. Sie ist das Fundament, die absolute Basis von allem, was ist, so wie Gold die Basis für jeglichen Goldschmuck ist, und sie ist uns so vollkommen vertraut! Abstrahieren Sie den Namen, die Form des Schmuckstückes, und das Gold wird offensichtlich. Befreien Sie sich von Namen und Formen und den Wünschen und Ängsten, die aus ihnen entstehen, was bleibt dann übrig?

FRAGE: Nichts.

MAHARAJ: Ja, die Leere bleibt. Doch diese Leere ist voll bis zum Rand. Sie ist das immerwährende Potential, so wie das Bewußtsein die immerwährende Ausdrucksform dieses Potentials ist.

FRAGE: Meinen Sie mit Potential die Zukunft?

MAHARAJ: Vergangenheit, Gegenwart und Zukunft - sie alle sind darin enthalten und unendlich mehr.

FRAGE: Doch da diese Leere leer ist, ist sie für uns wertlos.

MAHARAJ: Wie können Sie das sagen? Wie könnte es eine Wiedergeburt geben ohne Unterbrechung? Kann es Erneuerung ohne Sterben geben? Selbst das Dunkel des Schlafes ist erfrischend und regenerierend. Ohne Tod wären wir in ewiger Senilität gestrandet.

FRAGE: Gibt es nicht so etwas wie Unsterblichkeit?

MAHARAJ: Wenn man das Leben und den Tod als essentiell für einander erkennt, als zwei Aspekte einer Sache, das ist Unsterblichkeit. Das Ende im Anfang und den Anfang im Ende zu sehen, ist die Andeutung von Ewigkeit. Unsterblichkeit bedeutet auf keinen Fall Kontinuität. Nur der Prozeß der Veränderung ist beständig, nichts besteht ewig.

FRAGE: Besteht Gewahrsein ewig?

MAHARAJ: Gewahrsein ist nicht im Zeitlichen. Zeit existiert nur im Bewußtsein. Wo sind Zeit und Raum jenseits von Bewußtsein?

FRAGE: Auch Ihr Körper existiert innerhalb Ihres Bewußtseinsfeldes.

MAHARAJ: Selbstverständlich. Doch der Gedanke, 'mein Körper' als unterschiedlich von anderen Körpern, ist nicht vorhanden. Für mich ist 'ein Körper', nicht 'mein Körper', 'ein Verstand', nicht 'mein Verstand'. Der Verstand kümmert sich schon um den Körper, ich brauche da nicht einzugreifen. Was getan werden muß, wird auf normale, natürliche Weise ausgeführt. Vielleicht sind Sie sich Ihrer physiologischen Funktionen nicht ganz bewußt, doch wenn es um Gedanken und Gefühle, Verlangen und Ängste geht, werden Sie höchst selbstbewußt, doch für mich sind auch sie zum größten Teil im Unbewußten.

Ich erlebe, wie ich mit Leuten rede oder Dinge in korrekter und angemessener Weise ausführe, ohne mir dessen besonders bewußt zu sein. Mein Leben auf der physischen, wachen Ebene scheint recht automatisch abzulaufen, mit spontanen und korrekten Reaktionen.

FRAGE: Ist diese spontane Reaktion ein Ergebnis Ihrer Verwirklichung oder eines Trainings?

MAHARAJ: Beides. Die Hingabe an Ihr Ziel wird Sie ein anständiges und ordentliches Leben führen lassen, das der Suche nach Wahrheit und dem Wohl der Menschheit gewidmet ist. Diese Verwirklichung bringt auf leichte und spontane Art Tugenden hervor, die durch die endgültige Beseitigung aller Hindernisse in Form von Verlangen, Ängsten und falschen Vorstellungen ermöglicht werden.

FRAGE: Haben Sie keine Wünsche und Ängste mehr?

MAHARAJ: Meine Bestimmung war es, als einfacher Mann geboren zu werden, ein bürgerlicher Handelsmann mit wenig Schulbildung. Mein Leben war absolut durchschnittlich, mit normalen Wünschen und Ängsten. Als ich durch mein Vertrauen in meinen Lehrer und Ergebenheit in seine Worte mein wahres Sein verwirklichte, ließ ich meine menschliche Natur hinter mir, die sich nun um sich selbst kümmert, bis seine Bestimmung endet. Manchmal taucht im Verstand eine alte Reaktion auf, emotional oder mental, doch sie wird sofort erkannt und verworfen. Denn solange man sich mit einer Person belastet, ist man deren Verhaltensweisen und Eigenarten ausgesetzt.

FRAGE: Haben Sie keine Angst vor dem Tod?

MAHARAJ: Ich bin schon längst tot.

FRAGE: Wie meinen Sie das?

MAHARAJ: Ich bin zweifach tot: Ich bin nicht nur tot in Bezug auf meinen Körper, sondern auch auf meinen Verstand.

FRAGE: Naja, Sie sehen aber überhaupt nicht tot aus.

MAHARAJ: Das ist das, was Sie sagen. Sie scheinen meinen Zustand besser zu kennen als ich.

FRAGE: Entschuldigung, aber das verstehe ich nicht. Sie sagen, Sie sind ohne Körper und ohne Verstand, während ich Sie sehr lebendig und ausdrucksvoll erlebe.

MAHARAJ: Permanent geschehen sehr komplexe Abläufe in Ihrem Körper und in Ihrem Verstand, sind Sie sich ihrer bewußt? Überhaupt nicht, und doch scheint für einen Außenstehenden alles auf sehr intelligente und sinnvolle Weise zu geschehen. Warum sollte man nicht zulassen, daß das gesamte persönliche Leben größtenteils unterhalb der Schwelle des Bewußtseins stattfindet und doch sinnvoll und reibungslos vor sich geht?

FRAGE: Ist es normal?

MAHARAJ: Was ist normal? Ist Ihr Leben normal, besessen von Begierden und Ängsten, voller Kampf und Anstrengung, ohne Sinn und Freude? Ist es normal, sich permanent seines Körpers bewußt zu sein? Zerrissen von Gefühlen, gefoltert von Gedanken, ist es normal? Ein gesunder Körper und ein gesunder Verstand funktionieren größtenteils, ohne von ihrem Besitzer wahrgenommen zu werden, und nur manchmal, durch Schmerz oder Leid, fordern sie Beachtung und Einsicht. Warum sollte man dies nicht auf das gesamte persönliche Leben ausweiten? Man kann richtig funktionieren, offen und aufmerksam jeder Situation gegenübertreten, ohne dies in den Fokus des Bewußtseins bringen zu müssen. Wenn Selbstbeobachtung zur zweiten Natur wird, richtet das Bewußtsein seinen Fokus auf tiefere Ebenen der Existenz und Handlung.

FRAGE: Werden Sie dadurch nicht zum Roboter?

MAHARAJ: Wie kann es schädlich sein, Dinge automatisch ablaufen zu lassen, die nur Gewohnheiten und Wiederholungen sind? Es ist sowieso automatisch, doch wenn es auch noch chaotisch ist, erzeugt es Leid und Schmerzen und verlangt Ihre Aufmerksamkeit. Der einzige Sinn eines anständigen und geordneten Lebens ist es, den Menschen von der Geißel des Chaos und der Last des Leidens zu befreien.

FRAGE: Sie scheinen das Leben eines Computers zu befürworten?

MAHARAJ: Was ist falsch an einem Leben, das frei von Problemen ist? Persönlichkeit ist nur eine Reflexion der Realität, und warum sollte die Reflexion nicht so echt wie das Original sein, ohne Beachtung zu brauchen? Muß die Person ihre eigenen Merkmale haben? Das Leben, dessen Ausdruck sie ist, wird sie führen. Wenn Sie einmal verstanden haben, daß die Person nur ein Schatten der Realität ist, doch nicht die Realität selbst, hören Sie auf, sich zu sorgen und unruhig zu sein. Sie lassen sich von innen leiten, und das Leben wird eine Reise ins Unbekannte.

Kapitel 8

FRAGE: Nach Ihren Schilderungen scheinen Sie sich Ihrer Umgebung nicht ganz bewußt zu sein. Uns erscheinen Sie äußerst aufmerksam und aktiv. Wir können einfach nicht glauben, daß Sie in einer Art hypnotischem Zustand sind, der keine Erinnerung zurückläßt. Ganz im Gegenteil, Ihr Erinnerungsvermögen scheint exzellent zu sein. Wie sollen wir also verstehen, daß für Sie die Welt und alles, was sie beinhaltet, nicht existiert?

MAHARAJ: Es ist nur eine Frage des Fokussierens. Ihr Verstand ist auf die Welt gerichtet, meiner auf die Realität. Es ist so wie der Mond im Tageslicht; wenn die Sonne scheint, ist er kaum sichtbar. Oder beobachten Sie, wie Sie Ihre Nahrung zu sich nehmen. Solange sie in Ihrem Mund ist, sind Sie sich ihrer bewußt, sobald Sie sie runtergeschluckt haben, kümmern Sie sich nicht mehr darum. Es wäre sehr mühsam, sie immer im Bewußtsein zu behalten, bis sie wieder ausgeschieden wird. Der Verstand sollte normalerweise in Ruhe sein, übermäßige Aktivität ist ein krankhafter Zustand. Das Universum arbeitet von allein - das weiß ich. Was muß ich sonst noch wissen?

FRAGE: Also ist sich ein *Gnani* nur solcher Handlungen bewußt, bei denen sein Verstand in Aktion tritt, im übrigen handelt er, ohne daß es ihn berührt.

MAHARAJ: Der durchschnittliche Mensch ist sich nicht seines Körpers als solchem bewußt, er ist sich seiner Sensationen, Gefühle und Gedanken bewußt. Und auch diese entfernen sich vom Zentrum Ihres Bewußtseins und geschehen spontan und ohne Anstrengung, wenn erst einmal der Prozeß des Loslösens begonnen hat.

FRAGE: Und was ist dann im Zentrum des Bewußtseins?

MAHARAJ: Das, dem man keinen Namen und keine Form geben kann, denn es ist ohne Eigenschaften und jenseits von Bewußtsein. Sie können sagen, es ist ein Punkt im Bewußtsein, der jenseits von Bewußtsein ist. So wie ein Loch in einem Papier zugleich im Papier ist, doch nicht aus Papier, ebenso ist der höchste Zustand im tiefsten Zentrum des Bewußtseins und doch jenseits von Bewußtsein. Es ist wie eine Öffnung in Ihrem Verstand, durch die dieser mit Licht überflutet wird. Diese Öffnung ist nicht das Licht, sie ist nur eine Öffnung.

FRAGE: Eine Öffnung ist ein Nichts, eine Abwesenheit.

MAHARAJ: Genau. Vom Standpunkt des Verstandes aus ist es eine Öffnung, durch die das Licht des Gewahrseins den mentalen Raum betritt. Das Licht selbst kann nur mit einer soliden, dichten, steinharten, homogenen und unveränderlichen Masse reinen Gewahrseins verglichen werden, die frei ist von mentalen Mustern, Namen und Formen.

FRAGE: Gibt es eine Verbindung zwischen diesem mentalen Raum und dem höchsten Zustand?

MAHARAJ: Dem Höchsten verdankt der Verstand seine Existenz, und der Körper verdankt seine Existenz dem Verstand.

FRAGE: Und was liegt jenseits?

MAHARAJ: Nehmen Sie dieses Beispiel: Ein ehrenwerter *Yogi*, ein Meister in der Kunst des langen Lebens, er selbst über tausend Jahre alt, lehrt mich seine Kunst. Ich respektiere und bewundere ihn für seine Leistungen, und trotzdem kann ich ihm nur sagen, was habe ich von einem langen Leben, ich bin jenseits von Zeit. Wie lange auch immer ein Leben dauern mag, es ist nur ein Moment und ein Traum. Auf dieselbe Weise bin ich jenseits von allen Attributen. Sie erscheinen und vergehen in meinem Licht, doch sie können mich nicht beschreiben. Das Universum ist voll von Namen und Formen, die auf Eigenschaften und deren Unterschieden beruhen, während ich jenseits davon bin. Die Welt existiert, weil ich bin, doch ich bin nicht die Welt.

FRAGE: Doch Sie leben in dieser Welt.

MAHARAJ: Das ist, was Sie sagen. Ich weiß, daß es eine Welt gibt, die diesen Körper und diesen Verstand beinhaltet, aber sie gehört mir nicht mehr, als sie einem anderen Verstand und Körper gehört. Sie alle sind in Zeit und Raum, doch ich bin zeitlos und raumlos.

FRAGE: Wenn also alles durch Ihr Licht existiert, sind Sie dann nicht der Schöpfer dieser Welt?

MAHARAJ: Ich bin weder das Potential noch dessen Verwirklichung noch dessen Ausdrucksform als Gegenstand. In meinem Licht kommen und gehen sie wie Staubpartikel, die in einem Sonnenstrahl tanzen. Das Licht erhellt diese Staubpartikel, aber es ist nicht von ihnen abhängig. Genausowenig kann man sagen, daß es sie erschafft. Man kann noch nicht einmal sagen, daß es sie kennt.

FRAGE: Ich stelle Ihnen eine Frage, und Sie antworten. Sind Sie sich der Frage und der Antwort bewußt?

MAHARAJ: In Wirklichkeit höre ich nicht und gebe auch keine Antwort. In der Welt der Geschehnisse ereignen sich Frage und Antwort, doch nichts ereignet sich mit mir. Alles geschieht einfach.

FRAGE: Und Sie sind der Beobachter?

MAHARAJ: Was heißt Beobachter? Das ist nur Teil des Wissens. Es hat geregnet, nun hat es aufgehört. Ich bin nicht naß geworden. Ich weiß, es hat geregnet, doch es hat mich nicht beeinflußt. Ich habe nur den Regen beobachtet.

FRAGE: Ein Verwirklichter, der spontan im höchsten Zustand verweilt, scheint zu essen, zu trinken, usw. Ist er sich dessen gewahr oder nicht?

MAHARAJ: Das, worin sich Bewußtsein vollzieht, das universelle Bewußtsein oder den Weltgeist, nennen wir Äther des Bewußtseins. Alle Objekte, die im Verstand beides erhaltend, ist der höchste Zustand, ein Zustand von absoluter Stille und Ruhe. Wer immer dort hingeht, verschwindet. Dieser Zustand ist unerreichbar durch Worte oder Verstand. Sie mögen es Gott nennen oder Parabrahman oder die höchste Realität, doch sind dies alles nur Namen, die der Verstand ihnen gibt. Es ist der namenlose, inhaltslose, anstrengungslose, spontane Zustand jenseits von Sein und Nichtsein.

FRAGE: Doch bleibt man dabei bewußt?

MAHARAJ: So wie das Universum der Körper des Verstandes ist, so ist Bewußtsein der Körper des Höchsten. Er ist nicht bewußt, aber er ermöglicht das Bewußtsein.

FRAGE: In meinem täglichen Leben geschieht vieles gewohnheitsmäßig, automatisch. Grundsätzlich kenne ich die Richtung, aber nicht in jedem Moment im Detail. So wie mein Bewußtsein sich erweitert und vertieft, scheinen Details schwächer zu werden und mich für Wichtigeres frei zu geben. Ist das nicht das gleiche, was einem *Gnani* passiert, nur wesentlich stärker?

MAHARAJ: Auf der Ebene des Bewußtseins, ja, in dem höchsten Zustand, nein. Dieser Zustand ist ein vollkommenes Ganzes, unteilbar. Ein einziger solider Block aus Realität. Diesen Zustand kann man nur erfahren, indem man in ihm ist. Für den Verstand ist er unerreichbar. Ihn wahrzunehmen, bedarf keiner Sinnesorgane, ihn zu kennen, bedarf nicht des Verstandes.

FRAGE: So regiert Gott die Welt.

MAHARAJ: Gott regiert die Welt nicht.

FRAGE: Wer tut es dann?

MAHARAJ: Niemand. Alles geschieht von allein. Sie stellen die Frage, und Sie liefern die Antwort. Sie wissen die Antwort, wenn Sie die Frage stellen. Alles ist nur ein Spiel im Bewußtsein. Alle Unterteilungen sind eine Illusion. Sie können nur das Falsche wissen. Die Wahrheit müssen Sie selbst sein.

FRAGE: Es gibt das beobachtete Bewußtsein und das beobachtende Bewußtsein. Ist das zweite das höchste?

MAHARAJ: Da sind die zwei, der Körper und der Beobachter. Wenn Sie sie als eins sehen und darüber hinausgehen, sind Sie in dem höchsten Zustand. Er ist nicht wahrnehmbar, denn er ist es, der die Wahrnehmung möglich macht. Er ist jenseits von Sein und Nichtsein. Er ist weder der Spiegel noch die Spiegelung. Er ist, was ist, die zeitlose Realität, unglaublich fest und hart.

FRAGE: Der *Gnani*, ist er der Beobachter oder das Höchste?

MAHARAJ: Er ist selbstverständlich das Höchste, doch man kann ihn auch als den universellen Beobachter sehen.

FRAGE: Doch bleibt er eine Person?

MAHARAJ: Wenn Sie glauben, eine Person zu sein, sehen Sie überall Personen. In Wirklichkeit gibt es keine Personen, nur Spuren von Erinnerungen und Gewohnheiten. Im Moment der Verwirklichung löst sich die Person auf. Identität bleibt zurück, doch Identität ist keine Person, sie ist ein Teil der Realität. Die Person existiert nicht aus sich selbst heraus, sie ist nur eine Reflexion im Verstand des Beobachters, das 'Ich bin', was wiederum nur eine Art des Seins ist.

FRAGE: Ist das Höchste bewußt?

MAHARAJ: Weder bewußt noch unbewußt, das kann ich Ihnen aus eigener Erfahrung sagen.

FRAGE: *Pragnanam Brahma.* Was ist dieses *Pragna*?

MAHARAJ: Es ist das Wissen des Lebens selbst, das sich seiner selbst nicht bewußt ist.

FRAGE: Ist es Vitalität, Energie des Lebens, Lebendigkeit?

MAHARAJ: Zuerst kommt die Energie, denn alles ist irgendeine Form von Energie. Bewußtsein ist am unterschiedlichsten im Wachzustand. Weniger im Traum und noch weniger im Schlaf und homogen in dem vierten Zustand. Jenseits davon ist eine gigantische, unausdrückliche Realität, das Zuhause des *Gnani*.

FRAGE: Ich habe mir in die Hand geschnitten, es ist geheilt. Welche Kraft ließ diese Heilung geschehen?

MAHARAJ: Die Kraft des Lebens.

FRAGE: Was ist diese Kraft?

MAHARAJ: Es ist das Bewußtsein. Alles ist Bewußtsein.

FRAGE: Was ist die Quelle des Bewußtseins?

MAHARAJ: Bewußtsein selbst ist die Quelle von allem.

FRAGE: Kann es Leben ohne Bewußtsein geben?

MAHARAJ: Nein, noch Bewußtsein ohne Leben. Beide sind eins. Doch in Wirklichkeit ist nur das Höchste. Der Rest ist nur eine Frage von Name und Form. Solange Sie an der Idee festhalten, nur was Name und Form hat, existiert, wird das Höchste für Sie als nicht existent erscheinen. Wenn Sie verstehen, daß Namen und Formen überhaupt nur leere Hüllen sind, ohne jeglichen Inhalt, und daß das, was real ist, namen- und formlos ist, die reine Energie des Lebens, Licht des Bewußtseins, werden Sie mit sich in Frieden sein - versunken in der tiefen Stille der Realität.

FRAGE: Wenn Zeit und Raum reine Illusionen und Sie jenseits davon sind, dann erzählen Sie mir doch bitte, wie das Wetter in New York ist. Ist es heiß, oder regnet es?

MAHARAJ: Woher soll ich das wissen? Solche Dinge brauchen ein spezielles Training, oder man fährt nach New York. Ich bin mir sehr sicher, daß ich jenseits von Zeit und Raum bin, und trotzdem kann ich mich nicht willentlich an einen bestimmten Punkt von Zeit und Raum begeben. Es interessiert mich nicht genügend, ich sehe keinen Grund, mich einem solchen speziellen *Yogi*-Training zu unterwerfen. Ich habe gerade zum ersten Mal von New York gehört. Für mich ist es ein Wort. Warum sollte ich mehr wissen, als das Wort beinhaltet? Jedes Atom mag ein Universum sein, so komplex wie das unsrige. Muß ich sie alle kennen? Ich kann es, wenn ich es trainiere.

FRAGE: Wo habe ich bei meiner Frage über das Wetter in New York den Fehler gemacht?

MAHARAJ: Die Welt und der Verstand sind Zustände des Seins.

Das Höchste ist kein Zustand. Es durchdringt alle Zustände, aber es ist kein Zustand von etwas anderem. Es ist absolut ohne Ursache, unabhängig, vollkommen in sich selbst, jenseits von Zeit und Raum, Verstand und Materie.

FRAGE: An welchen Zeichen erkennen Sie es?

MAHARAJ: Das ist genau der Punkt, daß es keine Spuren hinterläßt. Es gibt nichts, an dem man es erkennen könnte. Man muß es direkt sehen, indem man alle Suche nach Spuren und Zeichen aufgibt. Wenn Sie alle Namen und Formen aufgegeben haben, dann ist die Realität mit Ihnen. Sie brauchen sie nicht zu suchen. Vielfalt und Mannigfaltigkeit sind nur ein Spiel im Verstand. Realität ist eins.

FRAGE: Wenn die Realität keine Spuren hinterläßt, kann man auch nicht darüber reden.

MAHARAJ: Genau, sie *ist*, das ist nicht zu leugnen. Sie ist tief und dunkel, das Mysterium aller Mysterien. Aber sie *ist*, während alles andere nur geschieht.

FRAGE: Ist sie das Unbekannte?

MAHARAJ: Sie ist jenseits von beidem, dem Bekannten und dem Unbekannten. Doch ich würde es lieber das Bekannte nennen als das Unbekannte. Denn wenn immer etwas gekannt wird, ist es die Realität, die gekannt wird.

FRAGE: Ist Stille ein Attribut von Realität?

MAHARAJ: Auch sie gehört wieder zum Verstand. Alle Zustände und Umstände gehören zum Verstand.

FRAGE: Was ist die Bedeutung von *Samadhi*?

MAHARAJ: Ihr Bewußtsein nicht zu gebrauchen, ist *Samadhi*. Sie lassen Ihren Verstand einfach in Ruhe. Sie wollen nichts, weder von Ihrem Körper noch von Ihrem Verstand.

Kapitel 9

FRAGE: Immer wieder haben Sie gesagt, daß Ereignisse ohne Ursachen sind, die Dinge ereignen sich einfach, und keine spezifische Ursache kann ihnen zugeordnet werden. Aber sicherlich hat doch alles eine Ursache oder mehrere Ursachen. Wie soll ich also verstehen, daß Dinge keine Ursachen haben?

MAHARAJ: Vom höchsten Standpunkt aus gesehen, hat die Welt keine Ursache.

FRAGE: Aber was ist Ihre eigene Erfahrung?

MAHARAJ: Alles ist ohne Ursache. Die Welt hat keine Ursache.

FRAGE: Ich frage nicht nach den Ursachen, die zur Erschaffung der Welt geführt haben. Wer war anwesend, als die Welt geschaffen wurde? Sie könnte auch ohne Anfang sein, immer existierend. Aber ich rede nicht über die Welt. Irgendwie setze ich voraus, daß sie existiert. Sie beinhaltet so viele Dinge, und jedes muß doch sicherlich einen Grund oder mehrere Gründe haben.

MAHARAJ: Wenn Sie einmal Ihre Welt in Zeit und Raum geschaffen haben, basierend auf Kausalität, werden Sie unweigerlich nach Gründen für alles suchen und sie auch finden. Sie stellen die Frage, und Sie drängen ihr eine Antwort auf.

FRAGE: Meine Frage ist sehr einfach. Ich sehe alle möglichen Dinge und verstehe, daß jedes eine Ursache oder mehrere

Ursachen haben muß. Sie sagen, daß sie von Ihrem Standpunkt aus ohne Ursachen sind, aber für Sie selbst ist nichts von Dauer, von Bedeutung, und deshalb entsteht erst gar nicht die Frage nach den Ursachen. Trotzdem scheinen Sie zu bestätigen, daß Dinge existieren, aber Sie sprechen ihnen eine Ursache ab. Das ist es, was ich einfach nicht verstehen kann. Wenn man einmal die Existenz von Dingen akzeptiert hat, warum soll man ihre Ursachen ablehnen?

MAHARAJ: Ich sehe nur Bewußtsein und weiß, daß alles nur Bewußtsein ist. So wie Sie wissen, daß das Bild auf der Filmleinwand nichts anderes ist als Licht.

FRAGE: Und doch hat die Bewegung des Lichtes eine Ursache.

MAHARAJ: Das Licht bewegt sich überhaupt nicht. Sie wissen ganz genau, daß die Bewegung eine Illusion ist, daß sie nur eine Reihenfolge von Unterbrechungen und Farben in dem Film ist. Was sich bewegt, ist der Film - so wie der Verstand.

FRAGE: Deswegen ist das Bild nicht ohne Ursache. Der Film ist da, die Schauspieler, die Techniker, der Direktor, der Produzent, die verschiedenen Hersteller. Kausalität regiert die Welt, alles ist miteinander verbunden.

MAHARAJ: Selbstverständlich ist alles miteinander verbunden, und deshalb hat alles zahllose Ursachen. Das gesamte Universum trägt zum kleinsten Detail bei. Eine Sache ist, wie sie ist, weil die Welt ist, wie sie ist. Passen Sie auf, Sie handeln mit Goldschmuck und ich mit Gold. Zwischen den verschiedenen Schmuckstücken gibt es keinen ursächlichen Zusammenhang. Wenn Sie ein Schmuckstück einschmelzen, um ein anderes herzustellen, dann gibt es keinen kausalen Zusammenhang zwischen den beiden. Der gemeinsame Faktor ist zwar das Gold, aber Sie können nicht sagen, daß Gold die Ursache ist. Sie können es nicht eine Ursache nennen, denn es verursacht nichts durch sich selbst. Es wird im Verstand reflektiert, als 'Ich bin', als der bestimmte Name und die bestimmte Form des Schmuckstückes, und doch ist alles nur Gold. In derselben Weise ermöglicht die Realität alles, und doch kommt nichts, was eine Sache zu dem macht, was sie ist - nämlich ihre Name und ihre Form - von der Realität.

Doch warum beschäftigen Sie sich so viel mit Ursache und Wirkung? Was haben Ursachen für eine Bedeutung, wenn die Dinge selbst vergänglich sind? Lassen Sie entstehen, was entsteht, und lassen Sie los, was vergeht. Warum die Dinge festhalten, ihre Ursachen herausfinden?

FRAGE: Vom relativen Standpunkt aus muß alles eine Ursache haben.

MAHARAJ: Was nützt Ihnen der relative, wenn Sie vom absoluten Standpunkt aus schauen können? Warum zum relativen zurückgehen, haben Sie Angst vor dem absoluten?

FRAGE: Ich habe Angst, über meinen sogenannten absoluten Sicherheiten einzuschlafen. Das Absolute kann mir nicht helfen, ein anständiges Leben zu führen. Wenn Sie ein Hemd brauchen, kaufen Sie Stoff, gehen zu einem Schneider, usw.

MAHARAJ: All dieses Gerede zeigt Ignoranz.

FRAGE: Und was ist die Ansicht eines Wissenden?

MAHARAJ: Es gibt nur Licht, und Licht ist alles. Alles andere ist nur ein Bild, das sich aus Licht zusammensetzt. Das Bild ist in dem Licht, und das Licht ist in dem Bild. Leben und Tod, Selbst und Nicht-Selbst, geben Sie alle diese Ideen auf. Sie nützen Ihnen nichts.

FRAGE: Von welchem Standpunkt aus verneinen Sie Kausalität? Vom relativen - das Universum ist Ursache von allem; oder von dem absoluten - keine Sache existiert.

MAHARAJ: Von welchem Standpunkt stellen Sie die Frage?

FRAGE: Von dem täglichen Wachzustand, in dem alle diese Diskussionen stattfinden.

MAHARAJ: Im Wachzustand entstehen alle diese Probleme, denn das ist ihre Natur, aber Sie sind nicht immer in diesem Zustand. Was können Sie Gutes tun in einem Zustand, in den Sie hilflos fallen und aus dem Sie wieder auftauchen? Was hilft es Ihnen zu wissen, daß die Dinge ursächlich miteinander verbunden sind, so wie sie Ihnen in Ihrem Wachzustand erscheinen?

FRAGE: Die Welt und der Wachzustand entstehen und vergehen zusammen.

MAHARAJ: Wenn der Verstand still ist, absolut ruhig, existiert der Wachzustand nicht mehr.

FRAGE: Worte wie Gott, Universum, Totalität, das Absolute, das Höchste, sind nur Geräusche im Wind. Denn es gibt nichts, was man damit tun könnte.

MAHARAJ: Sie stellen Fragen, die nur Sie allein beantworten können.

FRAGE: Fertigen Sie mich nicht so ab! Sie reden immer so schnell von der Totalität, dem Universum und solchen imaginären Dingen. Sie können einem nicht verbieten, für sie zu sprechen. Ich hasse diese unverantwortlichen Generalisierungen! Sie sind sehr geneigt, sie zu personalisieren. Ohne Ursachen gibt es weder Ordnung noch wären zielgerichtete Handlungen möglich.

MAHARAJ: Wollen Sie alle Ursachen von jedem einzelnen Geschehnis wissen? Ist es möglich?

FRAGE: Ich weiß, daß es unmöglich ist. Das einzige, was ich wissen möchte, ist, ob es für alles Ursachen gibt und ob diese beeinflußt werden können, wodurch das Ergebnis beeinflußt würde.

MAHARAJ: Um die Ergebnisse zu beeinflussen, brauchen Sie die Ursachen nicht zu kennen. Was für eine verdrehte Art, Dinge zu tun! Sind Sie nicht die Quelle und das Ende von jedem Geschehnis? Kontrollieren Sie sie an der Quelle selbst.

FRAGE: Jeden Morgen lese ich mit Abscheu in der Zeitung über die Leiden dieser Welt, die Armut, den Haß, die Kriege, die sich endlos fortsetzen. Meine Fragen beschäftigen sich mit der Tatsache dieses Leidens, der Ursache, der Abhilfe. Speisen Sie mich nicht damit ab zu sagen, es ist *Buddhismus*. Drücken Sie mir keinen Stempel auf. Ihr Festhalten an der Ursachenlosigkeit zerstört alle Hoffnung, diese Welt je zu ändern.

MAHARAJ: Sie sind so verwirrt, weil Sie glauben, in dieser Welt zu sein und nicht die Welt in Ihnen. Wer war zuerst, Sie oder Ihre Eltern? Sie glauben, zu einem bestimmten Zeitpunkt an einem bestimmten Ort geboren worden zu sein, daß Sie einen Vater und eine Mutter haben, einen Körper und einen Namen. Dies ist Ihre Sünde und Ihr Verhängnis. Sicherlich können Sie Ihre Welt ändern, wenn Sie daran arbeiten. Also tun Sie es auf jeden Fall, wer hindert Sie daran? Ich habe Sie nie entmutigt. Ursachen oder keine Ursachen, Sie haben diese Welt erschaffen, und nur Sie können sie ändern.

FRAGE: Eine Welt ohne Ursachen ist vollkommen jenseits meiner Kontrolle.

MAHARAJ: Im Gegenteil, eine Welt, deren einzige Quelle und Basis Sie sind, können auch nur Sie verändern. Was geschaffen wurde, kann sich auflösen und wiedererschaffen werden. Alles wird nach Ihrem Willen geschehen, vorausgesetzt, Sie wollen es wirklich.

FRAGE: Ich möchte nur wissen, wie ich mit dem Leiden dieser Welt umgehen soll.

MAHARAJ: Sie haben diese Leiden aus Ihrem Verlangen und Ihren Ängsten geschaffen; leben Sie nun damit. All dies beruht nur darauf, daß Sie vergessen haben, wer Sie sind. Sie haben dem Bild auf der Leinwand Realität gegeben, Sie lieben die Darsteller, Sie leiden mit ihnen und versuchen, sie zu retten. So geht es einfach nicht. Sie müssen mit sich selbst anfangen, es gibt keinen anderen Weg. Arbeiten Sie, selbstverständlich, es schadet nicht zu arbeiten.

FRAGE: Ihr Universum scheint jede mögliche Erfahrung zu beinhalten. Das Individuum bahnt sich seinen Weg hindurch und erfährt angenehme und unangenehme Zustände. Daraus entstehen Fragen und eine Suche, die die Sicht erweitert und es dem Individuum ermöglicht, über seine kleine, selbstgeschaffene, begrenzte, selbstsüchtige Welt hinauszugehen. Diese persönliche Welt kann geändert werden - zur rechten Zeit. Das Universum ist zeitlos und vollkommen.

MAHARAJ: Erscheinungen mit Realität zu verwechseln, ist eine schwere Sünde, der Grund für viel Elend. Sie sind das alles durchdringende, ewige und unendlich kreative Gewahrsein -

Bewußtsein. Alles übrige ist örtlich und zeitlich. Vergessen Sie nicht, was Sie sind. In der Zwischenzeit arbeiten Sie nach Herzenslust. Arbeit und Erkenntnis sollten Hand in Hand gehen.

FRAGE: Ich habe das Gefühl, daß meine spirituelle Entwicklung nicht in meinen Händen liegt. Eigene Pläne zu machen und sie auszuführen bringt mich nirgendwo hin. Ich drehe mich im Kreis. Wenn Gott die Frucht als reif erachtet, wird er sie pflücken und essen. Jede andere Frucht, die er als zu grün empfindet, wird er für einen weiteren Tag am Baum der Welt belassen.

MAHARAJ: Sie glauben, Gott kennt Sie? Er kennt noch nicht einmal die Welt.

FRAGE: Wir haben unterschiedliche Götter. Meiner ist anders, meiner ist gnädig. Er leidet mit uns.

MAHARAJ: Sie beten, um einen Menschen zu retten, während Tausende sterben. Wenn niemand mehr stirbt, wird es bald keinen Raum mehr auf diesem Planeten geben.

FRAGE: Ich habe keine Angst vor dem Sterben. Ich kümmere mich um Leid und Elend. Mein Gott ist ein einfacher Gott und ziemlich hilflos. Er kann uns nicht beeinflussen, weise zu sein, er kann nur abwarten.

MAHARAJ: Wenn Sie und Ihr Gott beide hilflos sind, heißt das nicht, daß die Welt ein Zufall ist? Und wenn das so ist, dann gibt es nur eins, was Sie tun können: über sie hinauszugehen.

Kapitel 10

FRAGE: Geschieht die Ausübung von *Yoga* immer bewußt, oder kann sie auch unbewußt unterhalb der Schwelle des Gewahrseins stattfinden?

MAHARAJ: Für einen Anfänger ist diese Ausübung oft mit einer Absicht verbunden und bedarf großer Entschlossenheit. Doch ein langes, aufrichtiges Praktizieren von *Yoga* ist immer auf Selbstverwirklichung ausgerichtet, ob bewußt oder nicht. Unbewußtes *Sadhana* ist sehr effektiv, denn es ist spontan und gleichmäßig.

FRAGE: Wo befindet sich ein Mensch, der eine Zeitlang aufrichtig *Yoga* studierte und entmutigt aufgab?

MAHARAJ: Was ein Mensch zu tun oder nicht zu tun scheint, ist oft irreführend. Seine scheinbare Trägheit ist vielleicht nur ein Kräftesammeln. Die Gründe für unser Verhalten sind sehr subtil. Man sollte vorsichtig sein, zu verurteilen oder zu loben. Bedenken Sie, daß *Yoga* die Arbeit des inneren Selbst *(Vyakta)* am äußeren Selbst *(Vyakti)* ist. Alle Geschehnisse im Äußeren sind eine Antwort auf die Geschehnisse im Inneren.

FRAGE: Trotzdem hilft das Äußere.

MAHARAJ: Wieviel und auf welche Weise kann es helfen? Es hat eine gewisse Kontrolle über den Körper und kann dessen Haltung und Atem verbessern. Über die Gedanken und Gefühle des Verstandes hat es sehr wenig Macht, denn das

Äußere selbst ist der Verstand. Es ist das Innere, daß das Äußere beherrscht, und das Äußere ist weise genug, den Anweisungen zu folgen.

FRAGE: Wenn letztendlich das Innere verantwortlich ist für des Menschen spirituelle Entwicklung, warum wird dann das Äußere so sehr ermutigt und angetrieben?

MAHARAJ: Das Äußere kann dadurch helfen, daß es ruhig bleibt und frei von Verlangen und Ängsten. Sie werden sicherlich bemerkt haben, daß jede Anweisung an das Äußere nur in der Form von Negationen erfolgt: 'Tue nicht, halte an, unterlasse, verzichte, gib auf, opfere, liefere dich aus, sieh das Falsche als falsch.' Sogar die wenigen Beschreibungen, die über die Realität abgegeben werden, haben mit Verneinungen, 'nicht dies - nicht dies *(Neti-Neti)*' zu tun. Alles Positive kommt vom inneren Selbst, so wie alles Absolute von der Realität.

FRAGE: Wie unterscheiden wir in unserem täglichen Leben das innere vom äußeren Selbst?

MAHARAJ: Das innere ist die Quelle der Inspiration, das äußere wird gelenkt von der Erinnerung. Der Ursprung ist unauffindbar, während jegliche Erinnerung einen Anfang hat. So ist das äußere immer bestimmbar, während das innere nie in Worte gefaßt werden kann. Die Schüler machen den Fehler zu glauben, das innere in den Griff bekommen zu können. Dabei vergessen sie, daß alles, was wahrgenommen werden kann, vergänglich ist und daher unreal. Nur das, was Wahrnehmung möglich macht, nennen Sie es Leben oder *Brahman* oder was immer Sie wollen, ist real.

FRAGE: Braucht das Leben einen Körper für seinen Selbstausdruck?

MAHARAJ: Der Körper will leben. Es ist nicht das Leben, das einen Körper braucht, es ist der Körper, der das Leben braucht.

FRAGE: Ist das die Absicht des Lebens?

MAHARAJ: Beabsichtigt die Liebe etwas? Ja und Nein. Das Leben ist Liebe, die Liebe ist das Leben. Was sonst hält den Körper zusammen außer Liebe? Was sonst ist Verlangen außer

Eigenliebe? Was sonst ist Angst außer dem Bedürfnis zu beschützen? Und was sonst ist Wissen außer Liebe zur Wahrheit? Die Wege und die Ausdrucksformen mögen falsch sein, aber das Motiv ist immer Liebe - die Liebe zum Ich und Mein. Das Ich und das Mein mögen sehr klein sein, oder sie mögen explodieren und das Universum erleuchten, doch die Liebe bleibt.

FRAGE: In Indien ist es sehr geläufig, den Namen Gottes zu wiederholen. Hat das einen Sinn?

MAHARAJ: Wenn Sie den Namen einer Sache oder einer Person wissen, können Sie sie leicht finden. Durch die Wiederholung des Namen Gottes wird er zu Ihnen kommen.

FRAGE: In welcher Form wird er erscheinen?

MAHARAJ: Entsprechend Ihren Erwartungen. Es könnte sein, daß Sie unglücklich sind, und eine fromme Seele gibt Ihnen ein Glück bringendes *Mantra*. Wenn Sie es mit Glauben und Hingabe wiederholen, dann muß sich Ihr Unglück wenden. Unerschütterliches Vertrauen ist stärker als Schicksal. Schicksal ist das Ergebnis von meist zufälligen Ursachen und daher sehr lose gewebt. Zuversicht und guter Wille werden es leicht beseitigen.

FRAGE: Was passiert genau, wenn man ein *Mantra* wiederholt?

MAHARAJ: Der Klang des *Mantra*s schafft die Form, die das Selbst annehmen wird. Das Selbst kann jede Form annehmen und dadurch wirken. Das Selbst drückt sich in diesen Aktionen aus. Ein *Mantra* ist hauptsächlich Energie in Aktion. Es beeinflußt Sie und Ihre Umgebung.

FRAGE: Ein *Mantra* hat Tradition. Muß das so sein?

MAHARAJ: Seit undenklichen Zeiten wurde ein Zusammenhang geschaffen zwischen bestimmten Worten und den korrespondierenden Energien, die durch zahllose Wiederholungen gestärkt werden. Man kann das *Mantra* mit einer Straße vergleichen, auf der man geht. Es ist ein leichter Weg, nur Vertrauen ist nötig. Sie vertrauen der Straße, Sie selbst zu Ihrem

Ziel zu bringen.

FRAGE: In Europa gibt es keine *Mantra*-Tradition, außer in einigen kontemplativen Orden. Was hat ein *Mantra* für einen Sinn für einen modernen jungen westlichen Menschen?

MAHARAJ: Keinen, es sei denn, er fühlt sich sehr stark davon angezogen. Für ihn ist der richtige Weg, bei dem Gedanken zu bleiben, daß er die Basis allen Wissens ist, das unveränderliche und ewige Gewahrsein von allem, was seinem Sinn und seinem Verstand widerfährt. Wenn er sich daran ständig erinnert, wach und gewahr, wird er zwangsläufig die Fesseln von Ungewahrsein abstreifen und eintauchen in reines Leben, Licht und Liebe. Der Gedanke 'Ich bin nichts als der Beobachter' wird seinen Körper und Verstand läutern und seine Augen der Weisheit öffnen. Dann läßt er die Illusionen hinter sich, und sein Herz wird frei von allem Verlangen. So wie Eis sich in Wasser verwandelt, Wasser in Dampf und Dampf in der Atmosphäre entschwindet, so löst sich der Körper auf in reines Gewahrsein *(Chidakash)*, dann in reines Sein *(Paramakash)*, was jenseits von aller Existenz und Nicht-Existenz ist.

FRAGE: Der Verwirklichte ißt, trinkt und schläft. Was bringt ihn dazu?

MAHARAJ: Dieselbe Kraft, die das Universum bewegt, bewegt auch ihn.

FRAGE: Wenn alles von derselben Kraft bewegt wird, wo liegt dann der Unterschied?

MAHARAJ: Nur darin: Der verwirklichte Mensch weiß, was andere nur hören, aber nicht selbst erfahren. Auf der intellektuellen Ebene mögen sie überzeugt sein, doch in ihren Taten zeigt sich ihr Gefangensein, während der Verwirklichte immer richtig handelt.

FRAGE: Jeder sagt 'Ich bin', der Verwirklichte auch. Wo ist der Unterschied?

MAHARAJ: Er liegt in der Bedeutung, die den Worten 'Ich bin' gegeben wird. Für den Verwirklichten ist die Erfahrung 'Ich bin die Welt, die Welt ist mein', absolut zutreffend; er denkt, fühlt und handelt vollkommen im Einklang mit allem, was lebt. Vielleicht kennt er noch nicht einmal die Theorie und Praxis der Selbstverwirklichung und wurde frei von religiösen und metaphysischen Anschauungen geboren und aufgezogen. Doch in seinem Verständnis und seinem Mitgefühl wird es keine Unstimmigkeiten geben.

FRAGE: Ich könnte einen nackten, hungrigen Bettler treffen und fragen: „Wer sind Sie?" Er könnte mir antworten: „Ich bin das höchste Selbst." „Gut", würde ich sagen, „da Sie nun das Höchste sind, verändern Sie Ihren derzeitigen Zustand." Was wird er tun?

MAHARAJ: Er wird Sie fragen: „Welchen Zustand? Was muß verändert werden? Was stimmt nicht mit mir?"

FRAGE: Warum sollte er so antworten?

MAHARAJ: Weil er nicht länger limitiert ist durch seine Erscheinung. Er identifiziert sich nicht mit Namen und Formen. Er benutzt das Gedächtnis, doch das Gedächtnis kann nicht ihn benutzen.

FRAGE: Basiert nicht alles Wissen auf dem Gedächtnis?

MAHARAJ: Niederes Wissen, ja, höheres Wissen, das Wissen um die Realität, liegt in des Menschen wahrer Natur.

FRAGE: Könnte ich dann sagen, ich bin nicht das, dessen ich mir bewußt bin, noch bin ich Bewußtsein selbst?

MAHARAJ: Solange Sie noch auf der Suche sind, halten Sie sich besser an die Idee, daß Sie reines Bewußtsein sind, frei von allem Inhalt. Über das Bewußtsein hinaus zu gehen, bringt Sie zum höchsten Zustand.

FRAGE: Entsteht das Verlangen nach Verwirklichung im Bewußtsein oder jenseits davon?

MAHARAJ: Natürlich im Bewußtsein. Jegliches Verlangen entsteht im Gedächtnis und kommt daher aus dem Bewußtsein. Was jenseits davon ist, ist ohne jedes Verlangen. Selbst der Wunsch, über das Bewußtsein hinaus zu gehen, ist immer noch im Bewußtsein.

FRAGE: Gibt es im Bewußtsein irgendeine Spur oder einen

Eindruck von diesem Jenseits?

MAHARAJ: Nein, das ist unmöglich.

FRAGE: Was ist dann die Verbindung zwischen den beiden? Wie kann man eine Brücke zwischen diesen beiden Zuständen schaffen, die nichts miteinander zu tun haben? Ist nicht das reine Gewahrsein die Verbindung zwischen den beiden?

MAHARAJ: Selbst reines Gewahrsein ist eine Form des Bewußtseins.

FRAGE: Was ist also jenseits, Leere?

MAHARAJ: Leere bezieht sich wieder nur auf Bewußtsein. Fülle und Leere sind relative Begriffe. Die Realität ist wirklich jenseits, jenseits nicht in Bezug auf Bewußtsein, sondern jenseits jeglicher Bezüge. Die Schwierigkeit liegt in dem Wort 'Zustand'. Die Realität ist kein Zustand von etwas anderem. Sie ist kein Zustand des Verstandes, des Bewußtseins oder der Psyche - noch ist sie etwas, das einen Anfang und ein Ende hat, Sein und Nicht-Sein. Alle Gegensätze vereinen sich darin, aber sie ist nicht innerhalb des Spiels der Gegensätze. Halten Sie sie nicht für das Ende einer Transformation. Sie ist sie selbst, nachdem das Bewußtsein als solches nicht mehr vorhanden ist. Dann werden Worte wie 'Ich bin ein Mann' oder 'Ich bin Gott' bedeutungslos. Nur in Stille und Dunkelheit kann sie gesehen und gehört werden.

Kapitel 11

Frage: Ich komme aus einem fernen Land. Ich hatte einige innere Erlebnisse und möchte sie mit den Ihren vergleichen.

Maharaj: Gern. Kennen Sie sich selbst?

Frage: Ich weiß, daß ich weder der Körper noch der Verstand bin.

Maharaj: Warum sagen Sie das?

Frage: Ich habe nicht das Gefühl, daß ich im Körper bin, ich scheine überall zu sein. Was den Verstand angeht, so kann ich ihn sozusagen an- und abschalten. Das gibt mir das Gefühl, nicht der Verstand zu sein.

Maharaj: Wenn Sie dieses Gefühl haben, überall zu sein, fühlen Sie sich dann getrennt von der Welt, oder sind Sie die Welt?

Frage: Beides. Manchmal fühle ich, daß ich weder der Verstand noch der Körper bin, nur ein einziges, allsehendes Auge. Tauche ich tiefer darin ein, empfinde ich mich als alles, was ich sehe, und die Welt und ich werden eins.

Maharaj: Sehr gut. Wie sieht es mit Ihren Wünschen aus? Haben Sie welche?

Frage: Ja, sie kommen kurz und oberflächlich.

Maharaj: Und was tun Sie mit ihnen?

Frage: Was kann ich tun? Sie kommen, sie gehen. Ich

schaue sie mir an. Manchmal beobachte ich meinen Körper und Verstand, wie sie damit beschäftigt sind, sie zu erfüllen.

MAHARAJ: Wessen Wünsche werden erfüllt?

FRAGE: Sie sind ein Teil der Welt, in der ich lebe. Sie sind einfach vorhanden, so wie Bäume und Wolken vorhanden sind.

MAHARAJ: Sind sie nicht Zeichen von Unvollkommenheit?

FRAGE: Warum sollten sie? Sie sind, wie sie sind, und ich bin, wie ich bin. Wie kann das Erscheinen und Vergehen von Wünschen mich beeinflussen? Natürlich beeinflussen sie den Inhalt und die Form meines Verstandes.

MAHARAJ: Sehr gut. Was ist Ihr Beruf?

FRAGE: Ich bin Bewährungshelfer.

MAHARAJ: Was ist das?

FRAGE: Jugendliche Gesetzesbrecher werden auf Probe freigelassen, und es gibt spezielle Beamte, die ihre Verhaltensweisen beobachten und ihnen helfen, eine Ausbildung zu bekommen und Arbeit zu finden.

MAHARAJ: Müssen Sie arbeiten?

FRAGE: Wer arbeitet? Die Arbeit geschieht.

MAHARAJ: Haben Sie es nötig zu arbeiten?

FRAGE: Ich brauche es, des Geldes wegen. Ich liebe meine Arbeit, denn sie bringt mich in Kontakt mit Menschen.

MAHARAJ: Wozu brauchen Sie sie?

FRAGE: Vielleicht brauchen sie mich, und es sind ihre Bestimmungen, die mich diese Arbeit tun lassen. Wie auch immer, es ist alles ein einziges Leben.

MAHARAJ: Wie sind Sie zu Ihrem jetzigen Zustand gekommen?

FRAGE: *Sri Ramana Maharshi*s Lehren haben mir den Weg gewiesen. Dann traf ich jemanden namens Douglas Harding, der mir half, indem er mir zeigte, wie ich mit dem 'Wer bin ich?' arbeiten kann.

MAHARAJ: Geschah es plötzlich oder stufenweise?

FRAGE: Es geschah ziemlich plötzlich. Wie etwas, das man lange vergessen hat und woran man sich plötzlich wieder erinnert. Oder wie ein plötzlicher Blitz des Verstehens. 'Wie einfach', sagte ich, 'wie einfach. Ich bin nicht, was ich glaubte zu sein. Ich bin nicht das Wahrgenommene noch der Wahrnehmende, ich bin nur die Wahrnehmung'.

MAHARAJ: Noch nicht einmal die Wahrnehmung, aber das, was all dies möglich macht.

FRAGE: Was ist Liebe?

MAHARAJ: Wenn das Gefühl von Trennung und Unterscheidung nicht vorhanden ist, dann können Sie es Liebe nennen.

FRAGE: Warum wird der Liebe zwischen Mann und Frau soviel Bedeutung beigemessen?

MAHARAJ: Weil sie sehr stark das Element von Glückseligkeit enthält.

FRAGE: Ist es nicht so mit jeglicher Art von Liebe?

MAHARAJ: Nicht unbedingt, Liebe kann auch Schmerz erzeugen. Das nennen Sie dann Mitgefühl.

FRAGE: Was ist Glückseligkeit?

MAHARAJ: Harmonie zwischen dem Inneren und dem Äußeren ist Glückseligkeit. Gleichzeitig erzeugt Selbstidentifikation mit dem Äußeren Leiden.

FRAGE: Wodurch entsteht Selbstidentifikation?

MAHARAJ: Das Selbst kennt, seiner Natur entsprechend, nur sich selbst. Aus Mangel an Erfahrung identifiziert es sich mit allem, was es wahrnimmt. Durch schlechte Erfahrung lernt es zu unterscheiden *(Viveka)* und loszulassen *(Vairagya)*. Wenn sich der Verstand nach innen wendet *(Uparati)*, wird eine starke innere Kraft *(Mukmukshattva)* die Suche nach dem Ursprung auslösen. Das Licht der Erkenntnis beginnt zu scheinen, und alles wird leuchtend und klar *(Atma-Prakash)*.

FRAGE: Was ist die wirkliche Ursache des Leidens?

MAHARAJ: Die Selbstidentifikation mit dem Endlichen

(Vyaktitva). Gefühle als solche, wie stark auch immer, erzeugen kein Leiden. Es ist der Verstand, besessen von falschen Vorstellungen, festgefahren in dem Gedanken, 'Ich bin dies, ich bin das', der Angst vor Verlust hat, der sich bereichern will, und der leidet, wenn er enttäuscht wird.

FRAGE: Ein Freund von mir hatte jahrelang fürchterliche Alpträume. Schlafen zu gehen, versetzte ihn in Panik. Nichts konnte ihm helfen.

MAHARAJ: Edle Freundschaft *(Satsang)* würde ihm helfen.

FRAGE: Das Leben selbst ist ein Alptraum.

MAHARAJ: Edle Freundschaft *(Satsang)* ist das Allheilmittel für alle physischen und mentalen Krankheiten.

FRAGE: Normalerweise findet man eine solche Freundschaft nicht.

MAHARAJ: Dann schauen Sie nach innen. Ihr eigenes Selbst ist Ihr bester Freund.

FRAGE: Warum ist das Leben so voller Widersprüche?

MAHARAJ: Sie helfen, den mentalen Stolz zu brechen. Wir müssen erkennen, wie hilflos und schwach wir sind. Solange wir uns mit den Vorstellungen dessen täuschen, was wir glauben zu sein, zu wissen, zu haben, zu tun, sind wir tatsächlich in einer miserablen Lage. Nur in völliger Selbstnegierung liegt die Chance, unser wirkliches Sein zu entdecken.

FRAGE: Warum wird soviel Gewicht auf Selbstnegierung gelegt?

MAHARAJ: Genauso viel wie auf Selbstverwirklichung. Das falsche Selbst muß losgelassen werden, bevor das wirkliche Selbst entdeckt werden kann.

FRAGE: Das Selbst, das Sie falsch nennen, ist für mich eine sehr schmerzhafte Realität. Es ist das einzige Selbst, das ich kenne. Was Sie das wirkliche Selbst nennen, ist für mich ein reines Konzept, eine Redewendung, eine Kreatur des Verstandes, eine fesselnde Erscheinung. Ich muß zugeben, mein tägliches Selbst ist nicht schön, aber es ist mein eigenes und einziges. Sie sagen, ich bin oder habe ein anderes Selbst. Können Sie es sehen, ist es für Sie eine Realität? Oder wollen Sie mich von etwas überzeugen, das Sie selbst nicht sehen können?

MAHARAJ: Ziehen Sie keine voreiligen Schlüsse. Das Konkrete muß nicht das Wirkliche, das Wahrgenommene nicht das Falsche sein. Wahrnehmungen, die auf Empfindungen basieren und geformt sind von Erinnerungen, benötigen einen Wahrnehmenden, dessen Wesen Sie noch nie genau untersucht haben. Geben Sie ihm Ihre ganze Aufmerksamkeit, untersuchen Sie ihn mit liebevoller Sorgfalt, und Sie werden Höhen und Tiefen des Seins entdecken, von denen Sie niemals gewagt haben zu träumen, gefangen in dem kümmerlichen Bildnis, das Sie von sich selbst haben.

FRAGE: Ich muß in der richtigen Stimmung sein, um mich erfolgreich erforschen zu können.

MAHARAJ: Sie müssen wahrhaftig sein, zielgerichtet, wirklich interessiert. Sie müssen voll des guten Willens gegenüber sich selbst sein.

FRAGE: Ich bin bereits selbstsüchtig.

MAHARAJ: Sind Sie nicht. Sie zerstören sich ununterbrochen, indem Sie seltsamen Göttern dienen. Seien Sie ruhig selbstsüchtig - auf die richtige Art und Weise. Wünschen Sie für sich das Beste, arbeiten Sie an dem, was gut für Sie ist. Zerstören Sie alles, was zwischen Ihnen und der Glückseligkeit steht. Seien Sie alles, lieben Sie alles, seien Sie glücklich, machen Sie glücklich. Keine Glückseligkeit ist größer.

FRAGE: Warum gibt es in der Liebe so viel Leiden?

MAHARAJ: Alles Leiden wird aus Verlangen geboren. Wahre Liebe ist niemals enttäuscht. Wie kann das Gefühl von Einheit enttäuscht werden? Der Wunsch es auszudrücken, kann enttäuscht werden, doch solche Wünsche kommen aus dem Verstand. Wie bei allem Mentalen sind Enttäuschungen unausbleiblich.

FRAGE: Welchen Platz nimmt der Sex in der Liebe ein?

MAHARAJ: Liebe ist ein Zustand des Seins. Sex ist Energie. Die Liebe ist weise, der Sex ist blind. Wenn einmal die wahre

Natur von Liebe und Sex verstanden worden ist, gibt es keinen Konflikt und keine Verwirrung mehr.

FRAGE: Es gibt soviel Sex ohne Liebe.

MAHARAJ: Ohne Liebe ist alles von Übel. Das Leben selbst ist ohne Liebe von Übel.

FRAGE: Was bringt mich dazu zu lieben?

MAHARAJ: Sie sind die Liebe selbst - wenn Sie keine Angst haben.

Kapitel 12

FRAGE: Es gibt so viele Theorien über die Natur des Menschen und des Universums. Die Theorie der Schöpfung, die Theorie der Illusion, die Theorie des Traumes - unzählig viele Theorien. Welche ist wahr?

MAHARAJ: Alle sind wahr, alle sind unwahr. Sie können sich aussuchen, welche Ihnen am besten gefällt.

FRAGE: Sie scheinen die Theorie des Traumes zu bevorzugen.

MAHARAJ: Dies sind alles nur Wortspielereien. Jeder bevorzugt den Weg, der ihn am meisten anspricht. Theorien sind weder falsch noch richtig, sie sind nur der Versuch, das Unerklärliche zu erklären. Nicht die Theorie ist entscheidend, sondern die Weise, auf die man sie untersucht. Es ist das Ausprobieren der Theorie, das die Ergebnisse bringt. Egal, mit welcher Theorie Sie experimentieren, solange Sie wirklich ehrlich und aufrichtig sind, wird sie Ihnen die Realität eröffnen. Als lebendiges Wesen sind Sie in einer unerträglichen und schmerzvollen Situation gefangen, und Sie suchen einen Ausweg. Es gibt mehrere Pläne Ihres Gefängnisses, keiner stimmt genau, doch sie haben alle einen gewissen Wert, solange Sie absolut ehrlich sind. Es ist die Ernsthaftigkeit, die befreit, nicht die Theorie.

FRAGE: Theorien können in die Irre führen, und Ernsthaftigkeit kann blind machen.

MAHARAJ: Ihre Aufrichtigkeit wird Sie leiten. Ihre Hingabe an das Ziel der Freiheit und Vollkommenheit wird Sie alle Theorien und Systeme über Bord werfen lassen, und Sie werden ein Leben führen, das von Weisheit, Intelligenz und aktiver Liebe geleitet wird. Theorien mögen ein guter Ausgangspunkt sein, doch irgendwann müssen sie aufgegeben werden, je früher, desto besser.

FRAGE: Es gibt einen *Yogi*, der behauptet, der achtfache *Yoga*-Pfad sei nicht nötig für die Verwirklichung; Willenskraft allein sei ausreichend. Es genügt, sich voller Vertrauen auf das Ziel zu konzentrieren und mit der Kraft des reinen Willens schnell und ohne Anstrengung zu verwirklichen, wofür andere Jahrzehnte brauchen.

MAHARAJ: Konzentration, totales Vertrauen und reine Willenskraft! Unter solchen Bedingungen ist es kein Wunder, daß man sich in kürzester Zeit befreit. Dieser *Yoga*-Weg des Willens ist gut für den reifen Suchenden, der bis auf eines alle Bedürfnisse aufgegeben hat. Denn was ist Wille außer einem harmonischen Herzen und Verstand? Mit solch einer Beständigkeit kann man alles erreichen.

FRAGE: Ich habe das Gefühl, daß der *Yogi* nicht nur meinte, durch Zielstrebigkeit eine ununterbrochene Anwendung und Hingabe zu erreichen. Er meinte, mit dem Willen auf das Ziel gerichtet seien weder Anwendung noch Fleiß erforderlich. Der Wille als solcher wird das gewünschte Objekt anziehen.

MAHARAJ: Wie Sie es auch immer nennen wollen, Wille, Zielstrebigkeit oder der auf einen Punkt gerichtete Verstand, man kommt immer zurück auf Ernsthaftigkeit, Wahrhaftigkeit und Ehrlichkeit. Wenn Sie absolut ernsthaft sind, wird jedes Geschehnis, wird jede Sekunde Ihres Lebens Ihrem Ziel dienlich sein. Sie werden Ihre Energie nicht für andere Dinge vergeuden. Sie sind mit Leib und Seele bei der Sache - nennen Sie es Willenskraft, Liebe oder einfach Ehrlichkeit. Wir sind komplexe Wesen, im Krieg gegen unser Inneres und Äußeres. Wir widerlegen uns andauernd und zerstören heute, was wir gestern aufgebaut haben. So ist es kein Wunder, daß wir feststecken. Ein klein wenig Integrität würde einen großen Unterschied machen.

FRAGE: Was ist stärker, der Wunsch oder das Schicksal?

MAHARAJ: Die Wünsche formen das Schicksal.

FRAGE: Und das Schicksal formt die Wünsche. Meine Wünsche sind geprägt von Vererbung und Umständen, von Gelegenheiten und Zufällen, von dem, was wir Bestimmung nennen.

MAHARAJ: Ja, so könnten Sie es nennen.

FRAGE: In welchem Ausmaß bin ich frei, mir zu wünschen, was ich mir wünschen möchte?

MAHARAJ: In diesem Moment sind Sie frei. Was ist es, was Sie sich wünschen? Wünschen Sie es sich.

FRAGE: Selbstverständlich habe ich die Freiheit, mir etwas zu wünschen, aber ich habe nicht die Freiheit, diese Wünsche zu erfüllen. Andere Zwänge werden mich ablenken. Meine Wünsche sind nicht stark genug, auch wenn ich sie gutheiße. Andere, unerwünschte Begierden sind stärker.

MAHARAJ: Vielleicht belügen Sie sich selbst. Vielleicht verfolgen Sie Ihre wirklichen Wünsche, und die Wünsche, die Sie als akzeptabel ansehen, werden als Aushängeschild benutzt.

FRAGE: Was Sie sagen, könnte stimmen. Aber es ist nur eine weitere Theorie. Tatsache ist, daß ich mich nicht frei fühle zu wünschen, was ich meine, wünschen zu sollen. Und wenn ich mir das Richtige zu wünschen scheine, handle ich nicht entsprechend.

MAHARAJ: Das entsteht aus geistiger Schwäche und Spaltung des Verstandes. Nehmen Sie all Ihren Verstand zusammen und stärken Sie ihn, und Sie werden sehen, daß Ihre Gedanken und Gefühle, Worte und Taten sich Ihrem Willen entsprechend ausrichten.

FRAGE: Wieder die Lanze für die Perfektion gebrochen! Den Verstand zu integrieren und zu stärken ist kein Kinderspiel! Wie fängt man das an?

MAHARAJ: Sie können nur dort anfangen, wo Sie sich befinden. Sie sind hier und jetzt, und dem Hier und Jetzt können Sie nicht entfliehen.

FRAGE: Doch was kann ich hier und jetzt tun?

MAHARAJ: Sie können sich Ihrer Existenz, Ihres Seins gewahr sein, hier und jetzt.

FRAGE: Das ist alles?

MAHARAJ: Das ist alles. Mehr gibt es nicht zu tun.

FRAGE: Im Wachsein wie im Träumen bin ich mir meiner selbst bewußt. Es hat mir bislang nicht geholfen.

MAHARAJ: Sie waren sich Ihrer Gedanken, Gefühle und Taten bewußt, Sie waren sich nicht Ihres S e i n s bewußt.

FRAGE: Was ist das neue Moment, das ich einbringen soll?

MAHARAJ: Die Haltung des reinen Beobachters, die Geschehnisse zu beobachten, ohne sich darin zu verstricken.

FRAGE: Was wird mir das bringen?

MAHARAJ: Ein willensschwacher Verstand kommt von fehlender Intelligenz, mangelndem Verständnis, entstanden aus Nicht-Gewahrsein. Indem Sie sich bemühen, gewahr zu sein, konzentrieren und stärken Sie Ihren Verstand.

FRAGE: Auch wenn ich mir der Geschehnisse voll bewußt sein sollte, kann ich sie doch nicht beeinflussen.

MAHARAJ: Sie irren sich. Was da abläuft, ist die Projektion Ihres Verstandes. Ein schwacher Verstand kann seine eigenen Projektionen nicht kontrollieren. Deshalb seien Sie sich Ihres Verstandes und seiner Projektionen bewußt. Sie können nicht kontrollieren, was Sie nicht kennen. Andererseits gibt Wissen Macht. In Wirklichkeit ist es sehr einfach: Um sich kontrollieren zu können, müssen Sie sich selbst kennen.

FRAGE: Vielleicht werde ich lernen, mich zu kontrollieren, doch werde ich auch fähig sein, mit dem Chaos in der Welt umzugehen?

MAHARAJ: Es gibt kein Chaos in der Welt, außer dem, das Ihr Verstand erschafft. Es ist insofern selbst erschaffen, als es auf der falschen Vorstellung basiert, daß man sich selbst als ein Ding sieht, das unterschiedlich und getrennt von anderen Dingen ist. In Wirklichkeit sind Sie weder ein Ding noch sind Sie getrennt. Sie sind das unendliche Potential, die unerschöpfliche Möglichkeit. Weil Sie sind, kann alles sein. Das Universum ist teilweise eine Manifestation Ihrer unbegrenzten Möglichkeit zu werden.

FRAGE: Ich habe das Gefühl, vollkommen von meinem Verlangen nach Freude und meiner Angst vor Schmerz motiviert zu sein. Wie edel meine Wünsche und berechtigt meine Ängste auch sein mögen, Freude und Leid sind die zwei Pole, zwischen denen sich mein Leben bewegt.

MAHARAJ: Finden Sie die Quelle von Schmerz und Freude, von Verlangen und Angst. Beobachten, untersuchen Sie, versuchen Sie zu verstehen.

FRAGE: Verlangen und Angst sind beide Gefühle, die durch physische oder mentale Faktoren erzeugt werden. Sie sind vorhanden und leicht zu beobachten. Doch warum sind sie da? Warum begehre ich Freud und habe Angst vor Schmerz?

MAHARAJ: Freude und Schmerz sind Zustände des Verstandes. Solange Sie glauben, der Verstand zu sein, oder besser, die Körper-Verstand-Einheit, werden Sie zwangsläufig solche Fragen stellen.

FRAGE: Und wenn ich realisiere, daß ich nicht der Körper bin, werde ich frei von Verlangen und Ängsten sein?

MAHARAJ: Solange es einen Körper gibt und einen Verstand, um den Körper zu beschützen, wird es Anziehung und Abneigung geben. Sie werden vorhanden sein auf dem Gebiet der Geschehnisse, aber sie werden Sie nicht beeinflussen. Ihre Aufmerksamkeit wird sich auf etwas anderes konzentrieren. Sie werden sich nicht ablenken lassen.

FRAGE: Und trotzdem werden sie da sein. Wird man jemals vollkommen frei davon?

MAHARAJ: Sogar jetzt sind Sie vollkommen frei. Was Sie Bestimmung *(Karma)* nennen, ist nur Ihr eigener Wille zu leben. Wie stark dieser Wille ist, können Sie an der allgemeinen Angst vor dem Tode beobachten.

FRAGE: Doch Menschen sterben oft sehr bereitwillig.

MAHARAJ: Nur wenn die Alternative schlimmer ist als der Tod. Doch diese Bereitschaft zu sterben kommt aus derselben Quelle, wie der Wille zu leben. Eine Quelle, die tiefer ist als das Leben selbst. Ein lebendes Wesen zu sein, ist nicht der höchste Zustand. Es gibt etwas viel Phantastischeres jenseits davon, was weder Sein noch Nicht-Sein ist, weder Leben noch Nicht-Leben. Es ist ein Zustand von reinem Gewahrsein, jenseits aller Begrenzungen von Raum und Zeit. Wird einmal die Illusion, die Körper-Verstand-Einheit zu sein, aufgegeben, verliert der Tod seinen Schrecken, er wird ein Teil des Lebens.

Kapitel 13

FRAGE: Wenn ich Sie so anschaue, scheinen Sie ein armer Mann mit sehr begrenzten Mitteln zu sein, der mit dem Problem von Armut und Alter genauso konfrontiert ist wie jeder andere.

MAHARAJ: Was für einen Unterschied würde es machen, wenn ich sehr reich wäre? Ich bin, was ich bin. Was könnte ich sonst sein? Ich bin weder reich noch arm, ich bin ich selbst.

FRAGE: Und doch erleben Sie Freude und Leid.

MAHARAJ: Ich erlebe diese im Bewußtsein, doch ich bin weder das Bewußtsein noch sein Inhalt.

FRAGE: Sie behaupten, daß wir auf der Ebene des wirklichen Seins alle gleich sind. Wie kommt es, daß Sie es so anders erleben als wir?

MAHARAJ: Die tatsächliche Erfahrung ist nicht anders, meine Bewertung und mein Verhalten unterscheiden sich. Ich sehe dieselbe Welt wie Sie, doch nicht in derselben Weise. Daran ist nichts Mysteriöses. Jeder sieht die Welt so, wie er sich selbst sieht. So wie Sie glauben zu sein, so glauben Sie, daß die Welt ist. Wenn Sie glauben, getrennt von der Welt zu existieren, werden Sie die Welt als getrennt von Ihnen erfahren, und Sie werden Verlangen und Ängste erleben. Ich sehe mich in keiner Weise getrennt von dieser Welt, also gibt es für mich auch nichts zu begehren oder zu fürchten.

FRAGE: Sie sind ein Licht in dieser Welt. Nicht jeder ist das.

MAHARAJ: Es gibt absolut keinen Unterschied zwischen mir und anderen, außer, daß ich weiß, wer ich bin. Ich bin alles. Ich weiß das mit absoluter Gewißheit, Sie nicht.

FRAGE: Also sind wir doch unterschiedlich.

MAHARAJ: Nein, sind wir nicht. Der Unterschied liegt nur im Verstand und ist zeitlich begrenzt. Ich war wie Sie, Sie werden wie ich sein.

FRAGE: Gott hat eine sehr unterschiedliche Welt erschaffen.

MAHARAJ: Der Unterschied ist nur in Ihnen. Sehen Sie sich an, wie Sie sind, und Sie werden die Welt sehen, wie sie ist - ein einziger Block von Realität, unteilbar, unbeschreibbar. Ihre eigene Vorstellungskraft projiziert ein Bild von dieser Welt, und alle Ihre Fragen beziehen sich auf das Bild.

FRAGE: Ein tibetanischer *Yogi* hat einmal geschrieben, daß Gott die Welt aus einem bestimmten Grund erschaffen hat und einen bestimmten Plan verfolgt. Der Sinn ist gut und der Plan sehr weise.

MAHARAJ: All dies unterliegt dem Gesetz von Zeit, während ich mich mit der Ewigkeit befasse. Götter und ihre Universen entstehen und vergehen, *Avatars* erscheinen in endloser Wiederholung, und am Ende erreichen wir wieder den Anfang, die Quelle. Ich spreche nur über die zeitlose Quelle all dieser Götter mit all ihren Universen in der Vergangenheit, der Gegenwart und der Zukunft.

FRAGE: Kennen Sie sie alle? Erinnern Sie sich an alle?

MAHARAJ: Was gibt es zu sehen und sich zu erinnern, wenn ein paar Kinder ein Spiel inszenieren?

FRAGE: Warum ist die Hälfte der Menschheit männlich, die andere Hälfte weiblich?

MAHARAJ: Zu ihrem Glück. Das Unpersönliche *(Avyakta)* wird das Persönliche *(Vyakta)* zum Wohl einer glücklichen Beziehung. Durch die Gnade meines Gurus sehe ich das Unpersönliche und das Persönliche ohne jeden Unterschied. Für mich ist beides eins. Im Leben löst sich das Persönliche im

Unpersönlichen auf.

FRAGE: Wie entsteht das Persönliche aus dem Unpersönlichen?

MAHARAJ: Beide sind nur zwei Aspekte der einen Realität. Es ist nicht korrekt zu sagen, daß das eine dem anderen vorausgeht, diese Ideen kommen aus dem Wachzustand.

FRAGE: Was hat das mit dem Wachzustand zu tun?

MAHARAJ: Die Wurzel jeglicher Schöpfung ist das Verlangen. Verlangen und Vorstellung befruchten und bestärken sich gegenseitig. Der vierte Zustand *(Turiya)* ist ein Zustand des reinen Beobachtens, des losgelösten Gewahrseins, ohne Leidenschaft und ohne Worte. Es ist wie Raum, der unbeeinflußt ist von dem, was er beinhaltet. Körperliche und mentale Probleme erreichen ihn nicht - sie sind außerhalb, 'dort', während der Beobachter 'hier' ist.

FRAGE: Was ist wirklich, das Subjektive oder das Objektive? Ich würde sagen, das objektive Universum ist real, während meine subjektive Psyche vergänglich ist und dem Wandel unterworfen. Sie scheinen Ihre inneren, subjektiven Zustände für real zu halten und der äußeren, konkreten Welt jegliche Realität abzusprechen.

MAHARAJ: Beide, das Subjektive und Objektive, sind vergänglich und dem Wandel unterworfen. Sie haben absolut nichts Reales. Finden Sie im Vergänglichen das, was ewig ist, diesen einen gleichbleibenden Faktor, der jeder Erfahrung innewohnt.

FRAGE: Was ist dieser gleichbleibende Faktor?

MAHARAJ: Daß ich ihm verschiedene Namen gebe und versuche, es Ihnen auf verschiedene Weisen klar zu machen, wird Ihnen nicht helfen, außer, Sie haben die Fähigkeit zu sehen. Ein Kurzsichtiger wird noch nicht einmal den Papagei auf dem Ast eines Baumes sehen, wie sehr Sie auch versuchen, ihn ihm zu zeigen. Bestenfalls wird er Ihren darauf gerichteten Finger sehen. Klären Sie zuerst Ihre Sicht, lernen Sie zu sehen, anstatt zu starren, und Sie werden den Papagei wahrnehmen. Außerdem müssen Sie ernsthaft sehen wollen. Für die Selbsterkenntnis brauchen Sie zwei Dinge, Klarheit und Ernsthaftigkeit. Sie brauchen die Reife des Herzens und des Verstandes, die dadurch entsteht, daß Sie ernsthaft das in Ihrem täglichen Leben anwenden, was Sie verstanden haben, mag es auch noch so wenig sein. Im *Yoga* gibt es keine Kompromisse. Wenn Sie sündigen wollen, dann sündigen Sie offen und mit ganzem Herzen. Für einen ernsthaften Sünder haben auch Sünden ihre Lektionen, so wie die Tugenden für den ernsthaften Heiligen. Die beiden durcheinander zu werfen, schafft das Verhängnis. Nichts kann Sie so stark behindern wie Kompromisse, denn sie zeigen Ihre fehlende Ernsthaftigkeit, ohne die nichts in Bewegung kommen kann.

FRAGE: Ich sehe den Sinn von Einfachheit, doch im täglichen Leben brauche ich den Luxus. Der Zwang, dem Vergnügen hinterher zu jagen und Leiden zu vermeiden, ist so tief in mir eingegraben, daß sich alle meine guten Intentionen, sehr präsent auf der Ebene von Theorien, in meinem täglichen Leben nicht umsetzen. Mir zu sagen, daß ich nicht ehrlich genug bin, hilft mir nicht, denn ich weiß einfach nicht, wie ich ehrlich werden soll.

MAHARAJ: Sie sind weder ehrlich noch unehrlich. Diesen mentalen Zuständen Namen zu geben, ist nur ein Ausdruck Ihrer Ablehnung oder Zustimmung. Es ist nicht Ihr Problem, es ist nur das Problem Ihres Verstandes. Beginnen Sie, sich von Ihrem Verstand zu distanzieren. Erinnern Sie sich immer wieder daran, daß Sie nicht der Verstand sind, und seine Probleme nicht die Ihren.

FRAGE: Natürlich kann ich mir immer wieder sagen, 'Ich bin nicht der Verstand, seine Probleme gehen mich nichts an', doch der Verstand ist trotzdem da, und die Probleme sind auch noch dieselben. Bitte erzählen Sie mir jetzt nicht, daß ich nicht ernsthaft genug bin, daß ich ernsthafter sein sollte! Ich weiß es, ich gebe es zu, und meine einzige Frage ist: Wie macht man es?

MAHARAJ: Zumindest fragen Sie! Das ist gut genug für den Anfang. Fahren Sie fort, über einen Weg nachzudenken, sich zu wundern, interessiert zu sein. Seien Sie sich Ihrer selbst bewußt, beobachten Sie Ihren Verstand, geben Sie ihm Ihre volle Aufmerksamkeit. Warten Sie nicht auf schnelle Ergebnisse, vielleicht gibt es keine, die Sie sehen können. Ohne daß Sie es wahrnehmen, wird sich Ihre Psyche verändern. Es wird mehr Klarheit in Ihrem Denken, Mitgefühl in Ihrem Herzen, Gradlinigkeit in Ihrem Verhalten geben. Sie brauchen sich nicht darum zu bemühen, trotzdem werden Sie einen Wandel feststellen. Denn das, was Sie jetzt sind, ist das Ergebnis von Unaufmerksamkeit, und was Sie werden, ist die Frucht der Aufmerksamkeit.

FRAGE: Warum sollte allein Aufmerksamkeit diese Veränderung bewirken?

MAHARAJ: Bislang war Ihr Leben dunkel und ruhelos (*Tamas* und *Rajas*). Aufmerksamkeit, Wachsamkeit, Gewahrsein, Klarheit, Lebendigkeit, Vitalität, sie sind alle nur die Manifestation von Rechtschaffenheit, Einssein mit Ihrer wahren Natur *(Sattva)*. Es liegt in der Natur von *Sattva*, auszugleichen und *Tamas* und *Rajas* zu neutralisieren und daraus die Person entstehen zu lassen, die in Harmonie steht mit der wahren Natur des Selbst. *Sattva* ist ein zuverlässiger Diener des Selbst, immer aufmerksam und zu Diensten.

FRAGE: Und dahin soll ich nur durch reine Aufmerksamkeit kommen?

MAHARAJ: Man sollte Aufmerksamkeit nicht unterschätzen, denn sie bedeutet Interesse und auch Liebe. Um etwas zu wissen, zu tun, zu entdecken oder zu erschaffen, müssen Sie mit dem Herzen dabei sein, was Aufmerksamkeit bedeutet. Alles Gute entsteht daraus.

FRAGE: Sie raten uns, daß wir uns auf das 'Ich bin' konzentrieren. Ist dies auch eine Form von Aufmerksamkeit?

MAHARAJ: Was sonst? Geben Sie Ihre ungeteilte Aufmerksamkeit der wichtigsten Sache in Ihrem Leben, Ihrem Selbst. Sie sind das Zentrum Ihres persönlichen Universums. Wenn Sie dieses Zentrum nicht kennen, was können Sie dann kennen?

FRAGE: Wie kann ich mich selbst kennenlernen? Um mich selbst kennenzulernen, muß ich außerhalb meiner selbst sein. Doch was außerhalb von mir ist, kann ich nicht sein. Das heißt also, ich kann nicht mich selbst kennen, nur das, was ich glaube zu sein.

MAHARAJ: Absolut richtig. So wie Sie Ihr Gesicht nicht sehen können, sondern nur die Reflexion im Spiegel, so können Sie die Reflexion des eigenen Selbst nur in dem ungetrübten Spiegel reinen Gewahrseins erkennen.

FRAGE: Wie bekomme ich solch einen ungetrübten Spiegel?

MAHARAJ: Offensichtlich durch Entfernen der Flecken. Sehen Sie sich die Flecken an und beseitigen Sie sie. Die traditionellen Lehren sind dafür absolut gültig.

FRAGE: Was ist Sehen, und was ist Flecken entfernen?

MAHARAJ: Das Merkmal eines makellosen Spiegels ist, daß man ihn nicht sehen kann. Was immer Sie sehen, muß ein Flecken sein. Wenden Sie sich ab, geben Sie es auf, erkennen Sie es als ungewollt.

FRAGE: Sind alle wahrnehmbare Dinge Flecken?

MAHARAJ: Alles nur Flecken.

FRAGE: Die gesamte Welt ist ein Flecken?

MAHARAJ: Ja, so ist es.

FRAGE: Wie fürchterlich! Das heißt also, das Universum ist wertlos.

MAHARAJ: Es hat einen unglaublichen Wert. Indem Sie darüber hinausgehen, erkennen Sie sich selbst.

FRAGE: Warum ist es überhaupt entstanden?

MAHARAJ: Das werden Sie herausfinden, wenn es endet.

FRAGE: Wird es je enden?

MAHARAJ: Ja, für Sie selbst.

FRAGE: Wann begann es?

MAHARAJ: Jetzt.

FRAGE: Wann wird es enden?

MAHARAJ: Jetzt.

FRAGE: Aber es endet doch nicht jetzt?

MAHARAJ: Sie lassen es nicht.

FRAGE: Ich möchte schon.

MAHARAJ: Nein, das stimmt nicht. Ihr ganzes Leben ist damit verbunden. Ihre Vergangenheit, Ihre Zukunft, Ihre Wünsche, Ihre Ängste, alles hat seine Wurzeln in der Welt. Wo sind Sie ohne die Welt, wer sind Sie?

FRAGE: Um genau das herauszufinden, bin ich hierhergekommen.

MAHARAJ: Und das ist genau, was ich Ihnen sage: Finden Sie einen Anhaltspunkt im Jenseits, und alles wird klar und einfach.

Kapitel 14

Frage: Wir kommen beide aus weit entfernten Ländern, einer von uns ist Brite und einer Amerikaner. Die Welt, in die wir geboren wurden, fällt auseinander, und da wir jung sind, machen wir uns darüber Sorgen. Die alten Leute hoffen, eines natürlichen Todes zu sterben, aber die jungen haben diese Hoffnung nicht; einige von uns widersetzen sich zu töten, aber niemand kann sich dagegen wehren, getötet zu werden. Können wir darauf hoffen, innerhalb unserer Lebensspanne die Welt wieder ins Gleichgewicht zu bringen?

Maharaj: Warum glaubt ihr, daß diese Welt untergehen wird?

Frage: Die Werkzeuge der Zerstörung haben unvorstellbare Ausmaße angenommen, und selbst unsere Produktionsfähigkeit wirkt sich zerstörerisch auf die Natur und auf unsere kulturellen und sozialen Werte aus.

Maharaj: Sie reden von diesem Augenblick. War es immer so und überall? Diese desolate Situation ist vielleicht nur örtlich und zeitlich begrenzt. Wenn sie vorbei ist, wird man sie vergessen.

Frage: Das Ausmaß der drohenden Katastrophe ist unglaublich. Wir leben mitten in einer Explosion.

Maharaj: Jeder Mensch leidet und stirbt allein. Zahlen sind irrelevant. Tod ist Tod, ob einer oder Millionen sterben.

Frage: Die Natur tötet millionenfach, doch das ängstigt

mich nicht. Es mag tragisch oder mysteriös sein, aber es ist nicht grausam. Mich entsetzen die vom Menschen geschaffenen Leiden, Zerstörung und Verwüstung. Die Natur ist phantastisch in dem, was sie erschafft und zerstört. Doch die Taten der Menschen sind gemein und wahnsinnig.

MAHARAJ: Richtig. Das heißt also, nicht das Leiden und der Tod sind Ihr Problem, sondern die Gemeinheit und der Wahnsinn als ihre Wurzeln. Ist Gemeinheit nicht auch eine Art von Wahnsinn, und ist Wahnsinn nicht der Mißbrauch des Verstandes? Das Problem der Menschen liegt nur in dem Mißbrauch des Verstandes. Alle Schätze der Natur und des Geistes stehen dem Menschen zur Verfügung, der seinen Verstand richtig anwendet.

FRAGE: Was ist der richtige Gebrauch des Verstandes?

MAHARAJ: Aus Angst und Gier entsteht der Mißbrauch des Verstandes. Der richtige Gebrauch des Verstandes dient der Liebe, dem Leben, der Wahrheit, der Schönheit.

FRAGE: Das ist leichter gesagt als getan. Liebe zur Wahrheit, zum Menschen, Wohlwollen – was für ein Luxus! Wir brauchen eine Menge davon, um die Welt wieder ins Lot zu bringen, doch woher soll es kommen?

MAHARAJ: Auf immer und ewig können Sie woanders nach Wahrheit, Liebe, Intelligenz und Wohlwollen suchen, Gott und die Menschen anflehen – alles umsonst! Sie müssen bei sich selbst anfangen, mit Ihnen selbst, das ist das unumgängliche Gesetz. Sie können nicht das Spiegelbild ändern, ohne Ihr Gesicht zu ändern. Realisieren Sie zuerst, daß die Welt nur eine Reflexion Ihrer selbst ist, und hören Sie auf, nach Fehlern an der Reflexion zu suchen. Beschäftigen Sie sich mit sich selbst, bringen Sie sich selbst in Ordnung - mental und emotional. Das Physische wird automatisch folgen. Sie reden soviel von Reformen, ökonomisch, sozial, politisch. Lassen Sie ab von den Reformen, und kümmern Sie sich um den Reformator. Was für eine Welt kann jemand erschaffen, der dumm, gierig und herzlos ist?

FRAGE: Wenn wir darauf warten sollen, daß sich die Menschen im Herzen ändern, werden wir für immer warten. Sie raten uns zur Vollkommenheit, damit raten Sie uns auch zur Verzweiflung. Wenn alle vollkommen sind, ist die Welt vollkommen — was für eine nutzlose Binsenwahrheit!

MAHARAJ: Das habe ich nicht gesagt. Ich sagte nur, daß Sie die Welt nicht ändern können, bevor Sie sich selbst geändert haben. Ich habe nicht gesagt, bevor Sie alle anderen geändert haben. Es ist weder nötig noch möglich, andere zu ändern. Aber wenn Sie sich selbst ändern, werden Sie feststellen, daß keine anderen Veränderungen nötig sind. Um den Film zu ändern, wechseln Sie einfach die Filmrolle aus, Sie attackieren nicht die Leinwand.

FRAGE: Wie können Sie sich so sicher sein? Woher wissen Sie, daß das, was Sie sagen, wahr ist?

MAHARAJ: Ich bin mir nicht über mich selbst sicher, aber ich bin mir sicher über Sie. Sie müssen nur aufhören, im Äußeren zu suchen, was nur im Inneren gefunden werden kann. Klären Sie Ihre Sicht, bevor Sie anfangen zu agieren. Sie leiden an akutem Mißverstehen. Läutern Sie Ihren Verstand, reinigen Sie Ihr Herz, machen Sie Ihr Leben zu einem Heiligtum - das ist der schnellste Weg, Ihre Welt zu verändern.

FRAGE: So viele Heilige und Mystiker haben gelebt und sind gestorben, sie haben meine Welt nicht verändert.

MAHARAJ: Wie konnten sie? Ihre Welt ist nicht die ihre, noch ist ihre die Ihrige.

FRAGE: Sicherlich gibt es doch eine gemeinsame Welt für alle!

MAHARAJ: Die Welt der Dinge, der Energie, der Materie? Selbst wenn es solch eine gemeinsame Welt der Dinge und Kräfte gäbe, es ist nicht die Welt, in der wir leben. Unsere Welt ist eine Welt der Gefühle und Vorstellungen, der Anziehung und der Ablehnung, von Wertmaßstäben, Motivationen und Anreizen, eine vollkommen mentale Welt. Biologisch gesehen brauchen wir sehr wenig, unsere Probleme sind anderer Natur. Probleme, von Verlangen und Ängsten und falschen Vorstellungen erschaffen, können nur auf der Ebene des Verstandes gelöst werden. Um Ihren Verstand zu besiegen, müssen Sie über ihn hinausgehen.

FRAGE: Was heißt das, über den Verstand hinausgehen?

MAHARAJ: Sie sind über den Körper hinausgegangen, oder nicht? Sie beobachten doch nicht genau Ihre Verdauung, den Kreislauf und die Ausscheidung. Dies geschieht automatisch. In derselben Weise sollte der Verstand automatisch arbeiten, ohne daß Sie sich darum kümmern müssen. Dies kann nicht geschehen, bevor der Verstand ohne Fehler arbeitet. Die meiste Zeit sind wir uns unseres Verstandes und Körpers bewußt, weil sie andauernd um Hilfe rufen. Schmerz und Leid sind nur der Schrei des Körpers und des Verstandes nach Beachtung. Um über den Körper hinauszugehen, müssen Sie gesund sein, um über den Verstand hinauszugehen, müssen Sie Ihren Verstand in Ordnung bringen. Sie können keine Unordnung hinterlassen und darüber hinausgehen. Diese Unordnung holt Sie wieder ein. 'Sammle deinen persönlichen Müll ein', scheint ein universelles Gesetz zu sein, und es ist wirklich ein gerechtes Gesetz.

FRAGE: Darf ich Sie fragen, wie Sie über den Verstand hinausgegangen sind?

MAHARAJ: Durch die Gnade meines *Gurus.*

FRAGE: Welcher Art war diese Gnade?

MAHARAJ: Er sagte mir die Wahrheit.

FRAGE: Was hat er Ihnen gesagt?

MAHARAJ: Er sagte mir, daß ich die höchste Realität sei.

FRAGE: Was haben Sie damit angefangen?

MAHARAJ: Ich vertraute ihm und erinnerte mich daran.

FRAGE: Ist das alles?

MAHARAJ: Ja, ich erinnerte mich an ihn und was er sagte.

FRAGE: Wollen Sie wirklich sagen, daß das genug war?

MAHARAJ: Was braucht es mehr? Es war eine ganze Menge, sich an den *Guru* und seine Worte zu erinnern. Mein Rat für Sie ist sogar noch einfacher – erinnern Sie sich nur an sich selbst. 'Ich bin' ist genug, um Ihren Verstand zu heilen und sich darüber hinauszubringen. Haben Sie Vertrauen, ich werde Sie nicht in die Irre führen. Warum sollte ich? Will ich etwas von Ihnen? Ich wünsche Ihnen Gutes, das ist meine Natur. Warum sollte ich Sie in die Irre führen? Auch der gesunde Menschenverstand sagt Ihnen, um einen Wunsch zu erfüllen, müssen Sie Ihre Gedanken darauf konzentrieren. Wenn Sie Ihre wahre Natur erkennen wollen, müssen Sie sich jederzeit Ihrer selbst erinnern, bis sich das Geheimnis Ihres Seins enthüllt.

FRAGE: Warum sollte die Erinnerung an mein Selbst mich zur Selbstverwirklichung bringen?

MAHARAJ: Weil beide nur zwei Aspekte desselben Zustandes sind. Selbsterinnerung ist im Verstand, Selbstverwirklichung ist jenseits des Verstandes. Die Reflexion im Spiegel kommt von dem Gesicht jenseits des Spiegels.

FRAGE: Gut. Doch welchen Zweck hat es?

MAHARAJ: Wer anderen helfen will, darf selbst keine Hilfe mehr benötigen.

FRAGE: Ich will nur glücklich sein.

MAHARAJ: Seien Sie glücklich, um glücklich zu machen.

FRAGE: Die anderen sollen sich um sich selbst kümmern.

MAHARAJ: Mein Herr, Sie sind nicht getrennt von den anderen! Glück, das Sie nicht teilen können, ist wertlos. Nur das Teilbare ist wirklich begehrenswert.

FRAGE: Das ist richtig. Doch brauche ich dazu einen *Guru*? Was Sie mir sagen, ist einfach und überzeugend. Ich werde mich daran erinnern, doch das macht Sie nicht zu meinem *Guru*.

MAHARAJ: Die Verehrung einer Person ist nicht das Entscheidende, sondern die Ausdauer und die Tiefe Ihrer Hingabe an das Ziel. Das Leben selbst ist der höchste *Guru*. Seien Sie offen für seine Lektionen und folgen Sie seinen Anweisungen. Wenn Sie ihre Quelle personalisieren, haben Sie einen äußeren *Guru*, wenn Sie direkt vom Leben kommen, haben Sie einen inneren *Guru.* Erinnern Sie sich, wundern Sie sich, hinterfragen Sie, lieben Sie es, leben Sie damit, wachsen Sie in es hinein. Wachsen Sie mit ihm, machen Sie es sich zu eigen - das Wort Ihres inneren oder äußeren *Gurus*. Investieren Sie alles, und Sie werden alles bekommen. Ich habe es getan. All meine Zeit verbrachte ich damit, mich an meinen *Guru* und seine Worte zu erinnern.

FRAGE: Ich bin Schriftsteller von Beruf, können Sie mir einen persönlichen Rat geben?

MAHARAJ: Schreiben bedeutet Talent und Können. Wachsen Sie in Ihrem Talent, und entwickeln Sie Ihr Können. Wünschen Sie sich, was wert ist, gewünscht zu werden, und wünschen Sie es mit ganzem Herzen. So, wie Sie sich durch eine Menschenmenge bewegen, zwischen den Leuten hindurch, genauso finden Sie Ihren Weg zwischen den Geschehnissen, ohne Ihre allgemeine Richtung zu verlieren. Es ist einfach, wenn Sie ernsthaft sind.

FRAGE: Sehr oft haben Sie davon gesprochen, wie wichtig es ist, ernsthaft zu sein. Doch wir sind nicht Herren unseres Schicksals. Wir sind eine Ansammlung von Begierden und Bedürfnissen, Instinkten und der Stimme unseres Gewissens. Sie überstürzen sich, manchmal ist der eine und manchmal ist der andere stärker, doch niemals für lange.

MAHARAJ: Es gibt keine Bedürfnisse, nur Wünsche.

FRAGE: Zu essen, zu trinken, ein Dach über dem Kopf zu haben, zu leben?

MAHARAJ: Der Wunsch zu leben ist das eine fundamentale Bedürfnis, alle anderen hängen davon ab.

FRAGE: Wir leben, weil wir müssen.

MAHARAJ: Wir leben, weil wir uns nach einer Existenz, erfüllt mit Empfindungen, sehnen.

FRAGE: Etwas so Universelles kann doch nicht falsch sein.

MAHARAJ: Natürlich nicht. Am richtigen Ort, zu seiner Zeit, ist alles richtig. Aber wenn Sie sich um die Wahrheit bemühen, die Realität, müssen Sie alles in Frage stellen, sogar Ihr eigenes

Leben. Dadurch, daß Sie sensorische und intellektuelle Erfahrungen als Notwendigkeit ansehen, engen Sie Ihre Suche auf ein komfortables Leben ein.

FRAGE: Ich suche Glück, nicht Bequemlichkeit.

MAHARAJ: Welches Glück kennen Sie jenseits dieser Bequemlichkeit des Verstandes und des Körpers?

FRAGE: Gibt es ein anderes Glück?

MAHARAJ: Finden Sie das für sich selbst heraus. Hinterfragen Sie jedes Bedürfnis, akzeptieren Sie keinen Wunsch als legitim. Seien Sie offen für Entdeckungen, ohne physischen und mentalen Besitz, frei von Sorgen um Sie selbst.

FRAGE: Es ist Teil der indischen sprirituellen Tradition, daß nur in der Nähe eines Heiligen oder Weisen zu leben, hilfreich für die Befreiung und nichts anderes nötig ist. Warum organisieren Sie nicht einen Ashram, so daß Leute in Ihrer Nähe leben können?

MAHARAJ: Sobald ich eine Institution schaffe, werde ich ihr Gefangener. Tatsache ist, daß ich jedem zur Verfügung stehe. Ein gemeinsames Dach und gemeinsame Nahrung machen die Menschen nicht willkommener. 'In der Nähe leben', heißt nicht, dieselbe Luft zu atmen. Es heißt zu vertrauen und zu gehorchen und nicht die guten Absichten des Lehrers zu verschwenden. Behalten Sie Ihren *Guru* immer in Ihrem Herzen, und erinnern Sie sich an seine Instruktionen - das ist wirkliche Vereinigung mit der Wahrheit. Die physische Nähe ist am unwichtigsten. Machen Sie Ihr ganzes Leben zum Ausdruck Ihres Vertrauens und der Liebe zu Ihren Lehrer - das heißt, wirklich mit Ihrem *Guru* zu leben.

Kapitel 15

FRAGE: Ich bin gebürtiger Schwede, im Moment lehre ich *Hatha-Yoga* in Mexiko und in Amerika.

MAHARAJ: Wo haben Sie das gelernt?

FRAGE: Ich hatte einen Lehrer in den USA, einen indischen *Swami*.

MAHARAJ: Was hat Ihnen das gebracht?

FRAGE: Gesundheit und einen Lebensunterhalt.

MAHARAJ: Nicht schlecht, ist das alles, was Sie wollen?

FRAGE: Ich suche innere Ausgeglichenheit. Alle diese brutalen Dinge, die die sogenannten Christen im Namen von Christus tun, ekeln mich an. Für einige Zeit war ich ohne Religion, und irgendwann fühlte ich mich von *Yoga* angezogen.

MAHARAJ: Was haben Sie dabei gewonnen?

FRAGE: Ich habe die Philosophie des *Yoga* studiert, und das hat mir geholfen.

MAHARAJ: In welcher Weise hat es Ihnen geholfen? Aus welchem Grund sagen Sie, daß es Ihnen geholfen hat?

FRAGE: Gesundheit ist etwas sehr handfestes.

MAHARAJ: Zweifellos ist es sehr angenehm, sich gesund zu fühlen. Ist Wohlbefinden alles, was Sie von *Yoga* erwartest?

FRAGE: Das Wohlbefinden ist der Lohn für Hatha-*Yoga*.

Doch generell bringt *Yoga* mehr als das, es beantwortet viele Fragen.

MAHARAJ: Was meinen Sie mit *Yoga*?

FRAGE: Die ganze indische Lehre, Evolution, Wiedergeburt, *Karma* usw.

MAHARAJ: Gut, Sie haben nun all das Wissen, das Sie sich gewünscht haben, in welcher Weise profitieren Sie davon?

FRAGE: Es gab mir innere Ruhe.

MAHARAJ: Wirklich? Ist Ihr Verstand ruhig, ist Ihre Suche vorbei?

FRAGE: Nein, noch nicht.

MAHARAJ: Natürlich nicht, bei dieser Suche gibt es kein Ende, denn es gibt keinen ruhigen Verstand. Verstand bedeutet Störung, die Natur des Verstandes ist Unruhe. *Yoga* ist weder ein Attribut des Verstandes noch ist es ein Geisteszustand.

FRAGE: Doch *Yoga* hat mir einen gewissen Frieden gebracht.

MAHARAJ: Untersuchen Sie das mal genauer, und Sie werden feststellen, daß der Verstand nur so von Gedanken wimmelt. Manchmal ist er leer, doch nur für einen Moment, und dann kehrt er zu seiner gewöhnlichen Unruhe zurück. Ein beruhigter Verstand ist noch kein friedlicher Verstand.
Sie sagen, daß Sie Ihren Verstand versöhnen wollen. Ist derjenige, der seinen Verstand versöhnen will, selbst friedlich?

FRAGE: Nein, ich bin nicht in Frieden mit mir selbst. Ich brauche die Hilfe von *Yoga*.

MAHARAJ: Sehen Sie nicht den Widerspruch? Viele Jahre haben Sie Ihren Frieden vom Verstand gesucht. Sie konnten ihn nicht finden, denn eine Sache, die ihrem Wesen nach ruhelos ist, kann nicht in Frieden sein.

FRAGE: Doch es gibt gewisse Fortschritte.

MAHARAJ: Der Friede, den Sie glauben gefunden zu haben, ist sehr zerbrechlich, jede Kleinigkeit kann ihn stören. Was Sie Frieden nennen, ist nur die Abwesenheit von Störung, und kaum des Namens wert. Wirklicher Friede kann nicht gestört werden. Können Sie in Anspruch nehmen, innere Ruhe zu haben, die unantastbar ist?

FRAGE: Danach strebe ich.

MAHARAJ: Auch dieses Streben ist eine Form von Unruhe.

FRAGE: Was bleibt also übrig?

MAHARAJ: Das Selbst braucht nicht zur Ruhe gebracht zu werden. Es ist der Frieden selbst, nicht in Frieden. Nur der Verstand ist ruhelos. Er kennt nur Ruhelosigkeit mit ihren vielen verschiedenen Arten und Graduierungen. Das Angenehme betrachtet man als besser, und das Schmerzvolle wird mißbilligt. Was wir als Fortschritt bezeichnen, ist nur der Wechsel vom Unangenehmen zum Angenehmen. Doch diese Wechsel können uns nicht zum Unwandelbaren bringen, denn alles, was einen Anfang hat, hat auch ein Ende. Die Realität beginnt nicht, sie kann sich nur als etwas ohne Anfang und ohne Ende offenbaren, alles durchdringend, allmächtig, zeitlos, wechsellos, das Unbewegliche, das alles bewegt.

FRAGE: Was soll man also tun?

MAHARAJ: Durch *Yoga* haben Sie Wissen und Erfahrung angehäuft, das kann man nicht bestreiten. Doch was bringt Ihnen das? *Yoga* heißt Vereinigung, Verbindung. Was haben Sie wieder-verbunden, wieder-vereinigt?

FRAGE: Ich versuche, die Persönlichkeit wieder mit dem wirklichen Selbst zu verbinden.

MAHARAJ: Die Persönlichkeit *(Vyakti)* ist nur ein Produkt unserer Vorstellungen. Das Selbst *(Vyakta)* ist das Opfer dieser Vorstellungen. Was Sie bindet, ist nur Ihre Vorstellung, etwas zu sein, was Sie nicht sind. Man kann nicht sagen, daß die Person eine eigene Existenz besitzt, es ist das Selbst, das glaubt, daß eine Person existiert und das sich bewußt ist, diese zu sein. Jenseits von diesem Selbst *(Vyakta)* liegt das Unmanifestierte *(Avyakta)*, die ursachenlose Ursache von allem. Es ist noch nicht einmal richtig, von der Rückverbindung der Person mit dem Selbst zu reden, denn die Person existiert nicht, nur dieses mentale Bild, dem Sie aus falscher Überzeugung eine Realität geben. Nichts wurde je getrennt, also gibt es nichts, was vereinigt werden kann.

FRAGE: *Yoga* hilft bei der Suche und dem Finden des Selbst.

MAHARAJ: Sie können finden, was Sie verloren haben. Doch Sie können nicht finden, was Sie nie verloren haben.

FRAGE: Wenn ich nie etwas verloren hätte, wäre ich erleuchtet. Doch das bin ich nicht, ich bin auf der Suche. Ist meine Suche nicht der Beweis dafür, daß ich etwas verloren habe?

MAHARAJ: Es beweist nur, daß Sie glauben, etwas verloren zu haben. Doch wer glaubt das, und was glauben Sie verloren zu haben? Haben Sie etwas wie Ihre Person verloren? Was ist dieses Selbst, das Sie suchen? Was genau erwarten Sie zu finden?

FRAGE: Das wahre Wissen des Selbst.

MAHARAJ: Das wahre Wissen des Selbst ist kein Wissen. Es ist nicht etwas, das Sie durch Suche finden können, indem Sie überall schauen. Es ist nicht etwas, das in Raum oder Zeit gefunden werden kann. Wissen ist nur Erinnerung, Gedankenschema, eine mentale Gewohnheit. All dies wird motiviert von Freude und Leid. Freude und Leid treiben Sie an bei dieser Suche nach dem Wissen. Dieses Selbst zu sein, ist jenseits jeder Motivation. Sie können nicht aus einem bestimmten Grund Sie selbst sein. Sie sind Sie selbst, und das braucht keinen Grund.

FRAGE: Durch das Praktizieren von *Yoga* werde ich Frieden finden.

MAHARAJ: Kann es Frieden geben, getrennt von Ihnen selbst? Sprechen Sie aus Ihrer eigenen Erfahrung, oder ist dies nur Bücherweisheit? Ihre Bücherweisheit ist am Anfang sicherlich hilfreich, doch recht bald muß sie für die direkte Erfahrung aufgegeben werden, deren wahre Natur nicht ausgedrückt werden kann. Worte können auch zerstörerisch wirken. Aus Worten werden Vorstellungen geformt, und durch Worte werden sie wieder zerstört. Durch verbales Denken haben Sie sich in Ihren momentanen Zustand gebracht, und nur auf demselben

Weg können Sie ihn wieder verlassen.

FRAGE: Ich habe ein gewisses Maß an innerem Frieden erreicht, soll ich das wieder zerstören?

MAHARAJ: Was erreicht wurde, kann auch wieder verloren werden. Nur wenn Sie den wahren Frieden verwirklichen, den Frieden, den Sie nie verloren haben, wird der Frieden mit Ihnen bleiben, denn er war nie getrennt von Ihnen. Anstatt nach dem zu suchen, was Sie nicht haben, finden Sie heraus, was Sie nie verloren haben! Das, was vor allem Anfang war, nach jedem Ende sein wird, das, was nie geboren wurde und nie sterben wird. Diesen unveränderlichen Zustand, der unberührt ist von Geburt und Tod eines Körpers oder Verstandes, den müssen Sie wahrnehmen.

FRAGE: Wie komme ich zu solch einer Wahrnehmung?

MAHARAJ: Nichts kann im Leben erreicht werden, ohne daß Hindernisse zu beseitigen sind. Die Hindernisse für eine klare Wahrnehmung des wahren Seins sind das Verlangen nach Freude und die Angst vor Leid. Es ist dieses Freude-Leid-Motiv, das Ihnen im Weg steht. Dieser Friede von allen Motivationen, dieser Zustand ohne jegliches Verlangen ist der natürliche Zustand.

FRAGE: Braucht dieses Aufgeben von Verlangen Zeit?

MAHARAJ: Wenn Sie es der Zeit überlassen, werden Sie Millionen Jahre brauchen. Jeden einzelnen Wunsch aufzugeben, ist ein langwieriger Prozeß ohne Ende. Lassen Sie Ihre Wünsche und Ängste in Ruhe, geben Sie Ihre gesamte Aufmerksamkeit diesem einen Subjekt, demjenigen, das jenseits von der Erfahrung von Wünschen und Ängsten ist. Fragen Sie: 'Wer begehrt?' Lassen Sie jeden einzelnen Wunsch Sie zu sich selbst zurückbringen.

FRAGE: Die Wurzel aller Wünsche und Ängste ist dieselbe - die Sehnsucht nach Glückseligkeit.

MAHARAJ: Die Glückseligkeit, die Sie sich vorstellen können und begehren, ist nur physische und mentale Befriedigung. Solch sinnhaftes und mentales Vergnügen ist nicht die wahre, absolute Glückseligkeit.

FRAGE: Doch auch diese sinnhaften und mentalen Freuden, sowie ein generelles Gefühl von Wohlbefinden, das aus physischer und mentaler Gesundheit entsteht, müssen ihre Wurzeln in der Realität haben.

MAHARAJ: Sie haben ihre Wurzeln in der Einbildung. Wenn man einem Mann einen Stein gibt und ihm versichert, es sei ein unbezahlbarer Diamant, wird er sehr glücklich sein, bis er seinen Fehler erkennt. In der gleichen Weise verlieren die Freuden ihre Stachel und die Leiden ihren Dorn, wenn das Selbst erkannt wird. Beide werden so gesehen, wie sie sind - konditionierte Antworten, reine Reaktion, simple Anziehung und Ablehnung, auf Erinnerung und vorgefaßten Meinungen basierend. Normalerweise erlebt man Freude und Leid, wenn man sie erwartet. Es ist nur eine Frage von antrainierten Gewohnheiten und Überzeugungen.

FRAGE: Gut, Freude mag eine Illusion sein, doch Schmerz ist sehr real.

MAHARAJ: Schmerz und Leid gehen immer zusammen. Die Freiheit von einem bedeutet Freiheit von beidem. Wenn Sie aufhören, der Freude nachzujagen, werden Sie auch keine Angst mehr vor Leiden haben. Doch es gibt eine Glückseligkeit, die weder das eine noch das andere ist, die vollkommen jenseits davon ist. Die Glückseligkeit, über die Sie sprechen, ist beschreibbar und meßbar. Man könnte sagen, sie ist objektiv. Doch das Objektive kann nie Ihr eigen sein. Es wäre ein schwerer Fehler, sich mit etwas Äußerlichem zu identifizieren. Diese verschiedenen Ebenen zu vermischen, führt Sie nirgendwo hin. Die Realität ist jenseits von Subjektivität und Objektivität, jenseits von allen Ebenen und Unterscheidungen. Sie ist ganz bestimmt nicht deren Quelle, Wurzel oder Ursprung. Sie entstehen aus der Ignoranz gegenüber der Realität, nicht aus der Realität selbst, welche unbeschreibbar ist, jenseits von Sein und Nicht-Sein.

FRAGE: Ich habe viele Lehrer gehabt und ihre Lehren studiert, doch sie haben mir nicht gegeben, was ich wollte.

MAHARAJ: Der Wunsch, das Selbst zu finden, wird sich sicherlich erfüllen, vorausgesetzt, Sie wollen nichts anderes. Doch Sie müssen ehrlich mit sich selbst sein und wirklich nichts anderes wollen. Wenn Sie sich in der Zwischenzeit mit allen möglichen anderen Dingen beschäftigen, die Sie begehren und sich in ihrer Erfüllung verstricken, wird sich Ihr Hauptanliegen verzögern, bis Sie weiser werden und aufhören, hin- und hergerissen zu sein zwischen sich widersprechenden Bedürfnissen. Gehen Sie in sich, ohne das Ziel aus den Augen zu verlieren, ohne jemals nach außen zu schauen.

FRAGE: Doch meine Wünsche und Ängste sind immer noch da.

MAHARAJ: Wo sind sie, außer in Ihrer Erinnerung? Verstehen Sie, daß ihre Wurzel in Ihrer Erwartung liegt, die aus der Erinnerung geboren wird, und sie werden aufhören, Sie zu verfolgen.

FRAGE: Ich habe sehr wohl verstanden, daß Sozialarbeit eine nie endende Aufgabe ist, denn Besserung und Verfall, Fortschritt und Rückschlag gehen Hand in Hand. Wir können es überall und auf allen Gebieten feststellen. Was bleibt dann?

MAHARAJ: Egal, welche Arbeit Sie begonnen haben, vollenden Sie sie. Übernehmen Sie keine neuen Aufgaben, es sei denn, eine konkrete Leidenssituation verlangt nach Linderung. Finden Sie sich zuerst selbst, und ein nie endender Segen wird folgen. Von nichts profitiert die Welt so sehr wie von der Aufgabe aller Gewinnsucht. Ein Mensch, der nicht länger in Begriffen von Gewinn und Verlust denkt, ist ein wirklich gewaltloser Mensch, denn er ist über alle Konflikte erhaben.

FRAGE: Ja, die Idee von *Ahimsa* (Gewaltlosigkeit) hat mich schon immer angezogen.

MAHARAJ: *Ahimsa* heißt hauptsächlich 'Verletze nicht'. Gute Taten sind nicht das Wichtigste, sondern aufzuhören zu verletzen, nicht das Leiden zu vermehren. Anderen zu gefallen ist nicht *Ahimsa*.

FRAGE: Ich rede nicht davon, anderen zu gefallen, sondern

anderen zu helfen.

MAHARAJ: Nur die Hilfe ist sinnvoll, die von dem Bedürfnis nach weiterer Hilfe befreit. Sich wiederholende Hilfe ist gar keine Hilfe. Reden Sie nicht davon, anderen zu helfen, es sei denn, Sie befreien sie von ihrem Bedürfnis nach weiterer Hilfe.

FRAGE: Wie befreit man sich von diesem Bedürfnis nach Hilfe? Kann man jemandem dabei helfen?

MAHARAJ: Wenn Sie verstanden haben, daß jegliche Existenz in Trennung und Begrenzung leidvoll ist, und wenn Sie willens und fähig sind, ein integriertes Leben in Einheit mit allem Leben als reines Sein zu führen, haben Sie sich von dem Bedürfnis nach Hilfe befreit. Sie können anderen durch Anweisungen und Ihr Vorbild helfen, vor allem aber durch Ihr Sein. Sie können nicht geben, was Sie nicht haben, und Sie haben nicht, was Sie nicht sind. Sie können nur von dem geben, was Sie sind, doch davon können Sie grenzenlos geben.

FRAGE: Ist es wahr, das alles Dasein leidvoll ist?

MAHARAJ: Was könnte sonst der Grund für diese allgemeine Suche nach Glück sein? Sucht ein glücklicher Mensch nach Glück? Wie ruhelos doch die Menschen sind, immer in Bewegung. Weil sie leiden, suchen sie Trost im Vergnügen. Ein sich immer wiederholendes Vergnügen ist das einzige Glück, das sie sich vorstellen können.

FRAGE: Wenn das, was ich bin, die Person, die ich glaube zu sein, nicht glücklich sein kann, was soll ich dann tun?

MAHARAJ: Sie können nur aufhören zu sein, wie Sie jetzt glauben zu sein. In dem, was ich sage, ist nichts Unbarmherziges. Einen Menschen aus seinem Alptraum aufzuwecken, ist Mitgefühl. Sie sind hierhergekommen, weil Sie leiden, und alles, was ich sage, ist: wachen Sie auf, erkennen Sie sich selbst, seien Sie Sie selbst. Das Ende des Leidens liegt nicht im Vergnügen. Wenn Sie verwirklichen, daß Sie jenseits von Leid und Freude sind, abseits und unerreichbar, dann hört die Jagd nach Glückseligkeit auf und auch das daraus resultierende Leiden. Wenn Sie leiden, sehnen Sie sich nach Vergnügen, und Vergnügen endet unbarmherzig im Leiden.

Frage: Gibt es in dem höchsten Zustand keine Glückseligkeit?

Maharaj: Und auch kein Leiden, nur Freiheit. Glückseligkeit ist abhängig von diesem oder jenem und kann verlorengehen. Die Freiheit von allem ist von nichts abhängig und kann nicht verlorengehen. Die Freiheit vom Leiden hat keine Ursache und kann deshalb auch nicht zerstört werden. Verwirklichen Sie diese Freiheit.

Frage: Bin ich nicht geboren, um zu leiden als Ergebnis meiner Vergangenheit? Ist Freiheit überhaupt möglich? War es mein eigener Wille, geboren zu werden? Bin ich nicht nur irgendein Geschöpf?

Maharaj: Was sind Geburt und Tod außer dem Anfang und dem Ende eines Stroms von Geschehnissen im Bewußtsein? Unsere Vorstellung, getrennt und begrenzt zu sein, machen sie schmerzvoll. Momentane Befreiung von Schmerz nennen wir Vergnügen, und wir bauen Luftschlösser aus der Hoffnung nach nie endendem Vergnügen, das wir Glück nennen. Das sind alles nur Mißverständnisse und Trugschlüsse. Wachen Sie auf, gehen Sie darüber hinaus, leben Sie wirklich.

Frage: Mein Wissen ist begrenzt, meine Macht unbedeutend.

Maharaj: Als Quelle von beidem ist das Selbst jenseits von Wissen und Macht. Was beobachtet werden kann, ist im Verstand. Die Natur des Selbst ist reines Gewahrsein, reines Beobachten, unbeeinflußt von der Anwesenheit oder Abwesenheit von Wissen oder Vorzügen. Beziehen Sie Ihren Standpunkt außerhalb dieses Körpers, der Geburt und Tod unterliegt, und alle Ihre Probleme lösen sich auf. Sie existieren nur, weil Sie glauben, geboren worden zu sein und sterben zu müssen. Hören Sie auf, sich selbst zu täuschen, und seien Sie frei. Sie sind keine Person.

Kapitel 16

FRAGE: Die Menschen, die gelegentlich aus dem Westen zu Ihnen kommen, sind mit einer besonderen Schwierigkeit konfrontiert. Die bloße Vorstellung von einem Befreiten, einem Verwirklichten, jemandem, der sich selbst kennt, der Gott kennt, der jenseits dieser Welt ist, ist ihnen unbekannt.In ihrer christlichen Kultur gibt es nur die Vorstellung von einem Heiligen: einem frommen, gesetzestreuen, gottesfürchtigen, barmherzigen, betenden Menschen, der manchmal Ekstasen erlebt und gelegentlich durch einige Wunder bestätigt wird. Die bloße Vorstellung von einem *Gnani* ist der westlichen Kultur fremd, sie ist etwas Exotisches und ziemlich Unglaubliches. Selbst wenn seine Existenz akzeptiert wird, betrachtet man ihn mit Skepsis, man sieht ihn eher als einen Fall von selbstverursachter Euphorie, die durch seltsame physische Übungen und Geisteshaltungen verursacht wird. Die bloße Vorstellung von einer neuen Dimension des Bewußtseins erscheint ihnen unglaubwürdig und unwahrscheinlich.

Was ihnen helfen kann, ist die Möglichkeit, einen *Gnani* über seine eigene Erfahrung der Verwirklichung sprechen zu hören, deren Ursache, Anfang, Fortschritt und Umsetzung in den Aktivitäten des täglichen Lebens. Vieles wird ihnen seltsam erscheinen, sogar sinnlos, und trotzdem wird ein Gefühl von Realität bleiben, eine Atmosphäre der tatsächlichen Erfahrung, unaussprechlich und doch sehr real, ein Zentrum, von dem aus ein vorbildliches Leben geführt werden kann.

MAHARAJ: Die Erfahrung kann vielleicht nicht vermittelt werden. Kann man eine Erfahrung mitteilen?

FRAGE: Ja, ein Künstler kann das. Das Wesen der Kunst ist die Vermittlung von Gefühlen und Erfahrungen.

MAHARAJ: Um Mitteilungen aufnehmen zu können, muß man empfänglich sein.

FRAGE: Selbstverständlich. Es muß einen Empfänger geben. Doch wenn der Vermittler nicht vermittelt, wozu ist ein Empfänger gut?

MAHARAJ: Der *Gnani* ist für alle da, er gibt sich selbst unermüdlich und vollständig all denen, die zu ihm kommen. Wenn er nicht gibt, ist er kein *Gnani*. Was immer er hat, teilt er.

FRAGE: Doch kann er teilen, was er i s t ?

MAHARAJ: Sie meinen, kann er andere zu *Gnani*s machen? Ja und nein. Nein, weil *Gnani*s nicht gemacht werden, sie verwirklichen sich selbst als solche, wenn sie zu ihrer Quelle, ihrer wahren Natur, zurückkehren. Ich kann Sie nicht in das verwandeln, was Sie schon sind. Ich kann Ihnen nur erzählen, welchen Weg ich genommen habe und Sie einladen, denselben Weg zu gehen.

FRAGE: Das beantwortet meine Frage nicht. Ich denke an den skeptischen und kritischen westlichen Menschen, der auch nur die Möglichkeit eines höheren Bewußtseinszustandes ablehnt. In letzter Zeit haben Drogen eine Bresche in seine Skepsis geschlagen, ohne seinen Materialismus beeinflußt zu haben. Ob Drogen oder keine Drogen, der Körper bleibt der wichtigste Faktor, und der Verstand kommt erst an zweiter Stelle. Jenseits des Verstandes sehen sie nichts. Seit *Buddha* wird der Zustand der Selbstverwirklichung nur in negativen Ausdrücken beschrieben, als 'Nicht dies, nicht das'. Ist das unvermeidlich, ist es nicht möglich zu illustrieren, wenn schon nicht zu beschreiben? Ich muß zugeben, daß keine verbale Beschreibung zutrifft, wenn der beschriebene Zustand jenseits von Worten ist, und doch ist er innerhalb der Möglichkeiten der Worte. Poesie z.B. ist die Kunst, das Unausdrückliche in

Worte zu fassen.

Maharaj: Es gibt genügend religiöse Poeten, wenden Sie sich an sie für das, was Sie suchen. Was mich angeht, meine Lehre ist simpel: Vertrauen Sie mir für eine gewisse Zeit und tun Sie, was ich Ihnen sage. Mit der genügenden Ausdauer werden Sie herausfinden, daß Ihr Vertrauen gerechtfertigt war.

Frage: Und was geschieht mit den Menschen, die zwar interessiert sind, aber nicht vertrauen können?

Maharaj: Wenn sie bei mir bleiben könnten, würden sie Vertrauen schöpfen. Wenn sie mir einmal vertrauen, werden sie meinem Rat folgen und alles selbst herausfinden.

Frage: Meine Fragen beziehen sich nicht auf das Training, sondern auf die Ergebnisse. Sie hatten beides, und Sie sind bereit, uns über das Training zu berichten, doch wenn es um Resultate geht, sind Sie nicht bereit zu teilen. Entweder sagen Sie uns, daß Ihr Zustand jenseits von Worten ist, oder daß es keinen Unterschied gibt, daß Sie, wo wir einen Unterschied sehen, keinen sehen. In beiden Fällen bleiben wir ohne eine Möglichkeit der Einsicht in Ihren Zustand.

Maharaj: Wie können Sie Einsicht in meinen Zustand haben, wenn Sie noch nicht einmal Einsicht in Ihren eigenen haben? Wenn das Instrument der Einsicht nicht vorhanden ist, ist es doch wohl am wichtigsten, zuerst dieses zu finden. Es ist so, als wollte ein Blinder das Malen lernen, bevor er sein Augenlicht zurückbekommen hat. Sie wollen meinen Zustand wissen – doch kennen Sie den Zustand Ihrer Frau oder Ihres Hausangestellten?

Frage: Ich möchte nur einige Hinweise haben.

Maharaj: Nun, ich habe Ihnen einen sehr wichtigen Hinweis gegeben: wo Sie Unterschiede sehen, sehe ich keine. Für mich ist das genug. Wenn Sie glauben, daß es nicht ausreicht, kann ich nur wiederholen, daß es ausreicht. Durchdenken Sie das in seiner ganzen Tragweite, und Sie werden sehen, was ich sehe. Sie wollen sofortige Einsicht und vergessen dabei, daß dem Sofortigen immer eine lange Vorbereitung vorausgeht.

Die Frucht fällt plötzlich, doch der Reifungsprozeß braucht Zeit. Außerdem bitte ich Sie nur, mir für eine kurze Zeit zu vertrauen, genug, um Sie in Bewegung zu bringen. Je ernsthafter Sie sind, desto weniger Glauben brauchen Sie, denn sehr bald werden Sie feststellen, daß Ihr Vertrauen in mich gerechtfertigt war. Sie verlangen von mir einen Beweis meiner Vertrauenswürdigkeit! Wie könnte ich, und warum sollte ich ihn erbringen? Schließlich biete ich Ihnen ein operatives Vorgehen an, wie es in der westlichen Wissenschaft sehr geläufig ist. Wenn ein Wissenschaftler ein Experiment und seine Ergebnisse beschreibt, dann akzeptieren und vertrauen Sie normalerweise seinen Behauptungen und wiederholen seine Experimente, so wie er sie beschrieben hat. Wenn Sie die gleichen oder ähnliche Ergebnisse bekommen, brauchen Sie ihm nicht mehr zu vertrauen, Sie vertrauen Ihrer eigenen Erfahrung. Ermutigt gehen Sie weiter und erreichen am Ende im wesentlichen die gleichen Resultate.

Frage: Durch Erziehung und Kultur ist der indische Verstand wesentlich empfänglicher für metaphysische Experimente. Für einen Inder ergeben Worte wie 'direkte Wahrnehmung der höchsten Realität' einen Sinn und erzeugen eine Reaktion in den Tiefen seines Seins. Sie bedeuten wenig für einen westlichen Menschen. Selbst wenn er auf seine eigene Weise im Christentum aufgezogen wurde, denkt er nicht über die Übereinstimmung mit Gottes Geboten oder die Vorschriften des Christus hinaus. Erfahrung der Realität aus erster Hand geht nicht nur über seine Ambitionen hinaus, sondern auch über sein Vorstellungsvermögen. Einige Inder sagen zu mir: 'Hoffnungslos. Ein westlicher Mensch wird und kann dies nicht begreifen. Erzählen Sie ihm nichts über Selbstverwirklichung, lassen Sie ihn ein anständiges Leben führen und sich eine Wiedergeburt in Indien verdienen. Nur dann hat er eine Chance.' Andere sagen, 'Realität ist gleichermaßen für alle, doch nicht alle haben die gleiche Kapazität, sie aufzunehmen. Diese Kapazität wird mit dem Verlangen entstehen, das in Ergebenheit und letztendlich in völliger Selbsthingabe mündet. Mit Integrität, Ernsthaftigkeit und eisernem Willen hat der westliche genauso wie der östliche Mensch die Chance, alle Hindernisse zu überwinden. Alles, was er braucht, ist das Erwachen seines Interesses.' Um dieses Interesse an der Selbsterkenntnis zu wecken, muß er von den Vorteilen überzeugt sein.

MAHARAJ: Glauben Sie, daß es möglich ist, eine persönliche Erfahrung zu vermitteln?

FRAGE: Ich weiß nicht. Sie sprechen von Vereinigung, von der gemeinsamen Identität des Sehenden mit dem Gesehenen. Wenn alles eins ist, sollte Kommunikation möglich sein.

MAHARAJ: Um die direkte Erfahrung eines Landes zu bekommen, muß man dorthin fahren und dort leben. Erwarten Sie nichts Unmögliches. Zweifellos kommt der spirituelle Sieg eines Menschen der gesamten Menschheit zugute, doch um dieses einem anderen Individuum zugute kommen zu lassen, bedarf es einer engen, persönlichen Beziehung. Solch eine Beziehung ist nicht zufällig, und nicht jeder kann sie beanspruchen. Andererseits ist die wissenschftliche Annäherungsweise für alle zutreffend. 'Vertraue, probiere, koste!' Was brauchen Sie sonst? Warum sollte man die Wahrheit jemandem aufzwingenn, der nicht interessiert ist? Außerdem kann man das gar nicht. Was kann ein Gebender ohne einen Empfangenden tun?

FRAGE: Es ist das Wesen der Kunst, die äußere Form zur Vermittlung einer inneren Erfahrung zu benutzen. Selbstverständlich muß man gegenüber dem Inneren empfindsam sein, bevor das Äußere Bedeutung zeigen kann. Wie wächst man in dieser Empfindsamkeit?

MAHARAJ: Wie auch immer Sie es ausdrücken, es läuft auf das gleiche hinaus. Es gibt viele Gebende, doch wo sind die Nehmenden?

FRAGE: Können Sie Ihre eigene Empfindsamkeit nicht teilen?

MAHARAJ: Doch, das kann ich. Aber dieses Teilen hat zwei

Aspekte. Es bedarf zweier Menschen, um zu teilen. Wo ist derjenige, der bereit ist zu nehmen, wenn ich bereit bin zu geben?

FRAGE: Sie sagen, wir sind eins. Ist das nicht ausreichend?

MAHARAJ: Ich bin eins mit Ihnen. Doch sind Sie eins mit mit? Wenn Sie das wären, stellten Sie keine Fragen. Wenn Sie es nicht sind, wenn Sie nicht sehen, was ich sehe, was kann ich dann tun, außer Ihnen den Weg zu zeigen, der Ihre Sichtweise verbessert?

FRAGE: Was Sie nicht geben können, ist nicht Ihr eigen.

MAHARAJ: Ich bezeichne nichts als mein eigen. Wenn es kein 'Ich' gibt, wo ist das 'Mein'? Zwei Leute sehen sich einen Baum an, der eine sieht die Frucht hinter den Blättern versteckt, der andere sieht sie nicht. Ansonsten gibt es keine Unterschiede zwischen den beiden. Der eine weiß, daß der andere mit ein wenig Aufmerksamkeit auch sehen kann, doch die Frage des Teilens kommt nicht auf. Glauben Sie mir, ich bin nicht geizig und halte Ihren Teil der Realität nicht zurück. Im Gegenteil, ich bin vollkommen für Sie da, essen Sie mich, trinken Sie mich. Doch während Sie verbal wiederholen, 'Geben Sie her, Geben Sie her!', tun Sie nichts, um zu nehmen, was Ihnen angeboten wird. Ich zeige Ihnen einen kurzen und einfachen Weg, der es Ihnen ermöglicht zu sehen, was ich sehe, doch Sie halten an Ihren alten Gewohnheiten zu denken, zu fühlen und handeln fest und machen mich dafür verantwortlich. Ich habe nichts, was Sie nicht haben. Selbsterkenntnis ist kein Besitz, den man jemandem anbieten und den jemand akzeptieren kann. Es ist einfach eine neue Dimension, in der es nichts zu geben oder zu nehmen gibt.

FRAGE: Geben Sie uns doch wenigstens einen Einblick in den Inhalt Ihres Verstandes, wie er in Ihrem täglichen Leben funktioniert. Zu essen, zu trinken, zu reden, zu schlafen, wie fühlt sich das auf Ihrer Seite an?

MAHARAJ: Die täglichen Dinge des Lebens erlebe ich genauso wie Sie. Der Unterschied liegt nur darin, was ich nicht erlebe. Ich erlebe keine Angst oder Gier, Haß oder Wut. Ich verlange nichts, ich lehne nichts ab, ich behalte nichts. In diesen

Dingen mache ich keine Kompromisse. Vielleicht ist das der entscheidende Unterschied zwischen uns, ich mache keine Kompromisse, ich bin wahrhaftig mit mir selbst, während Sie Angst haben vor der Realität.

FRAGE: Für unsere westliche Sichtweise gibt es etwas Verwirrendes an Ihrer Art. Allein in einer Ecke zu sitzen und permanent zu wiederholen, 'Ich bin Gott, Gott bin ich', scheint der reine Wahnsinn zu sein. Wie soll man einen westlichen Menschen davon überzeugen, daß derartige Praktiken zur absoluten geistigen Gesundheit führen?

MAHARAJ: Der Mensch, der behauptet, Gott zu sein, und der Mensch, der das bezweifelt, sie täuschen sich beide. Sie reden in ihren Träumen.

FRAGE: Wenn alles nur ein Traum ist, was ist der Wachzustand?

MAHARAJ: Wie soll man den Wachzustand in der Traumsprache beschreiben? Worte beschreiben nicht, sie sind nur Symbole.

FRAGE: Es ist wieder dieselbe Ausrede, daß Worte die Realität nicht erfassen können.

MAHARAJ: Wenn Sie Worte wollen, werde ich Ihnen einige der alten machtvollen Worte geben. Wiederholen Sie irgendeines davon ohne Unterbrechung, sie können Wunder bewirken.

FRAGE: Meinen Sie das im Ernst? Würden Sie einem westlichen Menschen sagen, wiederhole *Om* oder *Ram* oder *Hare krishna* ohne Unterbrechung, obwohl ihm ganz und gar der Glauben und die Überzeugung fehlen, die aus dem richtigen kulturellen und religiösen Hintergrund entstanden sind? Wird er ohne Vertrauen und Inbrunst nur durch das mechanische Wiederholen desselben Wortes irgendetwas erreichen?

MAHARAJ: Warum nicht? Der Drang, das verborgene Motiv zählt, nicht die Form, die es annimmt. Was immer er tut, seine Motivation, das eigene, wahre Selbst zu finden, wird ihn sicherlich dorthin bringen.

FRAGE: Braucht man nicht auch Glauben an die Wirksamkeit dieser Mittel?

MAHARAJ: Man braucht keinen Glauben, der nur die Erwartung in bestimmte Ergebnisse ist. Hier zählen nur die Taten. Was immer Sie um der Wahrheit willen tun, wird Sie zur Wahrheit bringen. Seien Sie nur ernsthaft und ehrlich. Die Form, die es annimmt, ist unwichtig.

FRAGE: Wozu ist es dann nötig, seine Sehnsüchte auszudrücken?

MAHARAJ: Das ist nicht nötig. Nichts zu tun, ist genauso gut. Die bloße Sehnsucht, ungetrübt von Gedanken und Taten, reines konzentriertes Verlangen, wird Sie schnell zu Ihrem Ziel bringen. Nur das wahre Motiv ist entscheidend, nicht die Ausdrucksform.

FRAGE: Unglaublich. Wie kann eine stumpfe, langweilige Wiederholung, die an Verzweiflung grenzt, effektiv sein?

MAHARAJ: Die bloße Tatsache des Wiederholens, das immerwährende Bemühen, die Ausdauer und die Beharrlichkeit trotz Langeweile und Verzweiflung und völligen Mangels an Überzeugung sind entscheidend. Die Worte selbst sind nicht wichtig, es ist nur die Ernsthaftigkeit dahinter, die zählt. Es braucht einen Druck von innen und einen Stoß von außen.

FRAGE: Meine Fragen sind wirklich typisch westlicher Art. Dort denken die Menschen in Begriffen von Ursache und Wirkung, Zweck und Ziel. Sie sehen keinen ursächlichen Zusammenhang zwischen einem bestimmten Wort und der absoluten Realität.

MAHARAJ: Es gibt auch keinen. Doch es gibt einen Zusammenhang zwischen dem Wort und seiner Bedeutung, zwischen der Tat und ihrem Motiv. Spirituelle Übungen bedeuten Willenskraft, die immer wieder aufs Neue ausgedrückt wird. Wer nicht wagt, wird die Realität nicht akzeptieren, selbst wenn sie ihm auf einem Teller serviert wird. Die Nicht-Bereitschaft, geboren aus Angst, ist das einzige Hindernis.

FRAGE: Was gibt es da zu fürchten?

MAHARAJ: Das Unbekannte. Das Nicht-Sein, Nicht-Wissen,

Nicht-tun, das Jenseits.

FRAGE: Wollen Sie damit sagen, Sie können den Weg zu Ihrem Erfolg teilen, aber nicht dessen Früchte?

MAHARAJ: Selbstverständlich kann ich die Früchte teilen, und ich tue das andauernd. Doch meine Sprache ist lautlos. Lernen Sie zuzuhören und zu verstehen.

FRAGE: Ich sehe nicht, wie man da ohne jegliche Überzeugung einen Anfang finden kann.

MAHARAJ: Bleiben Sie eine Weile bei mir, richten Sie Ihren Verstand auf das, was ich sage und tue, und die Überzeugung wird wachsen.

FRAGE: Nicht jeder hat die Möglichkeit, Sie zu treffen.

MAHARAJ: Treffen Sie Ihr eigenes Selbst. Seien Sie mit Ihrem eigenen Selbst, hören Sie ihm zu, unterwerfen Sie sich ihm, ehren Sie es, behalten Sie es ununterbrochen in Ihrem Gedächtnis. Sie brauchen keinen anderen Führer. Solange Ihr Verlangen nach Wahrheit Ihr tägliches Leben beeinflußt, steht mit Ihnen alles zum Besten. Leben Sie Ihr Leben, ohne jemanden zu verletzen, Friedfertigkeit ist eine sehr wirksame Form von *Yoga*, und es wird Sie sehr schnell an Ihr Ziel bringen. Ich nenne es *Nisarga-Yoga*, das natürliche *Yoga*. Es ist die Kunst, in Frieden und Harmonie zu leben, in Freundlichkeit und Liebe. Seine Früchte sind Glückseligkeit ohne Ursache und ohne Ende.

FRAGE: Und doch setzt all dies einiges Vertrauen voraus.

MAHARAJ: Wenden Sie sich nach innen, und Sie werden lernen, sich selbst zu vertrauen. Für alles andere kommt das Vertrauen mit der Erfahrung.

FRAGE: Wenn mir jemand erzählt, daß er etwas weiß, das ich nicht weiß, habe ich nicht das Recht, ihn zu fragen, 'Was ist es, das Sie wissen, das ich nicht weiß?'

MAHARAJ: Wenn er Ihnen sagt, daß es nicht in Worten ausgedrückt werden kann?

FRAGE: Dann beobachte ich ihn sehr genau und versuche, es herauszufinden.

Maharaj: Das ist genau das, was ich Sie bitte zu tun! Seien Sie interessiert, geben Sie Ihre Aufmerksamkeit, bis sich eine Basis gegenseitigen Verstehens gebildet hat. Dann wird es leicht sein zu teilen. Tatsächlich bedeutet Verwirklichung nur Teilen. Sie betreten eine höhere Ebene von Bewußtsein und teilen sie. Sich zu sträuben, diese höhere Ebene zu betreten und sie zu teilen, ist das einzige Hindernis. Ich rede nie von Unterschieden, denn für mich gibt es keine. Sie reden davon, also ist es an Ihnen, sie mir zu zeigen. Zeigen Sie mir diese Unterschiede. Dafür müssen Sie mich verstehen, doch dann werden Sie nicht mehr von Unterschieden reden. Verstehen Sie eine einzige Sache ganz, und Sie sind angekommen. Was Sie daran hindert zu wissen, ist nicht die fehlende Möglichkeit, es ist Ihre mangelnde Fähigkeit, Ihren Verstand auf das zu konzentrieren, was Sie verstehen wollen. Könnten Sie Ihren Verstand auf das gerichtet lassen, was Sie nicht verstehen, würde es Ihnen sein Geheimnis offenbaren. Doch wenn Sie oberflächlich, ungeduldig und nicht ernsthaft genug sind, hinzuschauen und abzuwarten, dann verhalten Sie sich wie ein Kind, das weint, weil es den Mond haben möchte.

Kapitel 17

FRAGE: Wie ist der tagtägliche Zustand des Verstandes eines Verwirklichten? Wie sieht, hört, ißt, trinkt, wacht und schläft, arbeitet und ruht er? Was für Beweise gibt es dafür, daß sein Zustand unterschiedlich von unserem ist? Gibt es außer den verbalen Zeugnissen dieser sogenannten Verwirklichten keine Möglichkeit, ihren Zustand objektiv zu bestätigen? Gibt es nicht einige wahrnehmbaren Unterschiede in ihren physiologischen und nervlichen Reaktionen, in ihrem Metabolismus, in ihren Gehirnwellen oder in ihren psychosomatischen Strukturen?

MAHARAJ: Sie werden Unterschiede feststellen oder auch nicht. Das hängt nur von Ihrer Beobachtungsgabe ab, doch sind die objektiven Unterschiede am unwichtigsten. Was zählt, ist die Einstellung, die Motivation, die man beschreiben könnte als ein totales Losgelöstsein, über den Dingen, außerhalb zu stehen.

FRAGE: Ist ein *Gnani* nicht traurig und leidet, wenn sein Kind stirbt?

MAHARAJ: Er leidet mit denen, die leiden. Das Geschehen selbst ist von geringer Bedeutung, doch er ist voller Mitgefühl für die Leidenden, ob lebendig oder tot, außerhalb oder im Körper. Schließlich sind Liebe und Mitgefühl seine wahre Natur. Er ist eins mit allem, was lebt, und Liebe ist dieses Einssein in Aktion.

Frage: Die Menschen fürchten sich so sehr vor dem Tod.

Maharaj: Der *Gnani* fürchtet sich vor nichts, doch er hat Mitleid mit den Menschen, die sich fürchten. Schließlich ist es natürlich, geboren zu werden, zu leben und zu sterben, doch nicht, sich zu fürchten. Dem Geschehen schenkt man selbstverständlich Aufmerksamkeit.

Frage: Stellen Sie sich vor, Sie sind krank, haben hohes Fieber, Schmerzen und Schüttelfrost. Der Doktor sagt Ihnen, daß Ihr Zustand ernst ist, daß Sie nur noch ein paar Tage zu leben haben. Was wäre Ihre direkte Reaktion?

Maharaj: Keine Reaktion. So wie es für ein Räucherstäbchen natürlich ist abzubrennen, so ist es für den Körper natürlich zu sterben. Es ist tatsächlich ein Geschehnis von geringer Bedeutung. Was Bedeutung hat, ist, daß ich weder der Körper noch der Verstand bin. Ich bin.

Frage: Doch Ihre Familie wird sicherlich verzweifelt sein. Was würden Sie ihnen sagen?

Maharaj: Das Übliche: Habt keine Angst, das Leben geht weiter. Gott wird euch beschützen, bald werden wir wieder zusammen sein, usw. Doch für mich ist diese ganze Aufregung bedeutungslos, denn ich bin nicht diese Einheit, die glaubt, zu leben und zu sterben. Ich wurde nie geboren, noch kann ich sterben. Ich habe nichts zu vergessen und brauche mich an nichts zu erinnern.

Frage: Was ist mit den Gebeten für die Toten?

Maharaj: Oh ja, beten Sie für die Toten, es wird ihnen sehr gefallen, und sie werden sich geschmeichelt fühlen. Der *Gnani* braucht Ihr Gebet nicht, er selbst ist die Antwort auf Ihre Gebete.

Frage: Wie ergeht es dem *Gnani* nach dem Tod?

Maharaj: Der *Gnani* ist bereits tot. Erwarten Sie, daß er nochmal stirbt?

Frage: Die Auflösung des Körpers ist doch sicherlich auch für einen *Gnani* ein wichtiger Augenblick.

MAHARAJ: Es gibt keine wichtigen Augenblicke für einen *Gnani*, außer, wenn jemand das höchste Ziel erreicht, nur dann jubiliert sein Herz. Alles andere hat keine Bedeutung. Das gesamte Universum ist sein Körper, alles Leben ist sein Leben. So wie in einer erleuchteten Stadt nicht das gesamte Netz beeinflußt wird, weil eine Birne durchbrennt, so beeinflußt der Tod eines einzelnen Körpers nicht die Gesamtheit.

FRAGE: Für die Gesamtheit mag das Einzelne unwichtig sein, aber es hat eine Bedeutung für den Einzelnen. Das Gesamte ist eine Abstraktion, das Einzelne, das Konkrete ist real.

MAHARAJ: Das ist, was Sie sagen. Für mich ist es vielleicht genau andersherum – das Ganze ist real, das Einzelne erscheint und vergeht. Das Einzelne wird geboren und wiedergeboren, es wechselt den Namen und die Form, doch der *Gnani* ist die unveränderliche Realität, die jegliche Veränderung ermöglicht. Aber er kann Ihnen nicht die Überzeugung geben. Sie muß aus Ihrer eigenen Erfahrung erwachsen. Für mich ist alles eins, alles ist gleichwertig.

FRAGE: Sind Sünden und Tugenden ein und dasselbe?

MAHARAJ: Dies sind alles von den Menschen festgesetzte Werte! Was bedeuten sie für mich? Was in Glück endet, ist eine Tugend, was in Schmerz endet, ist eine Sünde. Beides sind Zustände des Verstandes, doch meiner ist kein Zustand des Verstandes.

FRAGE: Wir sind wie die Blinden, die unfähig sind zu verstehen, was es heißt zu sehen.

MAHARAJ: Sie können das nennen, wie Sie mögen.

FRAGE: Hat das Praktizieren der Stille als *Sadhana* eine Wirkung?

MAHARAJ: Alles, was im Sinne der Erleuchtung getan wird, bringt Sie näher. Alles, was Sie tun, ohne sich an die Erleuchtung zu erinnern, bringt Sie vom Weg ab. Doch warum alles komplizieren? Seien Sie sich nur klar darüber, daß Sie über und jenseits aller Dinge und Gedanken sind. Was Sie sein möchten, sind Sie bereits. Erinnern Sie sich daran.

FRAGE: Ich höre, was Sie sagen, doch ich kann es nicht glauben.

MAHARAJ: Ich war in der gleichen Lage, doch ich vertraute meinem *Guru*, und er behielt recht. Vertrauen Sie mir, wenn Sie können. Erinnern Sie sich an das, was ich Ihnen sage: begehren Sie nichts, denn Ihnen fehlt nichts. Es ist das Suchen selbst, das Sie daran hindert zu finden.

FRAGE: Sie scheinen allem gegenüber so gleichgültig zu sein!

MAHARAJ: Ich bin nicht gleichgültig, ich bin unvoreingenommen. Ich bevorzuge nicht mich und das Meinige. Ein Korb voller Erde oder voller Juwelen sind beide unerwünscht, Leben und Tod sind für mich beide dasselbe.

FRAGE: Ihre Unvoreingenommenheit macht Sie gleichgültig.

MAHARAJ: Ganz im Gegenteil. Mein Wesen ist Mitgefühl und Liebe, frei von allen Voreingenommenheiten, bin ich frei zu lieben.

FRAGE: *Buddha* sagte, daß es extrem wichtig sei, von der Idee der Erleuchtung zu erfahren. Die meisten Menschen gehen durch ihr Leben, ohne je von einer Sache zu hören, die man Erleuchtung nennt, geschweige denn, sich auf die Suche danach zu machen. Doch wer einmal davon gehört hat, in dem beginnt ein Samen zu keimen, der nicht mehr sterben kann. Daher schickte er seine *Bhikhus* aus, um jedes Jahr für acht Monate zu predigen.

MAHARAJ: Mein *Guru* sagte: 'Sie können jemandem Nahrung, Kleidung, Obdach, Wissen, Zuneigung geben, doch das größte Geschenk ist die Botschaft der Erleuchtung'. Sie haben recht, Erleuchtung ist das höchste Gut. Wenn Sie es einmal angenommen haben, kann es Ihnen niemand mehr wegnehmen.

FRAGE: Wenn Sie solche Reden im Westen führen würden, die Menschen würden Sie für verrückt erklären.

MAHARAJ: Natürlich würden sie das tun. Für Ignoranten ist alles, was sie nicht verstehen können, Wahnsinn. Was macht das schon? Lassen Sie sie sein, wie sie sind. Ich bin, wie ich bin, und das ist nicht mein Verdienst. Die Menschen sind, wie sie sind, und das ist nicht ihre Schuld. Die höchste Wirklichkeit manifestiert sich in unzählbaren Möglichkeiten, an Namen und Formen unbegrenzt. Alles entsteht und mündet in demselben Ozean, alles entspringt nur einer Quelle. Nach Ursachen und Ergebnissen zu suchen, ist ein Zeitvertreib des Verstandes. Was ist, ist liebenswert. Liebe ist nicht das Ergebnis von etwas, sie ist der Ursprung jeglichen Seins. Wohin Sie auch immer gehen, werden Sie das Sein finden, Bewußtsein und Liebe. Warum und wofür soll ich das eine mehr mögen als das andere?

FRAGE: Wenn durch eine Naturkatastrophe Tausende oder Millionen von Menschen ausgelöscht werden, wie bei Überflutungen und Erdbeben, hadere ich nicht mit dem Schicksal. Doch wenn ein Mensch durch die Hand eines anderen stirbt, dann hadere ich sehr wohl mit dem Schicksal. Das Unausweichliche hat seine eigenen Würde, doch Mord ist vermeidbar und deshalb häßlich und insgesamt fürchterlich.

MAHARAJ: Alles geschieht, wie es geschieht. Unglücke, von Natur oder Menschenhand erzeugt, geschehen, und es gibt keinen Grund, entsetzt zu sein.

FRAGE: Wie kann irgend etwas ohne Ursache sein?

MAHARAJ: In jedem einzelnen Geschehnis manifestiert sich das gesamte Universum. Die allerletzte Ursache ist unauffindbar. Die Idee, von Ursache und Wirkung zu sprechen, ist nur eine Art, zu denken und zu sprechen. Wir können uns keine Entstehung ohne Ursache vorstellen, doch das beweist noch lange nicht die Existenz von Ursachen.

FRAGE: Die Natur hat keinen Verstand, daher ist sie auch nicht verantwortlich. Doch der Mensch hat einen Verstand, warum ist er so pervers?

MAHARAJ: Die Ursachen der Perversität sind auch natürlich, z.B. Vererbung, soziales Umfeld, usw. Sie verurteilen zu schnell. Machen Sie sich keine Sorgen um die anderen, kümmern Sie sich erst um Ihren eigenen Verstand. Wenn Sie verstehen, daß Ihr Verstand auch ein Teil der Natur ist, wird die Dualität enden.

FRAGE: Darin liegt etwas Mysteriöses, was ich einfach nicht fassen kann. Wie kann der Verstand ein Teil der Natur sein?

MAHARAJ: Weil die Natur im Verstand ist. Ohne den Verstand, wo ist die Natur?

FRAGE: Wenn die Natur im Verstand ist und der Verstand mir gehört, dann müßte ich doch fähig sein, die Natur zu kontrollieren, was nun wirklich nicht der Fall ist. Mächte außerhalb meiner Kontrolle bestimmen mein Verhalten.

MAHARAJ: Entwickeln Sie die Geisteshaltung des Beobachters, und Ihre eigenen Erfahrungen werden Ihnen zeigen, daß Ihnen Losgelöstsein Kontrolle bringt. Der Zustand des Beobachtens ist voller Kraft, er hat nichts Passives an sich.

Kapitel 18

FRAGE: Jahr für Jahr sind Ihre Lehren dieselben. Es scheint keinen Fortschritt zu geben in dem, was Sie uns sagen.

MAHARAJ: Im Krankenhaus werden die Kranken gesundgepflegt, die Behandlung ist Routine, an der sich kaum etwas ändert, doch Gesundheit hat nichts Monotones. Meine Lehren mögen Routine sein, doch ihre Früchte sind neu von Mensch zu Mensch.

FRAGE: Was ist Verwirklichung? Wer ist ein verwirklichter Mensch? Wie kann man einen *Gnani* erkennen?

MAHARAJ: Es gibt keine bestimmten Merkmale von *Gnana*. Ignoranz kann man erkennen, nicht *Gnana*. Außerdem wird ein *Gnani* nicht für sich in Anspruch nehmen, etwas Besonderes zu sein. Alle diejenigen, die ihre eigene Größe und Einmaligkeit verkünden, sind keine *Gnani*s. Sie halten einige ungewöhnliche Entwicklungen für die Verwirklichung. Der *Gnani* hat nicht das Bedürfnis, sich selbst als einen *Gnani* zu verkünden. Er hält sich für etwas völlig Normales, seiner wahren Natur entsprechend. Sich selbst als etwas Allmächtiges und Allwissendes zu verkünden, ist ein klares Zeichen von Ignoranz.

FRAGE: Kann ein *Gnani* seine Erfahrung einem Unwissenden vermitteln? Kann *Gnana* von Mensch zu Mensch übertragen werden?

MAHARAJ: Ja, das ist möglich. Die Worte eines *Gnani* haben die Kraft, die Ignoranz und Vernebelung des Verstandes aufzulösen. Nicht die Worte sind entscheidend, sondern die Kraft, die dahintersteht.

FRAGE: Was ist diese Kraft?

MAHARAJ: Die Kraft der Überzeugung, basierend auf persönlicher Verwirklichung, auf eigener, direkter Erfahrung.

FRAGE: Einige Verwirklichte behaupten, daß man sich das Wissen aneignen muß, es kann nicht übertragen werden. Die Lehren können vermittelt werden, doch lernen muß man selbst.

MAHARAJ: Das läuft auf das Gleiche hinaus.

FRAGE: Es gibt viele, die jahrelang *Yoga* praktiziert haben – ohne jegliches Ergebnis. Was mag die Ursache ihres Versagens sein?

MAHARAJ: Manche Menschen verlieren sich in einer Art Trance, ohne ihr Bewußtsein zu gebrauchen. Welche Fortschritte sind ohne ein waches Bewußtsein möglich?

FRAGE: Viele praktizieren *Samadhis* (Zustände von entrückter Versunkenheit). In diesen *Samadhis* ist das Bewußtsein sehr intensiv, doch ohne jegliches Ergebnis.

MAHARAJ: Was für Ergebnisse erwarten Sie, und warum sollte Gnana das Ergebnis von etwas sein? Eine Sache führt zur nächsten, doch Gnana ist keine Sache, die von Ursachen und Wirkungen bestimmt wird, sie ist jenseits von allen Ursachen. Es bedeutet, sich dem Selbst zu unterwerfen. Der *Yogi* mag viele Wunder kennen, doch das Selbst bleibt ihm unbekannt. Die äußere Erscheinung und die Gefühle eines *Gnani* mögen ganz durchschnittlich wirken, doch das Selbst kennt er sehr genau.

FRAGE: Es gibt viele, die sich ernsthaft um Selbsterkenntnis bemühen, doch mit dürftigen Ergebnissen. Was mag der Grund sein?

MAHARAJ: Sie haben die Quelle des Wissens nicht genügend erforscht, sie kennen ihre Empfindungen, Gefühle und

Gedanken nicht ausreichend. Dies mag eine Ursache für die Verzögerung sein. Eine andere könnte sein, daß immer noch Begierden vorhanden sind.

FRAGE: Im *Sadhana* sind Höhen und Tiefen unausbleiblich, doch der ernsthaft Suchende geht trotzdem weiter. Was kann ein *Gnani* für ihn tun?

MAHARAJ: Wenn der Suchende ehrlich ist, kann man ihm das Licht geben. Das Licht ist immer und für alle da, doch es gibt wenige Suchende, und unter diesen wenigen gibt es noch weniger, die wirklich reif sind. Die Reife des Herzens und des Verstandes ist unentbehrlich.

FRAGE: Geschah Ihre eigene Verwirklichung durch Ihre Bemühungen oder durch die Gnade Ihres *Guru*s?

MAHARAJ: Von ihm kamen die Lehren, von mir das Vertrauen. Mein Zuversicht in ihn ließ mich seine Worte als wahr akzeptieren, tief in sie eintauchen, sie leben, und dadurch realisierte ich, was ich bin. Die Person und die Worte des *Guru*s erweckten mein Vertrauen, und mein Vertrauen brachte die Ergebnisse.

FRAGE: Doch kann ein *Guru* ohne Worte Verwirklichung vermitteln, ohne Vertrauen, nur einfach so, ohne Vorbereitung?

MAHARAJ: Ja, das ist möglich. Doch wer ist bereit, sie anzunehmen? Ich war so sehr mit meinem *Guru* in Einklang, ich vertraute ihm so total, ich hatte so wenige Widerstände, daß alles leicht und schnell geschehen konnte. Doch nicht jeder hat solches Glück. Bequemlichkeit und Unruhe stehen dem oft im Weg, und bis sie erkannt und beseitigt werden, gibt es nur langsame Fortschritte. Alle diejenigen, die auf der Stelle nur durch eine Berührung, einen Blick oder einen Gedanken verwirklichten, waren reif dafür. Doch davon gibt es sehr wenige. Die Mehrheit braucht einige Zeit, um zu reifen. *Sadhana* beschleunigt den Reifungsprozeß.

FRAGE: Was macht jemanden reif? Was ist der Faktor für den Reifungsprozeß?

MAHARAJ: Ernsthaftigkeit natürlich. Man muß wirklich darum bemüht sein. Schließlich ist der Verwirklichte der ernsthafteste Mensch, den es gibt. Was immer er tut, tut er voll und ganz, ohne Begrenzung, Einschränkung und Vorbehalt. Integrität wird Sie zur Realität bringen.

FRAGE: Lieben Sie die Welt?

MAHARAJ: Wenn man Sie verletzt, weinen Sie. Warum? Weil Sie sich selbst lieben. Schränken Sie Ihre Liebe nicht ein, indem Sie sie auf Ihren Körper begrenzen, lassen Sie sie offen, dann wird es Liebe für alle sein. Wenn alle die falschen Selbstidentifikationen über Bord geworfen werden, bleibt eine alles umfassende Liebe übrig. Werfen Sie alle Ideen von sich selbst über Bord, sogar die, daß Sie Gott sind. Keine Definierung des Selbst ist zutreffend.

FRAGE: Ich habe genug von Versprechungen, und ich habe die *Sadhanas* satt, die meine Zeit und Energie beanspruchen und mich nicht weiterbringen. Ich will Realität hier und jetzt, kann ich sie haben?

MAHARAJ: Selbstverständlich, vorausgesetzt, Sie haben wirklich alles satt, Ihre *Sadhanas* eingeschlossen. Wenn Sie nichts von der Welt oder von Gott verlangen, wenn Sie nichts wollen, nichts suchen, nichts erwarten, dann wird der höchste Zustand unerwartet und uneingeladen zu Ihnen kommen.

FRAGE: Wird jemand Ergebnisse erzielen können, der ganz in Anspruch genommen wird von seinem Familienleben und weltlichen Dingen, aber seine *Sadhanas* entsprechend den Schriften ausführt?

MAHARAJ: Er wird Ergebnisse erzielen, doch er wird in ihnen wie in einem Kokon eingehüllt sein.

FRAGE: So viele Heilige sagen, daß man verwirklichen wird, wenn man reif und empfänglich ist. Ihre Worte mögen wahr sein, doch sie sind von geringem Nutzen. Es muß doch einen Ausweg geben, unabhängig vom Reifungsprozeß, der Zeit braucht, oder von *Sadhanas*, die Anstrengung erfordern.

MAHARAJ: Nennen Sie es nicht einen Ausweg, es ist mehr

eine Art Begabung. Es ist noch nicht einmal das. Bleiben Sie offen und ruhig, das ist alles. Was Sie suchen, ist Ihnen so nahe, daß es keinen Raum für einen Weg gibt.

FRAGE: Es gibt so viele ignorante Menschen in der Welt und so wenige *Gnanis*. Was mag der Grund sein?

MAHARAJ: Kümmern Sie sich nicht um andere, kümmern Sie sich um sich selbst. Sie wissen, daß Sie sind. Belasten Sie sich nicht mit Namen, seien Sie nur. Jeder Name oder jede Form, die Sie sich selbst geben, vernebelt nur Ihre wahre Natur.

FRAGE: Warum muß die Suche aufhören, bevor man verwirklichen kann?

MAHARAJ: Der Wunsch nach Wahrheit ist der höchste aller Wünsche, und doch ist er immer noch ein Wunsch. Alle Wünsche müssen aufgegeben werden, damit die Realität sein kann. Erinnern Sie sich, daß Sie sind, das ist Ihr Arbeitskapital. Lassen Sie es arbeiten, und es wird Ihnen eine Menge Gewinn bringen.

FRAGE: Warum gibt es dann überhaupt eine Suche?

MAHARAJ: Das Leben ist Suche, man kann nicht anders als zu suchen. Wenn jegliche Suche aufhört, beginnt der höchste Zustand.

FRAGE: Warum kommt und geht dieser höchste Zustand?

MAHARAJ: Er kommt nicht, und er geht nicht, er ist.

FRAGE: Sprechen Sie aus Ihrer eigenen Erfahrung?

MAHARAJ: Selbstverständlich. Es ist ein zeitloser Zustand, immer gegenwärtig.

FRAGE: Bei mir kommt und geht er, bei Ihnen nicht. Warum dieser Unterschied?

MAHARAJ: Vielleicht, weil ich keine Begierden habe. Oder Sie begehren das Höchste nicht intensiv genug. Sie müssen wirklich verzweifelt sein, wenn Ihr Verstand auf Abwegen ist.

FRAGE: Mein ganzes Leben lang habe ich mich bemüht und so wenig erreicht. Ich habe gelesen, zugehört, alles umsonst.

MAHARAJ: Das Lesen und Zuhören ist für Sie eine Gewohnheit geworden.

FRAGE: Auch das habe ich aufgegeben, jetzt lese ich nicht mehr.

MAHARAJ: Was Sie aufgegeben haben, ist jetzt nicht wichtig. Was haben Sie noch nicht aufgegeben? Finden Sie das heraus, und geben Sie es auf. *Sadhana* ist die Suche nach dem, was aufgegeben werden muß. Entleeren Sie sich total.

FRAGE: Wie kann ein Dummkopf die Weisheit anstreben? Um etwas wünschen zu können, muß man das Wunschobjekt kennen. Wenn man das Höchste nicht kennt, wie kann man es begehren?

MAHARAJ: Der Mensch reift auf natürliche Weise und wird empfänglich für die Verwirklichung.

FRAGE: Doch was ist der Faktor des Reifungsprozesses?

MAHARAJ: Selbsterinnerung, Gewahrsein des 'Ich bin' wird ihn schnell und kraftvoll reifen lassen. Geben Sie alle Vorstellungen über sich auf, und seien Sie einfach.

FRAGE: Ich habe alle diese Wege, Mittel, Fähigkeiten und Tricks satt, all diese mentale Akrobatik. Gibt es einen Weg, die Realität direkt und augenblicklich wahrzunehmen?

MAHARAJ: Hören Sie auf, Ihren Verstand zu gebrauchen und sehen Sie, was geschieht. Tun Sie diese eine Sache gründlich, das ist alles.

FRAGE: Als ich jünger war, hatte ich kurze, doch unvergeßliche Momente, in denen ich nichts war, einfach nichts, doch bei vollem Bewußtsein. Doch die Gefahr ist, daß man, getrieben von der Erinnerung an diese Momente, sie wiederhaben möchte.

MAHARAJ: Das ist alles Einbildung. Im Licht des Bewußtseins passieren alle möglichen Dinge, und man braucht ihnen keine besondere Wichtigkeit zu geben. Der Anblick einer Blume ist genauso phantastisch wie die Vision von Gott. Lassen Sie sie in Ruhe. Warum sich an sie erinnern und dann diese Erinnerung in ein Problem verwandeln? Betrachten Sie sie ganz nüchtern, und teilen Sie sie nicht in hoch und niedrig, innen und außen, dauerhaft und vergänglich. Gehen Sie darüber hinaus, gehen Sie zurück zur Quelle, zu dem Selbst, das ewig gleich ist, was auch immer geschieht. Ihre Schwäche kommt von Ihrer Überzeugung, daß Sie in diese Welt geboren wurden. In Wirklichkeit wird die Welt ständig wiedererschaffen, in Ihnen und durch Sie. Sehen Sie alles als von dem Licht ausgehend an, das die Quelle Ihres eigenen Seins ist. Sie werden sehen, daß in diesem Licht Liebe ist und unendliche Energie.

FRAGE: Wenn ich dieses Licht bin, warum weiß ich es dann nicht?

MAHARAJ: Um zu wissen, brauchen Sie einen wissenden Verstand, einen Verstand, der fähig ist zu wissen. Doch Ihr Verstand ist immer auf der Flucht, niemals ruhig, niemals voll reflektierend. Wie können Sie den Mond in all seinem Glanz sehen, wenn Ihre Augen durch Krankheit getrübt sind?

FRAGE: Kann man sagen, daß die Sonne die Ursache des Schattens ist, doch man kann die Sonne nicht im Schatten sehen? Man muß sich umdrehen.

MAHARAJ: Wieder haben Sie die Trinität der Sonne, des Körpers und des Schattens eingebracht. In Wirklichkeit gibt es eine solche Unterteilung nicht. Wovon ich rede, hat nichts mit Dualitäten oder Trinitäten zu tun. Rationalisieren und verbalisieren Sie nicht. Sehen Sie nur hin und seien Sie.

FRAGE: Muß ich sehen, um zu *sein*?

MAHARAJ: Sehen Sie, was Sie sind. Fragen Sie nicht andere, und lassen Sie sich nicht von anderen erzählen, wer Sie sind. Schauen Sie nach innen, und sehen Sie hin. Dies ist alles, was die Lehrer Ihnen sagen können. Es ist überflüssig, von einem zum anderen zu wandern, in allen Brunnen ist dasselbe Wasser. Nehmen Sie das Wasser vom nächstgelegenen Brunnen. In meinem Fall ist das Wasser in mir, und ich bin das Wasser.

Kapitel 19

FRAGE: Ich bin Arzt von Beruf. Ich habe als Chirurg begonnen, ging dann in die Psychiatrie und habe auch einige Bücher über mentale Gesundheit und Heilen durch Glauben geschrieben. Ich bin zu Ihnen gekommen, um die Gesetze der spirituellen Gesundheit zu erlernen.

MAHARAJ: Wenn Sie versuchen, einen Patienten zu heilen, was ist es genau, das Sie versuchen zu heilen? Was ist Heilung? Wann können Sie sagen, daß jemand geheilt wurde?

FRAGE: Ich versuche, den Körper zu heilen und gleichzeitig die Verbindung zwischen dem Körper und dem Verstand zu verbessern. Ich versuche auch, den Verstand zu heilen.

MAHARAJ: Haben Sie die Verbindung zwischen dem Verstand und dem Körper untersucht? Wo sind sie miteinander verbunden?

FRAGE: Zwischen dem Körper und dem innewohnenden Bewußtsein liegt der Verstand.

MAHARAJ: Besteht der Körper nicht aus Nahrung, und kann es einen Verstand geben ohne Nahrung?

FRAGE: Der Körper ist aus Nahrung entstanden und wird davon in Gang gehalten. Ohne Nahrung wird der Verstand normalerweise schwach, doch der Verstand besteht nicht nur aus Nahrung. Es gibt einen transformierenden Faktor, der im Körper einen Verstand entstehen läßt. Was ist dieser transformierende Faktor?

MAHARAJ: So, wie das Holz nicht das Feuer ist, das es produziert, so ist der Körper nicht der Verstand, den er produziert. Doch wem erscheint dieser Verstand? Wer ist der Empfänger der Gedanken und Gefühle, die Sie den Verstand nennen? Da ist das Holz, da ist das Feuer, und da ist jemand, der sich an dem Feuer erfreut. Wer erfreut sich am Verstand? Ist derjenige, der sich erfreut, auch das Produkt von Nahrung, oder ist er unabhängig?

FRAGE: Er ist unabhängig.

MAHARAJ: Woher wissen Sie das? Sprechen Sie aus Ihrer eigenen Erfahrung. Sie sind weder der Körper noch der Verstand. Sie sagen das, woher wissen Sie es?

FRAGE: Ich weiß es nicht. Ich vermute nur, daß es so ist.

Maharaj: Die Wahrheit ist ewig, die Realität unveränderlich. Was sich verändert, ist nicht real, was real ist, verändert sich nicht. Also was ist es in Ihnen, das sich nicht verändert? Solange es Nahrung gibt, gibt es Körper und Verstand. Gibt es keine Nahrung mehr, stirbt der Körper, und der Verstand löst sich auf. Doch löst sich auch der Beobachter auf?

FRAGE: Ich vermute, er löst sich nicht auf, aber ich kann es nicht beweisen.

MAHARAJ: Sie selbst sind der Beweis. Einen anderen Beweis haben Sie nicht und können Sie auch nicht haben. Sie sind Sie selbst, Sie kennen sich, Sie lieben sich. Was immer der Verstand tut, tut er aus Liebe zu seinem eigenen Selbst. Die wahre Natur des Selbst ist Liebe. Es wird geliebt, es liebt, es ist liebenswert. Es ist das Selbst, das den Körper und den Verstand so interessant macht, so unschätzbar wertvoll. Die Aufmerksamkeit, die Sie ihnen geben, kommt vom Selbst.

FRAGE: Wenn das Selbst weder der Körper noch der Verstand ist, kann es ohne den Körper und den Verstand existieren?

MAHARAJ: Ja, das kann es. Es ist eine Frage der tatsächlichen Erfahrung, daß das Selbst unabhängig von Verstand und Körper existiert. Es ist Sein, Gewahrsein, Glückseligkeit. Gewahrsein des Seins ist Glückseligkeit.

Frage: Für Sie mag das eine tatsächliche Erfahrung sein, doch nicht für mich. Wie komme ich zu der gleichen Erfahrung? Wie praktiziere ich das, welche Übungen soll ich machen?

Maharaj: Um zu wissen, daß Sie weder der Körper noch der Verstand sind, beobachten Sie sich ununterbrochen, und leben Sie unbeeinflußt von Ihrem Körper und Ihrem Verstand, vollkommen losgelöst, so als ob Sie tot wären. Das heißt, Sie haben kein persönliches Interesse an Ihrem Körper und Ihrem Verstand.

Frage: Das ist gefährlich.

Maharaj: Ich rate Ihnen nicht, Selbstmord zu begehen. Das können Sie auch gar nicht. Sie können nur den Körper töten, Sie können weder den mentalen Prozeß aufhalten noch können Sie die Person auflösen, die Sie zu sein glauben. Bleiben Sie vollkommen unbeeinflußt. Dieses totale Losgelöstsein, sich keine Sorgen um den Verstand und den Körper zu machen, ist der beste Beweis, daß Sie im Zentrum Ihres Seins weder der Verstand noch der Körper sind. Vielleicht liegt es nicht in Ihrer Kraft zu verändern, was mit dem Körper und dem Verstand geschieht, doch Sie können jederzeit die Vorstellung beenden, der Körper und der Verstand zu sein. Was immer geschieht, erinnern Sie sich daran, daß nur Ihr Körper und Ihr Verstand beeinflußt werden, nicht Sie selbst. Je gewissenhafter Sie sich an das erinnern, was wichtig ist, desto schneller werden Sie sich Ihrer selbst gewahr, so wie Sie sind, denn die Erinnerung wird zur Erfahrung werden. Ernsthaftigkeit offenbart das Sein. Was man sich vorstellt und ernsthaft begehrt, wird zur tatsächlichen Erfahrung – hier liegt die Gefahr, genau wie der Ausweg. Sagen Sie, was haben Sie unternommen, um Ihr wahres Selbst, das, was in Ihnen unveränderlich ist, von Ihrem Körper und Ihrem Verstand zu trennen?

Frage: Ich bin Mediziner und habe sehr lange studiert, ich habe mir eine strikte Disziplin an Übungen und periodischen Fastenkuren auferlegt, und ich bin Vegetarier.

MAHARAJ: Aber in der Tiefe Ihres Herzens, was ist es, das Sie begehren?

FRAGE: Ich will die Realität finden.

MAHARAJ: Welchen Preis sind Sie bereit, für diese Realität zu zahlen? Jeden Preis?

FRAGE: Theoretisch bin ich bereit, jeden Preis zu zahlen, doch das tägliche Leben zwingt mich immer wieder zu Verhaltensweisen, die mich von der Realität trennen. Ich verliere mich in meinem Verlangen.

MAHARAJ: Intensivieren und vergrößeren Sie Ihr Verlangen, bis nichts außer der Realität es erfüllen kann. Nicht das Verlangen ist falsch, sondern Kleinlichkeit und Beschränktheit. Seine Begierde ist Hingabe. Selbstverständlich, geben Sie sich hin, dem Wahren, dem Unendlichen, dem ewigen Herzen des Seins. Transformieren Sie Verlangen in Liebe. Was wollen Sie sonst, außer glücklich sein? All Ihr Verlangen, welcher Art es auch sein mag, ist ein Ausdruck Ihrer Sehnsucht nach Glückseligkeit. Grundsätzlich wollen Sie nur Gutes für sich.

FRAGE: Ich weiß, ich sollte nicht ...

MAHARAJ: Einen Moment. Wer hat Ihnen gesagt, Sie sollten nicht? Was ist falsch daran, glücklich sein zu wollen?

FRAGE: Die Person muß verschwinden, ich weiß.

MAHARAJ: Doch die Person ist nun mal da. Ihre Begierden sind da. Ihre Sehnsucht nach Glückseligkeit ist da. Warum? Weil Sie sich selbst lieben. Natürlich, lieben Sie sich selbst – doch tun Sie das mit Weisheit. Es ist falsch, sich auf dumme Weise zu lieben, so daß Ihre Eigenliebe Leid erzeugt. Beide, die Genußsucht und die Genügsamkeit, sollen Sie glücklich machen. Die Genußsucht ist der törichte Weg, Genügsamkeit der weise Weg.

FRAGE: Was ist Genügsamkeit?

MAHARAJ: Aus Erfahrung zu lernen und nicht das Gleiche zu wiederholen, ist Genügsamkeit. Das Unnötige wegzulassen, ist Genügsamkeit. Freude und Leid nicht vorwegzunehmen, ist Genügsamkeit. Dinge ständig unter Kontrolle zu haben, ist

Genügsamkeit. Verlangen selbst ist nicht falsch, es ist das Leben selbst, der Wunsch, in Wissen und Erfahrung zu wachsen. Die Entscheidungen, die Sie treffen, sind falsch. Zu glauben, daß so nichtige Dinge wie Nahrung, Sex, Macht oder Ruhm Sie glücklich machen können, ist Selbstbetrug. Nur etwas Gewaltiges und Tiefes wie Ihr wirkliches Selbst kann Sie dauerhaft und wahrhaftig glücklich machen.

FRAGE: Wenn also am Verlangen als Ausdruck der Selbstliebe nichts falsch ist, wie soll man dann damit umgehen?

MAHARAJ: Leben Sie Ihr Leben mit Intelligenz, ohne jemals Ihr tiefstes Selbst aus den Augen zu verlieren. Was ist es, das Sie wirklich wollen? Nicht Vollkommenheit, Sie sind bereits vollkommen. Sie möchten im täglichen Leben ausdrücken, was Sie sind. Dafür haben Sie einen Körper und einen Verstand. Benutzen Sie sie, und lassen Sie sie Ihnen dienen.

FRAGE: Doch wer ist es, der diesen Körper und Verstand in die Hand nehmen soll?

MAHARAJ: Der geläuterte Verstand ist ein treuer Diener des Selbst. Er kümmert sich um die Instrumente im Inneren wie im Äußeren und läßt sie ihre Aufgabe erfüllen.

FRAGE: Und was ist ihre Aufgabe?

MAHARAJ: Das Selbst ist universell, und seine Ziele sind universell. Das Selbst hat nichts Persönliches an sich. Leben Sie ein geordnetes Leben, doch machen Sie es nicht selbst zu einem Ziel. Es sollte nur der Ausgangspunkt für große Abenteuer sein.

FRAGE: Raten Sie mir, von Zeit zu Zeit nach Indien zurückzukommen?

MAHARAJ: Wenn Sie ernsthaft sind, brauchen Sie nicht herumzureisen. Sie sind Sie selbst, wo immer Sie sind, und Sie schaffen sich Ihre eigene Atmosphäre. Bewegung und örtliche Veränderung werden Ihnen keine Erlösung bringen. Sie sind nicht der Körper, und diesen Körper durch die Gegend zu schicken, wird Sie nicht weiterbringen. Ihr Verstand ist frei, sich in allen Welten zu bewegen, machen Sie vollen Gebrauch davon.

FRAGE: Wenn ich frei bin, warum bin ich dann in einem Körper?

MAHARAJ: Sie sind nicht in einem Körper, der Körper ist in Ihnen. Der Verstand ist in Ihnen. Sie geschehen Ihnen. Sie sind vorhanden, weil Sie sie interessant finden. Ihre wahre Natur hat die unbegrenzte Fähigkeit, sich zu erfreuen. Sie ist voller Begeisterung und Zuneigung. Sie strahlt auf alles aus, was in das Blickfeld ihres Gewahrseins fällt, und nichts wird ausgeschlossen. Sie kennt weder Böses noch Häßliches, sie hofft, sie vertraut, sie liebt. Ihr Menschen wißt nicht, was Ihr dadurch versäumt, daß Ihr Euer wahres Selbst nicht kennt. Sie sind weder der Körper noch der Verstand, weder der Brennstoff noch das Feuer. Sie erscheinen und vergehen, ihren eigenen Gesetzen folgend. Das, was Sie sind, Ihr wahres Selbst, das lieben Sie, und was immer Sie tun, tun Sie für Ihre eigene Glückseligkeit. Das zu finden, zu kennen und es zu hegen, ist Ihr fundamentales Bedürfnis. Sie lieben sich schon seit unendlichen Zeiten, doch nie mit Weisheit. Benutzen Sie Ihren Körper und Ihren Verstand mit Weisheit, im Dienste des Selbst. Das ist alles. Seien Sie ehrlich zu Ihrem Selbst, lieben Sie Ihr Selbst total. Geben Sie nicht vor, andere zu lieben wie sich selbst. Bevor Sie sie nicht als eins mit sich selbst erkannt haben, können Sie sie nicht lieben. Geben Sie nicht vor zu sein, was Sie nicht sind, und wehren Sie sich nicht gegen das, was Sie sind. Ihre Liebe für andere ist ein Ergebnis Ihrer Selbsterkenntnis, nicht ihre Ursache. Es gibt keine wirklichen Tugenden ohne die Selbstverwirklichung. Wenn Sie ohne Zweifel wissen, daß dasselbe Leben durch alles fließt, was existiert, und daß Sie dieses Leben sind, werden Sie alles auf natürliche und spontane Weise lieben. Wenn Sie die Tiefe und Fülle der Liebe für Ihr Selbst erkennen, dann wissen Sie, daß jedes lebendige Wesen und das gesamte Universum in Ihrer Zuneigung eingeschlossen sind. Doch wenn Sie irgend etwas als getrennt von Ihnen sehen, können Sie es nicht lieben, denn es beängstigt Sie. Entfremdung verursacht Angst, und die Angst vertieft die Entfremdung. Es ist ein Teufelskreis. Nur die Selbstverwirklichung kann ihn brechen. Gehen Sie entschlossen auf sie zu.

Kapitel 20

FRAGE: Auf der Suche nach dem Essentiellen erkennt man bald seine Unzulänglichkeit und die Notwendigkeit eines Führers oder Lehrers. Dies setzt eine gewisse Disziplin voraus, denn Sie sollen Ihrem Führer vertrauen und genau seine Anweisungen und Instruktionen befolgen. Doch der soziale und gesellschaftliche Druck ist so groß und die persönlichen Begierden und Ängste so stark, daß die Einfachheit des Verstandes und des Willens, die unabdingbar für den Gehorsam sind, nicht zum Vorschein kommen. Wie kann man ein Gleichgewicht finden zwischen der Notwendigkeit eines *Guru*s und der Schwierigkeit, ihm bedingungslos zu gehorchen?

MAHARAJ: Was unter dem Druck der Gesellschaft und den Umständen geschieht, zählt nicht, denn fast alles ist mechanisch, reine Reaktion auf Impulse. Es ist genug, sich selbst objektiv zu beobachten, sich vollständig von dem zu isolieren, was passiert. Was Sie ohne Überlegung und blind tun, wird Ihr *Karma* (Schicksal) beeinflussen, ansonsten ist es bedeutungslos. Der *Guru* fordert nur eines: Klarheit und Intensität der Absichten, ein Gefühl von Verantwortung für sich selbst. Sogar die Realität der Welt muß hinterfragt werden. Wer ist ein *Guru*? Derjenige, der den Zustand kennt, in dem weder die Welt noch der Gedanke an sie vorhanden ist, ist der höchste Lehrer. Ihn zu finden heißt, den Zustand zu erreichen, in dem die Imagination nicht mehr mit der Realität verwechselt wird.

Bitte verstehen Sie, daß der *Guru* die Realität repräsentiert, die Wahrheit, das, was ist. Er ist Realist, im wahren Sinn des Wortes. Er kann und wird sich nicht mit dem Verstand und seinen Illusionen arrangieren. Seine Aufgabe ist es, Sie zur Realität zu führen. Erwarten Sie nichts anderes von ihm.

Der *Guru*, an den Sie denken, der Ihnen Informationen und Instruktionen gibt, ist nicht der wahre *Guru*. Der wahre *Guru* ist derjenige, der die Realität kennt, jenseits des Glanzes der Erscheinungen. Für ihn ergeben Ihre Fragen über Gehorsam und Disziplin keinen Sinn, denn in seinen Augen existiert die Person nicht, die Sie zu sein glauben. Ihre Fragen beziehen sich auf eine nicht existierende Person. Was für Sie existiert, existiert nicht für ihn. Was Sie als gegeben annehmen, verneint er total. Er möchte, daß Sie sich sehen, wie er Sie sieht. Dann brauchen Sie keinem *Guru* zu folgen und zu gehorchen, denn Sie werden nur Ihrer eigenen Realität folgen und gehorchen. Verstehen Sie, was immer Sie auch zu sein glauben, ist nur ein Strom von Ereignissen. Nur Sie allein sind, das Unveränderliche im Wandelbaren, das sich selbst Offenbarende unter den Schlußfolgerungen, während alles andere geschieht, kommt und geht. Trennen Sie das Beobachtete vom Beobachter, und geben Sie die falschen Identifizierungen auf.

Frage: Um die Realität zu finden, sollte man alles ausräumen, was im Weg steht. Andererseits zwingt einen der Überlebenswille innerhalb einer Gesellschaft dazu, viele Dinge zu tun und zu ertragen. Muß man, um die Realität zu finden, seinen Beruf und seinen sozialen Status aufgeben?

Maharaj: Tun Sie Ihre Arbeit. Wenn Sie einen Moment frei haben, schauen Sie nach innen. Das Wichtigste ist, die Gelegenheit nicht zu versäumen, wenn sie sich präsentiert. Wenn Sie ernsthaft sind, werden Sie Ihre freie Zeit sinnvoll nutzen, das reicht aus.

Frage: Gibt es bei der Suche nach dem Essentiellen und der Beseitigung des Unwichtigen einen Spielraum für kreatives Leben? Ich male zum Beispiel gern. Wird es mir helfen, wenn ich meine freie Zeit zum Malen verwende?

MAHARAJ: Was immer Sie tun, beobachten Sie Ihren Verstand. Sie brauchen auch einige Momente totalen inneren Friedens und der Ruhe, wenn Ihr Verstand völlig still ist. Wenn Sie das versäumen, versäumen Sie die gesamte Sache. Ansonsten wird die Stille des Verstandes alles andere auflösen und absorbieren.

Ihre Schwierigkeit liegt darin, daß Sie die Realität wollen und gleichzeitig Angst vor ihr haben. Sie haben Angst davor, weil Sie sie nicht kennen. Sie kennen die vertrauten Dinge und fühlen sich sicher mit ihnen. Das Unbekannte ist unsicher und daher gefährlich. Doch die Realität zu kennen, heißt mit ihr in Harmonie zu sein, und in der Harmonie gibt es keinen Raum für Angst.

Ein Kind kennt den Körper, doch keine körperlichen Unterschiede. Es ist nur bewußt und glücklich, denn schließlich ist das der einzige Grund, warum es geboren wurde. Die Freude zu *sein*, ist die einfachste Ausdrucksform der Selbstliebe, die später in die Liebe des Selbst wächst. Seien Sie wie ein Kind, bei dem nichts zwischen dem Körper und dem Selbst steht, ohne die ständige Geräuschkulisse Ihrer Psyche. In tiefer Stille betrachtet das Selbst den Körper. Es ist wie ein Stück weißes, unbeschriebenes Papier. Seien Sie wie dieses Kind, anstatt dies oder das zu sein. Seien Sie glücklich, zu *sein*. Dann werden Sie ein erwachter Beobachter des Bewußtseinsfeldes sein, doch dürfen keine Gefühle und Vorstellungen zwischen dem Beobachter und dem Bewußtseinsfeld stehen.

FRAGE: Sich mit bloßem Dasein zufrieden zu geben, erscheint mir ein äußerst egoistischer Zeitvertreib.

MAHARAJ: Eine sehr wertvolle Art, egoistisch zu sein! Seien Sie wirklich egoistisch, und geben Sie alles auf außer dem Selbst. Wenn Sie das Selbst lieben und nichts anderes, gehen Sie über Egoismus und Selbstlosigkeit hinaus. Alle Unterscheidungen verlieren ihre Bedeutung. Die Liebe des einen und die Liebe von allen vereinen sich in Liebe, rein und einfach, an niemanden adressiert und niemandem vorenthalten. Bleiben Sie in der Liebe, gehen Sie tiefer und tiefer in sie hinein, untersuchen Sie sich selbst und lieben Sie die Untersuchung, und Sie werden nicht nur Ihre eigenen Probleme, sondern auch die Probleme der Menschheit lösen. Sie werden genau wissen, was zu tun ist. Stellen Sie keine oberflächlichen Fragen, widmen Sie sich dem Grundsätzlichen, den tiefsten Wurzeln Ihres Seins.

FRAGE: Gibt es eine Möglichkeit, meine Selbstverwirklichung zu beschleunigen?

MAHARAJ: Selbstverständlich.

FRAGE: Wer wird diese Beschleunigung erzeugen? Werden Sie das für mich tun?

MAHARAJ: Weder Sie noch ich werden es tun, es wird einfach geschehen.

FRAGE: Mein Erscheinen hier beweist es. Kommt diese Beschleunigung aus dem Umgang mit nobler Gesellschaft? Als ich das letzte Mal heimfuhr, hoffte ich zurückzukommen, und ich tat es. Nun bin ich verzweifelt, daß ich schon so bald wieder nach England zurückfahren muß.

MAHARAJ: Sie sind wie ein neugeborenes Kind. Es war schon vorher da, nur war es sich seines Seins nicht bewußt. Bei seiner Geburt entstand eine Welt in ihm und damit auch das Bewußtsein zu sein. Nun brauchen Sie nur im Bewußtsein weiterzuwachsen, das ist alles. Das Kind ist der Herrscher der Welt. Wenn es aufwächst, übernimmt es diese Herrschaft. Stellen Sie sich vor, in der Kindheit wäre es ernsthaft krank geworden und der Doktor hätte es geheilt. Heißt das, daß der junge Herrscher dem Doktor sein Weltreich schuldet? Wenn, dann nur als einem der beitragenden Faktoren. Es gab noch viele andere, alle haben zur Heilung beigetragen. Doch der Hauptfaktor war, als Sohn eines Herrschers geboren zu werden. Genauso hilft vielleicht der *Guru*. Doch was hauptsächlich hilft, ist die Realität in Ihnen. Sie wird sich durchsetzen. Daß Sie hierhergekommen sind, hat Ihnen sicherlich geholfen. Doch es ist nicht das Einzige, was helfen wird. Die Hauptsache ist Ihr eigenes Sein. Gerade Ihre Ernsthaftigkeit beweist es.

FRAGE: Stellt das Ausüben meines Berufes meine Ernsthaftigkeit in Frage?

MAHARAJ: Ich habe es Ihnen bereits gesagt. Solange Sie sich genügend Momente des Friedens gönnen, können Sie ruhig Ihrem äußerst ehrbaren Beruf nachgehen. Diese Augenblicke innerer Ruhe werden unfehlbar alle Hindernisse ausmerzen. Bezweifeln Sie nicht ihre Effektivität. Versuchen Sie es.

FRAGE: Ich habe es doch wirklich versucht!

MAHARAJ: Niemals mit vollem Vertrauen und Beständigkeit, sonst würden Sie nicht solche Fragen stellen. Sie fragen, weil Sie sich Ihrer selbst nicht sicher sind, und Sie sind sich Ihrer selbst nicht sicher, weil Sie sich selbst nie Aufmerksamkeit geschenkt haben, nur Ihren Erfahrungen. Seien Sie interessiert an sich selbst, jenseits aller Erfahrungen, seien Sie mit sich selbst, lieben Sie sich selbst, denn die größte Sicherheit gibt es nur in Selbsterkenntnis. Die Hauptsache ist Ernsthaftigkeit. Seien Sie ehrlich mit sich selbst, und nichts wird Sie täuschen – Tugend und Macht sind nur Spielzeuge für Kinder. Sie sind recht nützlich in der Welt, doch nicht, um Sie über sie hinauszuführen. Um über sie hinauszugehen, brauchen Sie eine wache Unbeweglichkeit, stille Aufmerksamkeit.

FRAGE: Was wird aus dem physischen Dasein?

MAHARAJ: Solange Sie gesund sind, werden Sie leben.

FRAGE: Wird dieses Leben der inneren Unbeweglichkeit die Gesundheit beeinflussen?

MAHARAJ: Ihr Körper ist umgesetzte Nahrung. Entsprechend Ihrer Nahrung, grob oder fein, wird Ihre Gesundheit sein.

FRAGE: Und was geschieht mit dem Sex-Instinkt? Wie kann man ihn kontrollieren?

MAHARAJ: Sexualität ist eine erworbene Gewohnheit, gehen Sie darüber hinaus. Solange Sie sich auf den Körper konzentrieren, werden Sie in den Klauen von Nahrung und Sex, Furcht und Tod gefangen sein. Finden Sie sich selbst und seien Sie frei.

Kapitel 21

FRAGE: Ich komme gerade von dem *Sri-Ramana-Ashram*. Ich war 7 Monate dort.

MAHARAJ: Haben Sie in dem *Ashram* bestimmte Übungen gemacht?

FRAGE: Sofern ich konnte, habe ich mich auf das 'Wer bin ich?' konzentriert.

MAHARAJ: In welcher Weise haben Sie das getan, verbal?

FRAGE: In den freien Momenten während des Tagesablaufs wiederholte ich manchmal im Selbstgespräch die Frage 'Wer bin ich?' 'Ich bin, doch wer bin ich?' Oder ich tat es in Gedanken. Gelegentlich hatte ich angenehme Gefühle oder befand mich in recht glücklichen Zuständen. Generell versuchte ich nur, ruhig und empfänglich zu sein, anstatt auf Erfahrungen hinzuarbeiten.

MAHARAJ: Was war Ihre tatsächliche Erfahrung, wenn Sie in der richtigen Stimmung waren?

FRAGE: Ein Gefühl von innerer Stille, Frieden und Ruhe.

MAHARAJ: Erinnern Sie sich an Momente von Unbewußtsein?

FRAGE: Ja, manchmal, für sehr kurze Zeit. Ansonsten war ich nur ruhig, innerlich und äußerlich.

MAHARAJ: Was für eine Art von Ruhe war es? Etwas Ähnliches wie tiefer Schlaf, doch gleichzeitig bei vollem Bewußtsein? Eine Art von wachem Schlaf?

Frage: Ja, ein wacher Schlaf *(Jagrit-Sushupti)*.

Maharaj: Das Wichtigste ist, von negativen Gefühlen frei zu sein – Begierden, Angst, usw., den 'sechs Feinden' des Verstandes. Wenn der Verstand sich einmal von ihnen befreit hat, geschieht der Rest von allein. So wie ein Wäschestück, das man in der Lauge läßt, wieder sauber wird, so wird der Verstand geläutert in dem Strom der reinen Gefühle. Wenn Sie sich ruhig verhalten und sich selbst beobachten, können alle möglichen Dinge an die Oberfläche kommen. Kümmern Sie sich nicht um sie, reagieren Sie nicht auf sie, so wie sie kamen, werden sie vergehen, von ganz allein. Das Einzige, was zählt, ist eine geistige Wachheit, ein vollkommenes Gewahrsein des eigenen Selbst, oder besser, Ihres Verstandes.

Frage: Meinen Sie mit dem eigenen Selbst das tägliche Selbst?

Maharaj: Ja, nur die Person, die objektiv beobachtet werden kann. Der Beobachter ist jenseits des Beobachteten. Was beobachtet werden kann, ist nicht das wahre Selbst.

Frage: Ich kann immer den Beobachter beobachten, in endloser Wiederholung.

Maharaj: Sie können die Beobachtung beobachten, aber nicht den Beobachter. Sie wissen aus direkter Erfahrung und nicht durch einen logischen Prozeß, der auf Beobachtung basiert, daß Sie der absolute Beobachter sind. Sie sind, was Sie sind, aber Sie wissen, was Sie nicht sind. Das Selbst nehmen Sie als Sein wahr, das Nicht-Selbst als vergänglich. Doch real betrachtet ist alles nur im Verstand. Das Beobachtete, die Beobachtung und der Beobachter sind nur mentale Konstruktionen. Das Selbst allein *ist*.

Frage: Warum erzeugt der Verstand alle diese Unterteilungen?

Maharaj: Zu unterteilen und zu spezifizieren, ist des Verstandes wahre Natur. Es schadet nicht zu unterteilen. Doch

Trennung geht gegen die Tatsachen. Dinge und Menschen sind unterschiedlich, aber sie sind nicht getrennt. Natur ist eins, Realität ist eins. Es gibt Entgegengesetztes, doch es gibt keine Gegensätze.

FRAGE: Ich weiß, daß ich von Natur aus sehr aktiv bin. Hier rät man mir, Aktivität zu vermeiden. Je mehr ich versuche, inaktiv zu sein, desto größer wird mein Drang, etwas zu tun. Das macht mich nicht nur äußerlich aktiv, sondern läßt mich auch innerlich kämpfen zu sein, was ich von Natur aus nicht bin. Gibt es ein Heilmittel gegen dieses Bedürfnis zu arbeiten?

MAHARAJ: Es gibt einen entscheidenden Unterschied zwischen Arbeit und bloßer Aktivität. Die gesamte Natur arbeitet, Natur ist Arbeit, Arbeit ist Natur. Andererseits basiert Aktivität auf Begierde und Angst, auf dem Wunsch nach Besitz und Vergnügen, auf der Angst vor Schmerzen und Vernichtung. Arbeit ist für das Ganze und durch das Ganze, Aktivität ist durch eine Person für eine Person.

FRAGE: Gibt es ein Heilmittel gegen Aktivität?

MAHARAJ: Beobachten Sie sie, und sie wird sich auflösen. Benutzen Sie jede Gelegenheit, sich daran zu erinnern, daß Sie gefangen sind, und daß alles, was Ihnen geschieht, auf der Tatsache Ihrer körperlichen Existenz basiert. Begierde, Angst, Mühsal, Freude können nicht in Erscheinung treten, außer wenn Sie existieren, dem sie erscheinen können. Doch was immer auch passiert, ist auf Sie als das wahrnehmende Zentrum zurückzuführen. Vergessen Sie die Hinweise, nehmen Sie das wahr, auf das sie hinweisen. Es ist recht einfach, Sie müssen es nur tun. Was zählt, ist Ihre Ausdauer, mit der Sie immer wieder zu Ihrem Selbst zurückkommen.

FRAGE: Ich tauche manchmal in seltsame Zustände von tiefer Versunkenheit in mein Selbst, unvorhersehbar und nur für Augenblicke. Ich habe nicht das Gefühl, diese Zustände kontrollieren zu können.

MAHARAJ: Der Körper ist Materie und braucht Zeit, sich zu verändern. Der Verstand ist nur ein Netz aus mentalen Gewohnheiten, einer Art zu denken und zu fühlen. Um sie zu verändern, müssen sie an die Oberfläche gebracht und untersucht werden. Auch das braucht Zeit. Sie müssen sich dafür entscheiden und beständig sein, alles andere wird von allein geschehen.

FRAGE: Ich scheine sehr genau zu wissen, was getan werden muß, doch ich werde müde und deprimiert und suche die Gesellschaft von Freunden. Dadurch vergeude ich Zeit, die ich besser der Einsamkeit und der Meditation widmen sollte.

MAHARAJ: Tun Sie, wozu Sie Lust haben, doch zwingen Sie sich zu nichts. Gewalt macht Sie hart und rigide. Kämpfen Sie nicht gegen das, was Sie für Hindernisse auf Ihrem Weg halten. Seien Sie nur an ihnen interessiert, schauen Sie sie sich an, beobachten und hinterfragen Sie sie. Lassen Sie alles geschehen – gut oder schlecht. Doch lassen Sie sich nicht von den Geschehnissen forttragen.

FRAGE: Warum sollte man sich immer wieder daran erinnern, daß man der Beobachter ist?

MAHARAJ: Der Verstand muß lernen, daß jenseits der Bewegungen des Verstandes der Hintergrund des Gewahrseins ist, welcher sich nicht verändert. Der Verstand muß das wahre Selbst erkennen, es respektieren und aufhören, es zu vernebeln, so wie der Mond die Sonne verdunkelt bei einer Sonnenfinsternis. Erkennen Sie nur, daß Sie nichts sind und Sie nichts bindet, was beobachtet oder erfahren werden kann. Nehmen Sie keine Notiz von dem, was Sie nicht selbst sind.

FRAGE: Um das zu tun, was Sie mir sagen, muß ich ununterbrochen gewahr sein.

MAHARAJ: Gewahr zu sein, heißt wach zu sein. Nicht gewahr zu sein, heißt zu schlafen. Doch Sie sind sowieso gewahr, Sie brauchen es gar nicht zu versuchen. Für Sie ist wichtig, sich Ihres Gewahrseins gewahr zu werden. Seien Sie absichtlich und bewußt gewahr, erweitern, vertiefen Sie Ihr Gewahrsein. Sie sind sich immer Ihres Verstandes bewußt, doch Sie sind sich Ihrer selbst nicht gewahr, bewußt zu sein.

FRAGE: So wie ich es verstehe, geben Sie den Worten 'Verstand', 'Bewußtsein' und 'Gewahrsein' eine ganz bestimmte Bedeutung.

MAHARAJ: Schauen Sie mal, das ist so: Der Verstand produziert ununterbrochen Gedanken, auch wenn Sie sie gar nicht wahrnehmen. Wenn Sie wissen, was in Ihrem Verstand vor sich geht, nennen Sie es Bewußtsein. Das ist Ihr Wachzustand – Ihr Bewußtsein springt von einer Erfahrung zur anderen, von einer Wahrnehmung zur anderen, von einer Vorstellung zur anderen, in endloser Folge. Dann kommt Gewahrsein, der direkte Einblick in das gesamte Bewußtsein, in die Gesamtheit des Verstandes. Der Verstand ist wie ein Strom, unaufhörlich fließt er im Bett des Körpers. Sie identifizieren sich für einen Moment mit einer bestimmten Welle und nennen es 'mein Gedanke'. Sie sind sich nur Ihres Verstandes bewußt, Gewahrsein ist die Erkenntnis des Bewußtseins als Ganzes.

FRAGE: Jeder ist bewußt, doch nicht jeder ist gewahr.

MAHARAJ: Sagen Sie nicht, 'jeder ist bewußt', sagen Sie, 'es gibt Bewußtsein', in dem alles erscheint und vergeht. Unser Verstand ist nur die Wellenbewegung im Ozean des Bewußtseins. Als das Bewußtsein ist er unendlich und ewig. Erkennen Sie sich als den Ozean des Seins, als den Schoß jeglicher Existenz. Dies sind natürlich alles nur bildliche Darstellungen, die Realität ist jenseits jeder Beschreibung. Sie können sie nur kennen, indem Sie sie sind.

FRAGE: Ist die Suche danach die Mühsal wert?

MAHARAJ: Ohne sie ist alles nur Mühsal. Wenn Sie gesund, kreativ und glücklich leben wollen und unendlichen Reichtum haben möchten, den Sie teilen können, dann finden Sie heraus, was Sie sind. Während der Verstand im Körper verankert ist und das Bewußtsein im Verstand, ist das Gewahrsein frei. Der Körper hat seine Bedürfnisse und der Verstand seine Freuden und Leiden. Gewahrsein ist ungebunden und unerschütterlich. Es ist klar, still, friedvoll, wach und furchtlos, ohne Wünsche und ohne Ängste. Meditieren Sie auf dieses hin, Ihr wahres Sein, und versuchen Sie, es in Ihrem täglichen Leben zu sein, und Sie werden es in seiner ganzen Fülle wahrnehmen.

Der Verstand interessiert sich für das Geschehen, während das Gewahrsein am Verstand selbst interessiert ist. Das Kind ist hinter dem Spielzeug her, doch die Mutter beobachtet das Kind, nicht das Spielzeug. Indem ich mich ohne Unterbrechung beobachtete, wurde ich sehr leer, und in dieser Leere kam alles wieder zurück außer dem Verstand. Ich entdeckte, daß ich die Herrschaft meines Verstandes unwiderruflich losgeworden bin.

FRAGE: Während Sie jetzt mit uns reden, sind Sie da unbewußt?

MAHARAJ: Ich bin weder bewußt noch unbewußt, ich bin jenseits des Verstandes und seiner verschiedenen Zustände und Konditionen. Unterscheidungen werden vom Verstand erschaffen und beziehen sich nur auf den Verstand. Ich bin das reine Gewahrsein selbst, ungebrochenes Gewahrsein von allem, was ist. Ich bin in einem realeren Zustand als Sie. Ich bin unbeeinflußt von Ihren Unterscheidungen und Trennungen, die eine Person ausmachen. Solange der Körper existiert, hat er seine Bedürfnisse wie jeder andere, doch mein mentaler Prozeß hat ein Ende gefunden.

FRAGE: Sie verhalten sich wie eine denkende Person.

MAHARAJ: Warum nicht? Doch mein Denken ist wie meine Verdauung, unbewußt und zielgerichtet.

FRAGE: Wenn Ihr Denken unbewußt ist, woher wissen Sie, daß es richtig ist?

MAHARAJ: Weil mein Denken nicht von Wünschen und Ängsten durchkreuzt wird. Wie könnte es falsch sein? Wenn ich mich einmal selbst erkannt habe und weiß, wofür ich stehe, dann brauche ich nicht andauernd mich selbst zu überprüfen. Wenn Sie wissen, daß Ihre Uhr richtig geht, werden Sie sie nicht jedesmal überprüfen, wenn Sie sie ablesen.

FRAGE: Wer redet in diesem Moment, wenn nicht der Verstand?

MAHARAJ: Das, was die Frage hört, beantwortet sie.

FRAGE: Aber wer ist es?

Maharaj: Nicht wer, sondern was. Ich bin keine Person im Sinne Ihrer Worte, auch wenn ich Ihnen wie eine Person vorkomme. Ich bin dieser unendliche Ozean des Bewußtseins, in dem alles geschieht. Gleichzeitig bin ich auch jenseits aller Existenz und Erkenntnis, reine Glückseligkeit des Seins. Es gibt nichts, von dem ich mich getrennt fühle, daher bin ich alles. Ich bin keine Sache, deshalb bin ich nichts.

Dieselbe Macht, die das Feuer brennen, das Wasser fließen, die Samen sprießen, die Bäume wachsen läßt, läßt mich Ihre Fragen beantworten. Es gibt an mir nichts Persönliches, auch wenn die Sprache und der Stil persönlich zu sein scheinen. Eine Person ist ein festgesetztes Muster von Wünschen und Gedanken und den daraus resultierenden Aktionen. In meinem Fall gibt es ein solches Muster nicht. Es gibt nichts, was ich begehre oder fürchte. Wie kann es dann ein Muster geben?

Frage: Doch Sie werden sicherlich sterben.

Maharaj: Das Leben wird entweichen, der Körper wird sterben, doch auf mich hat es nicht den geringsten Einfluß. Ich bin jenseits von Zeit und Raum, unverursacht und nichts verursachend und dennoch die Wiege aller Existenz.

Frage: Darf ich Sie fragen, wie Sie zu Ihrem jetzigen Zustand gekommen sind?

Maharaj: Mein Lehrer riet mir, zäh an dem Gefühl 'Ich bin' festzuhalten, ohne auch nur einen Moment davon abzuweichen. Ich gab mein Bestes, um seinen Anweisungen zu folgen, und in relativ kurzer Zeit verwirklichte ich in mir die Wahrheit seiner Lehren. Ich erinnerte mich permanent seiner Lehren, seines Gesichtes, seiner Worte. Das war alles. Dies beendete die selbständige Tätigkeit des Verstandes, und in dieser Stille des Verstandes sah ich mich, wie ich bin, ungebunden.

Frage: Geschah Ihre Verwirklichung plötzlich oder stufenweise?

Maharaj: Weder noch. Was man ist, das ist man unbegrenzt von Zeit. Es ist der Verstand, der realisiert, wenn er geläutert ist von Verlangen und Ängsten.

FRAGE: Auch von dem Verlangen nach Verwirklichung?

MAHARAJ: Das Verlangen, Wünsche zu beenden, ist ein recht seltsames Verlangen, so wie die Angst vor dem Sich-Ängstigen eine recht seltsame Angst ist. Die eine hindert Sie daran zuzugreifen, und die andere daran fortzulaufen. Sie mögen die gleichen Worte benutzen, doch die Zustände sind nicht die gleichen. Jemand, der die Verwirklichung sucht, ist nicht dem Verlangen verfallen, er ist ein Suchender, der gegen das Verlangen geht, nicht mit ihm. Eine allgemeine Sehnsucht nach Befreiung ist nur der Anfang. Die richtigen Instrumente zu finden und sie zu benutzen, ist der nächste Schritt. Der Suchende hat nur ein Ziel vor Augen, sein eigenes, wahres Wesen zu finden. Das ist das ehrgeizigste aller Verlangen, denn nichts und niemand kann es befriedigen. Der Suchende und das Gesuchte sind eins, und allein die Suche zählt.

FRAGE: Die Suche wird ein Ende finden, der Suchende wird bleiben.

MAHARAJ: Nein, der Suchende wird sich auflösen, die Suche wird bleiben. Die Suche ist die endgültige und zeitlose Realität.

FRAGE: Suche bedeutet Mangel, Verlangen, Unvollständigkeit, Unvollkommenheit.

MAHARAJ: Nein, es bedeutet, das Unvollkommene und Unvollständige abzulehnen und zurückzuweisen. Die Suche nach der Realität ist selbst ein Ausdruck der Realität. In gewisser Weise ist jede Suche eine Suche nach der wahren Glückseligkeit oder die Glückseligkeit der Realität. Doch wenn wir von Suche reden, reden wir von der Suche nach uns selbst als der Wurzel des Bewußtseins, als dem Licht jenseits des Verstandes. Diese Suche wird nie enden, während das ruhelose Begehren nach allem anderen enden muß, bevor wirklicher Fortschritt einsetzen kann. Man muß verstehen, daß die Suche nach der Realität oder Gott oder *Guru* und dem Selbst dasselbe sind. Wenn man das eine findet, hat man alles gefunden. Wenn 'Ich bin' und 'Gott ist' in Ihrem Denken nicht mehr zu unterscheiden sind, dann wird etwas geschehen, und Sie werden ohne den geringsten Zweifel wissen, daß Gott ist, weil Sie sind, Sie sind, weil Gott ist. Die zwei sind eins.

FRAGE: Wenn alles vorbestimmt ist, ist unsere Selbstverwirklichung dann auch vorbestimmt, oder sind wir wenigstens in dem Punkt frei?

MAHARAJ: Bestimmung bezieht sich nur auf Name und Form. Da Sie aber weder der Körper noch der Verstand sind, hat die Bestimmung keine Kontrolle über Sie. Sie sind vollkommen frei. Eine Tasse ist bestimmt durch ihre Form, ihr Material, ihren Zweck, usw., doch der Raum in der Tasse ist frei. Nur wenn man den Raum in Verbindung mit der Tasse betrachtet, befindet er sich in der Tasse. Anderweitig ist er nur einfach Raum. Solange es einen Körper gibt, scheinen Sie im Körper zu sein, ohne den Körper sind Sie nicht körperlos, Sie *sind* einfach. Sogar Bestimmung ist nur eine Idee. Worte kann man auf vielerlei Art zusammenfügen! Behauptungen können sehr unterschiedlich sein, aber ändern sie etwas an den Tatsachen? Es gibt so viele Theorien, um Dinge zu erklären — alle sind einleuchtend, alle sind unwahr. Wenn Sie ein Auto fahren, unterliegen Sie den Gesetzen der Mechanik und der Chemie. Steigen Sie aus, unterliegen Sie den Gesetzen der Physiologie und Biochemie.

FRAGE: Was ist Meditation, und wozu ist sie gut?

MAHARAJ: Solange Sie Anfänger sind, mögen bestimmte festgelegte Meditationen und Gebete gut für Sie sein. Doch für den Suchenden der Realität gibt es nur eine Meditation: die rigorose Verweigerung, Gedanken zu beherbergen. Von Gedanken frei zu sein, ist wirkliche Meditation.

FRAGE: Wie macht man das?

MAHARAJ: Sie beginnen damit, die Gedanken fließen zu lassen und sie zu beobachten. Genau diese Beobachtung läßt den Verstand langsamer werden und wird ihn irgendwann ganz anhalten. Wenn der Verstand einmal ruhig ist, halten Sie ihn ruhig. Lassen Sie sich nicht von diesem Frieden langweilen, seien Sie in ihm, gehen Sie tiefer in ihn hinein.

FRAGE: Man hat mir geraten, an einem Gedanken festzuhalten, um andere Gedanken fernzuhalten. Diese Idee ist doch auch ein Gedanke?

MAHARAJ: Experimentieren Sie aufs Neue, und verlassen Sie sich nicht auf alte Erfahrungen. Beobachten Sie Ihre Gedanken, und beobachten Sie sich, während Sie Ihre Gedanken beobachten. Der Zustand der Freiheit von allen Gedanken wird plötzlich geschehen, und an der Glückseligkeit, die er erzeugt, werden Sie ihn erkennen.

FRAGE: Machen Sie sich keine Gedanken über den Zustand dieser Welt? Sehen Sie sich die Greueltaten in Ostpakistan* an. Berühren sie Sie überhaupt nicht?

MAHARAJ: Ich lese die Zeitungen, ich weiß, was passiert! Doch meine Reaktion ist anders als Ihre. Sie suchen nach einem Heilmittel, während ich mich um die Verhinderung kümmere. Solange es Ursachen gibt, muß es auch Auswirkungen geben. Solange die Menschen auf Trennung und Teilung aus sind, solange sie selbstsüchtig und aggressiv sind, werden solche Dinge geschehen. Wenn Sie Frieden und Harmonie in der Welt wollen, müssen Sie Frieden und Harmonie in Ihrem Herzen und Ihrem Verstand haben. Solch ein Wandel kann nicht erzwungen werden, er muß von innen kommen. Wer den Krieg verabscheut, muß den Krieg aus seinem System entfernen. Ohne friedvolle Menschen kann es keinen Frieden in der Welt geben. Solange die Menschen sind, wie sie sind, muß die Welt so sein, wie sie ist. Ich tue meinen Teil, indem ich den Menschen helfe zu erkennen, daß sie die einzige Ursache ihrer eigenen Leiden sind. Auf diese Weise bin ich ein nützlicher Mann. Doch was ich in mir selbst bin, was mein normaler Zustand ist, kann nicht in Begriffen des gesellschaftlichen Bewußtseins und der Nützlichkeit ausgedrückt werden. Ich mag darüber reden, Metaphern und Parabeln benutzen, doch nicht erfahren werden kann. Es ist die Erfahrung selbst! Doch

---

* Diese Unterhaltung und einige andere auf den folgenden Seiten fanden statt im Jahre 1971, als in Ostpakistan, im heutigen Bangla Desh, Krieg herrschte.

es kann nicht beschrieben werden mit Begriffen eines Verstandes, der teilen und Gegensätze aufstellen muß, um zu wissen. Die Welt ist wie ein Stück Papier, auf das etwas gedruckt ist. Jeder liest und versteht etwas anderes. Doch das Papier ist der gemeinsame Faktor, immer präsent, selten wahrgenommen. Druckt man ohne Druckerschwärze, bleibt nichts auf dem Papier zurück. So ist mein Verstand. Die Eindrücke kommen ohne Unterlaß, doch sie hinterlassen keine Spuren.

FRAGE: Warum sitzen Sie hier und sprechen zu den Leuten? Was ist Ihr Motiv?

MAHARAJ: Ich habe kein Motiv. Sie sagen, ich muß ein Motiv haben. Weder sitze ich hier noch rede ich, also gibt es keinen Grund, nach einem Motiv zu suchen. Verwechseln Sie mich nicht mit dem Körper. Ich habe keine Arbeiten zu verrichten oder Pflichten zu erfüllen. Der Teil von mir, den Sie Gott nennen, wird sich um die Welt kümmern. Diese, Ihre Welt, um die man sich so viel kümmern muß, lebt und bewegt sich in Ihrem Verstand. Tauchen Sie in sie ein, denn die Antworten werden Sie nur dort finden können. Wo sonst sollen Sie sie finden, denn was existiert außerhalb Ihres Bewußtseins?

FRAGE: Vielleicht existiert sie, ohne daß ich davon weiß.

MAHARAJ: Was für eine Existenz könnte das sein? Kann man das Sein von der Erkenntnis trennen? Alles Sein, wie alles Wissen, bezieht sich auf Sie. Alles existiert nur, weil es in Ihrer Erfahrung oder in Ihrem Sein existiert. Ihr Körper und Ihr Verstand existieren nur solange, wie Sie von deren Existenz überzeugt sind. Hören Sie auf zu glauben, daß sie Ihr Körper und Ihr Verstand sind, und sie werden sich auflösen. Lassen Sie Ihren Körper und Ihren Verstand ruhig funktionieren, doch lassen Sie sich nicht einschränken. Wenn Sie Unvollkommenheiten wahrnehmen, dann hören Sie nicht auf, sie wahrzunehmen. Die Aufmerksamkeit, die Sie den Unvollkommenheiten geben, wird Ihr Herz, Ihren Verstand und Ihren Körper gesunden lassen.

FRAGE: Kann ich mich durch reine Kenntnisnahme von einer ernsthaften Krankheit heilen?

MAHARAJ: Erkennen Sie den gesamten Zusammenhang und nicht nur die äußeren Symptome. Alle Krankheiten haben ihren Ursprung im Verstand. Kümmern Sie sich zuerst um den Verstand, indem Sie alle falschen Vorstellungen und Emotionen aufspüren und beseitigen. Dann leben und arbeiten Sie, ohne weiter von dieser Krankheit Kenntnis zu nehmen. Wenn Sie die Ursache beseitigen, wird sich der Effekt von allein auflösen. Der Mensch wird, was er glaubt zu sein. Geben Sie alle Ideen von sich selbst auf, und Sie werden sich selbst erkennen, als der reine Beobachter, jenseits von allem, was dem Körper und dem Verstand geschehen kann.

FRAGE: Wenn ich alles werde, was ich glaube zu sein, und ich zu denken beginne, daß ich die höchste Realität bin, wird das nicht nur eine bloße Vorstellung bleiben?

MAHARAJ: Erreichen Sie diesen Zustand zuerst und stellen Sie dann Fragen.

Kapitel 22

FRAGE: Ich bin gebürtiger Franzose und lebe in Frankreich. Seit ungefähr 10 Jahren praktiziere ich *Yoga*.

MAHARAJ: Sind Sie nach 10 Jahren Arbeit Ihrem Ziel ein wenig näher gekommen?

FRAGE: Vielleicht, ein wenig. Es ist harte Arbeit, verstehen Sie?

MAHARAJ: Das Selbst ist nah und der Weg dorthin leicht. Das Einzige, was Sie tun müssen, ist, nichts zu tun.

FRAGE: Und doch empfand ich meine *Sadhanas* als recht schwierig.

MAHARAJ: Ihre *Sadhanas* heißen S e i n. Das Tun geschieht von allein. Seien Sie nur aufmerksam. Ist es so schwierig, sich daran zu erinnern, daß Sie sind? Sie s i n d immer.

FRAGE: Das Gefühl zu sein ist immer vorhanden, kein Zweifel. Doch das Beobachtungsfeld wird oft überrollt von allen möglichen mentalen Geschehnissen – Gefühlen, Vorstellungen, Ideen. Das reine Gefühl des Seins wird oft in den Hintergrund gedrückt.

MAHARAJ: Wie gehen Sie vor, wenn Sie den Verstand von Unnötigem befreien wollen? Was sind Ihre Möglichkeiten, Ihre Werkzeuge für die Läuterung des Verstandes?

FRAGE: Grundsätzlich steckt der Mensch voller Ängste, am

meisten vor sich selbst. Ich fühle mich wie jemand, der eine Bombe mit sich herumträgt, die irgendwann explodieren wird. Er kann sie nicht entschärfen, er kann sie nicht wegwerfen. Er ist zu Tode geängstigt und sucht wie wahnsinnig nach einer Lösung, findet aber keine. Für mich heißt Befreiung, diese Bombe loszuwerden. Ich weiß nicht viel über die Bombe. Ich weiß nur, daß sie in meiner frühen Kindheit entstanden ist. Ich fühle mich wie das verängstigte Kind, das voller Inbrunst dagegen protestiert, nicht geliebt zu werden. Das Kind sehnt sich nach Liebe, und weil es sie nicht bekommt, ist es voller Angst und Wut. Manchmal möchte ich jemanden töten oder mich selbst. Dieses Verlangen ist so stark, daß ich permanent in Angst lebe. Und ich weiß nicht, wie ich mich von dieser Angst befreien kann. Wissen Sie, es gibt einen Unterschied zwischen einem *Hindu*istischen und einem europäischen Verstand. Der Verstand eines *Hindu* ist verhältnismäßig einfach, der europäische ist ein wesentlich komplexeres Gebilde. Ein *Hindu* ist grundlegend *sattv*isch. Er versteht die Ruhelosigkeit eines Europäers nicht, die unermüdliche Verfolgung dessen, wovon er glaubt, daß es getan werden muß, sein größeres Allgemeinwissen.

Maharaj: Seine Möglichkeiten zu erklären sind so vielfältig, daß er sich selbst aus der Existenz hinauserklären kann. Sein Selbstvertrauen kommt aus seinem Vertrauen in die Logik.

Frage: Doch Denken, Begründen ist der Normalzustand des Verstandes. Der Verstand kann einfach nicht aufhören zu arbeiten.

Maharaj: Vielleicht ist das der gewohnheitsmäßige Zustand, aber es muß nicht der Normalzustand sein. Ein Normalzustand kann nicht schmerzhaft sein, während falsche Gewohnheiten oft zu einem chronischen Leidenszustand führen.

Frage: Wenn dies nicht der natürliche, normale Zustand des Verstandes ist, wie kann man ihn dann beenden? Es muß doch einen Weg geben, den Verstand zur Ruhe zu bringen. Wie oft sage ich zu mir selbst: 'Das reicht, bitte hör auf, genug von diesem endlosen Geschwätz, das sich immer und immer wiederholt.' Doch mein Verstand hält nicht an. Ich sehe, daß man ihn für einen Moment anhalten kann, aber nicht für lange. Auch diese sogenannten 'spirituellen' Leute benutzen Tricks, um ihren Verstand zur Ruhe zu bringen. Sie wiederholen Formeln, singen, beten, atmen kraftvoll oder sanft, schütteln sich, drehen sich, konzentrieren sich, meditieren, suchen Trancezustände und kultivieren Tugenden – permanente Arbeit, um Arbeit, Entwicklung und Bewegung zu beenden. Wenn es nicht so tragisch wäre, könnte man darüber lachen.

MAHARAJ: Der Verstand existiert in zwei Zuständen, als Wasser und als Honig. Das Wasser bewegt sich bei der leisesten Störung, während der Honig, wie sehr man ihn auch in Bewegung bringt, sehr schnell wieder zum Ruhezustand zurückkehrt.

FRAGE: Die Natur des Verstandes ist Unruhe. Man kann ihn vielleicht zur Ruhe bringen, aber er ist nicht ruhig aus sich selbst heraus.

MAHARAJ: Man kann auch chronisches Fieber und ständig Schüttelfröste haben. Es sind das Verlangen und die Angst, die den Verstand ruhelos machen. Frei von allen negativen Emotionen ist er ruhig.

FRAGE: Sie können ein Kind nicht vor negativen Emotionen schützen. Sobald es geboren ist, lernt es Schmerz und Angst kennen. Hunger ist ein grausamer Lehrmeister und lehrt Abhängigkeit und Haß. Das Kind liebt die Mutter, weil sie es füttert, und es haßt sie, weil sie mit dem Essen zu spät kommt. Unser Unterbewußtsein ist voller Konflikte, die in das Bewußtsein hinüberfließen. Wir leben auf einem Vulkan, wir sind in permanenter Gefahr. Ich gebe zu, daß die Gesellschaft von Menschen, deren Verstand zur Ruhe gekommen ist, einen beruhigenden Effekt hat, doch sobald ich von ihnen fortgehe, fängt der alte Ärger wieder an. In der Nähe meines *Gurus* zu sein, ist auch der Grund, warum ich immer wieder nach Indien komme.

MAHARAJ: Sie glauben, daß Sie kommen und gehen und unterschiedliche Gemütszustände erleben. Ich sehe die Dinge, wie sie sind, augenblickliche Ereignisse, die sich mir in rascher Reihenfolge präsentieren. Diese Zustände entstehen aus mir, doch ganz sicher sind sie nicht ich, und sie sind auch nicht mein. Ich bin nicht eines dieser Phänomene und unterliege auch nicht seinen Gesetzen. Ich bin so vollständig unabhängig, daß Ihr Verstand, der an Gegensätze und Ablehnung gewöhnt ist, es einfach nicht fassen kann. Ich meine wortwörtlich, was ich sage: Ich brauche keine Gegensätze oder Verleugnungen, denn es ist für mich ohne Zweifel klar, daß ich nicht der Gegensatz oder die Verleugnung von irgend etwas sein kann. Ich bin ganz einfach jenseits davon, in einer vollkommen anderen Dimension. Suchen Sie mich nicht in der Identifikation mit etwas oder in Opposition zu etwas. Wo ich bin, gibt es keine Wünsche und Ängste. Was ist nun Ihre Erfahrung? Empfinden Sie sich auch als vollkommen über diesen vergänglichen Dingen stehend?

FRAGE: Ja, manchmal. Doch sehr schnell kommt dieses Gefühl von Gefahr zurück. Ich fühle mich isoliert, außerhalb der Beziehung mit anderen. Sehen Sie, hier liegt der Unterschied in unseren Mentalitäten. Bei einem *Hindu* folgen die Gefühle den Gedanken. Geben Sie einem *Hindu* eine Idee, sofort entstehen bei ihm Gefühle. Mit dem westlichen Menschen ist es genau das Gegenteil. Geben Sie ihm ein Gefühl, und er wird eine Idee daraus machen. Auf der intellektuellen Basis sind eure Ideen sehr anziehend, doch meine Gefühle reagieren nicht darauf.

MAHARAJ: Lassen Sie Ihren Intellekt beiseite, gebrauchen Sie ihn nicht für diese Dinge.

FRAGE: Was nützt mir ein Ratschlag, den ich nicht befolgen kann? Dies sind alles Ideen, und Sie erwarten, daß meine Gefühle auf diese Ideen reagieren, denn ohne Gefühle kann es keine Taten geben.

MAHARAJ: Warum reden Sie von Taten? Tun Sie jemals etwas? Eine unbekannte Kraft agiert, und Sie glauben, daß Sie agieren. Sie beobachten nur, was passiert, ohne die Möglichkeit, es in irgend einer Weise zu beeinflussen.

FRAGE: Warum habe ich nur so einen unglaublichen Widerstand zu akzeptieren, daß ich nichts tun kann?

MAHARAJ: Was können Sie denn tun? Sie sind wie ein Patient unter Narkose, an dem der Chirurg eine Operation ausführt. Wenn Sie aufwachen, ist die Operation vorbei. Können Sie sagen, daß Sie irgend etwas getan haben?

FRAGE: Ich habe mich dazu entschlossen, diese Operation ausführen zu lassen.

MAHARAJ: Ganz bestimmt nicht. Es ist Ihre Krankheit auf der einen Seite und der Druck des Arztes und der Familie auf der anderen Seite, die Sie dazu gebracht haben, diese Entscheidung zu treffen. Sie hatten keine Wahl, nur die Illusion, die Wahl zu haben.

FRAGE: Und doch fühle ich mich nicht so hilflos, wie Sie mich beschreiben. Ich habe das Gefühl, daß ich alles tun kann, was ich mir vorstelle, nur weiß ich nicht, wie. Mir fehlt nicht die Kraft für die Ausführung, sondern das Wissen.

MAHARAJ: Nicht zu wissen wie, ist genauso schlecht, wie nicht die Kraft zu haben. Doch lassen wir dies für einen Moment beiseite, denn es ist in Wirklichkeit nicht wichtig, warum wir uns hilflos fühlen, solange wir sehen, daß wir zumindest im Moment hilflos sind.

Ich bin jetzt 74 Jahre alt, und doch fühle ich, daß ich ein Kind bin. Trotz aller Wechsel fühle ich ganz klar, daß ich ein Kind bin. Mein *Guru* sagte mir, dieses Kind, was Sie auch jetzt sind, ist Ihr wahres Selbst *(Swarupa)*. Kehren Sie zurück zu diesem Zustand reinen Seins, wo das 'Ich bin' noch in seiner Reinheit existiert, bevor es vergiftet wurde mit dem 'Ich bin dies' oder 'ich bin das'. Sie belasten sich mit falschen Selbstidentifizierungen, geben Sie sie alle auf. Mein *Guru* sagte mir: 'Vertrauen Sie mir. Ich sage Ihnen, Sie sind göttlich. Nehmen Sie es an als die absolute Wahrheit. Ihre Freude, auch Ihr Leiden ist göttlich. Alles kommt von Gott. Erinnern Sie sich immer daran. Sie sind Gott. Nur Ihr Wille wird geschehen.' Ich glaubte ihm, und sehr bald realisierte ich, wie absolut wahr und korrekt seine Worte waren. Ich habe meinen Verstand nicht mit den Gedanken programmiert, 'Ich bin Gott, ich bin wundervoll, ich bin jenseits.' Ich habe nur einfach seine Anweisungen befolgt, und die hießen: Konzentrieren Sie Ihren Verstand auf das reine Sein, auf das 'Ich bin', und bleiben Sie dabei. Für Stunden saß ich alleine mit dem Gedanken 'Ich bin', und bald wurde Friede, Freude und eine tiefe, alles umfassende Liebe mein Normalzustand. Darin verschwand alles – ich selbst, mein *Guru*, das Leben, das ich gelebt hatte, die Welt um mich herum. Nur Frieden blieb übrig und eine unfaßbare Stille.

FRAGE: Das sieht alles recht einfach und leicht aus, aber das ist es nicht. Manchmal erwacht in mir dieser wunderbare Zustand von freudigem Frieden, und ich betrachte ihn und wundere mich, wie leicht er kommt und wie vertraut er scheint, wie total er mein eigen ist. War es nötig, so hart zu arbeiten, um einen Zustand zu erreichen, der so greifbar nahe ist? Diesmal wird dieser Zustand sicherlich endgültig bleiben. Und doch verschwindet er dann wieder so schnell und läßt mich in Verwunderung zurück – war dies nun ein Hauch von der Wirklichkeit oder nur eine neue Verirrung? Wenn es die Wirklichkeit war, warum blieb sie nicht? Vielleicht brauche ich eine ungewöhnliche Erfahrung, um mich endgültig in diesem Zustand zu halten, und bis das passiert, muß dieses Versteckspiel weitergehen.

MAHARAJ: Ihre Erwartung von etwas Ungewöhnlichem, Dramatischem, von einer wunderbaren Explosion, verhindert und verzögert nur Ihre Selbstverwirklichung. Sie brauchen auf keine Explosion zu warten, denn sie ist bereits passiert – in dem Moment, als Sie geboren wurden, als Sie sich erkannten als das Sein, Wissen, Fühlen. Sie machen nur einen Fehler: Sie halten das Innere für das Äußere und das Äußere für das Innere. Der Verstand und die Gefühle sind äußerlich, doch Sie halten sie für das Vertraute. Sie halten die Welt für objektiv, während sie vollkommen eine Projektion Ihrer Psyche ist. Dies ist die Basis Ihrer Verwirrung, und keine neue Explosion wird sie geraderücken. Sie müssen es selbst zu Ende denken. Es gibt keinen anderen Weg.

FRAGE: Wie soll ich es zu Ende denken, wenn meine Gedanken kommen und gehen, wie es ihnen paßt? Ihr endloses Geschwätz lenkt mich ab und erschöpft mich.

MAHARAJ: Beobachten Sie Ihre Gedanken, so wie Sie den Straßenverkehr beobachten. Menschen kommen und gehen, Sie registrieren sie, ohne zu reagieren. Am Anfang mag das vielleicht schwierig sein, doch mit einiger Übung werden Sie feststellen, daß Ihr Verstand auf vielen Ebenen zur gleichen Zeit funktionieren kann, und Sie können sich all dieser Ebenen gewahr sein. Nur wenn Sie ein aus der Erinnerung geborenes Interesse an einer bestimmten Ebene haben, erweckt es Ihre Aufmerksamkeit, und die anderen Ebenen bleiben unbeachtet. Doch auch dann, ohne daß Sie sich dessen bewußt sind, geschehen weiterhin Dinge auf diesen unbeachteten Ebenen. Kämpfen Sie nicht gegen Ihre Erinnerung und Ihre Gedanken, versuchen Sie nur, die wichtigeren Gedanken in das Blickfeld Ihrer Aufmerksamkeit zu rücken, wie zum Beispiel 'Wer bin ich?' 'Wie geschah es, daß ich geboren wurde?' 'Wie entstand das Universum um mich herum?' 'Was ist real, was ist momentan?' Erinnerung existiert nur solange, wie Sie an ihr interessiert sind. Es ist Ihre emotionale Bindung, die Ihr Gefangensein andauern läßt. Immer jagen Sie dem Vergnügen hinterher und versuchen, Schmerzen zu vermeiden. Immer suchen Sie das Glück und den Frieden. Sehen Sie nicht, daß es genau diese Suche nach dem Glück ist, die Sie unglücklich sein läßt? Versuchen Sie es andersherum, gleichgültig zu sein gegenüber Leiden und Vergnügen, sie weder zu suchen noch abzulehnen. Lenken Sie all Ihre Aufmerksamkeit auf die Ebenen, auf denen das 'Ich bin' immer präsent ist. Dann werden Sie bald erkennen, daß Friede und Glückseligkeit Ihre wahre Natur sind, und sie werden nur dadurch gestört, daß Sie versuchen, sie mit bestimmten Mitteln zu erreichen. Hören Sie auf, sie zu stören, das ist alles. Sie brauchen sie nicht zu suchen. Sie würden nicht suchen, was Sie bereits haben. Sie selbst sind Gott, die höchste Realität. Für den Anfang vertrauen Sie mir, vertrauen Sie dem Lehrer. Das ermöglicht Ihnen den ersten Schritt, der das Vertrauen durch Ihre eigene Erfahrung rechtfertigt. In jeder Lebenslage bedarf es eines anfänglichen Vertrauens, nichts kann ohne es passieren. Jede Tat ist ein Akt von Vertrauen. Sogar Ihr tägliches Brot essen Sie mit Vertrauen! Indem Sie sich an das erinnern, was ich gesagt habe, werden Sie alles erreichen. Und ich sage es Ihnen noch einmal: Sie sind die alles durchdringende, alles transzendierende Realität. Verhalten Sie sich entsprechend, denken, fühlen und handeln Sie in Harmonie mit dem Ganzen, und Ihre tatsächliche Erfahrung wird Ihnen in kürzester Zeit bestätigen, was ich Ihnen gesagt habe. Es bedarf keiner Anstrengung. Haben Sie Vertrauen, und handeln Sie entsprechend. Bitte sehen Sie, daß ich nichts von Ihnen will. Das, was ich sage, ist in Ihrem eigenen Interesse, denn mehr als alles andere lieben Sie sich selbst, Sie wollen für sich selbst Sicherheit und Glückseligkeit. Schämen Sie sich dessen nicht, leugnen Sie es nicht. Es ist natürlich und gut, sich selbst zu lieben. Doch sollten Sie genau wissen, was Sie lieben. Es ist nicht der Körper, den Sie lieben, es ist das Leben – Wahrnehmen, Fühlen, Denken, Handeln, Lieben, Streben, Erschaffen. Es ist dieses Leben, das Sie lieben, das Sie sind, das alles ist. Realisieren Sie dies vollkommen, jenseits aller Teilung und Begrenzung, und alle Ihre Begierden werden darin verschwinden, denn das Größere beinhaltet das Kleinere. Deshalb finden Sie sich selbst, denn in diesem Selbst finden Sie alles.

Jeder ist glücklich, zu sein. Doch nur wenige kennen die Fülle des Seins. Sie werden dies erfahren, indem Sie Ihren Verstand auf das 'Ich bin', 'Ich weiß', 'Ich liebe' konzentrieren und anstreben, den tiefsten Sinn dieser Worte zu erfassen.

FRAGE: Kann ich denken, 'Ich bin Gott'?

MAHARAJ: Identifizieren Sie sich nicht mit einer Idee. Wenn Sie mit Gott das Unbekannte bezeichnen, dann sagen Sie nur, 'Ich weiß nicht, was ich bin'. Wenn Sie Gott wie sich selbst kennen, brauchen Sie es nicht zu sagen. Am besten ist das einfache Gefühl 'Ich bin'. Verweilen Sie geduldig darin. Geduld ist in diesem Fall Weisheit. Denken Sie nicht darüber nach zu versagen, bei diesem Vorhaben gibt es kein Versagen.

FRAGE: Meine Gedanken lassen mich nicht.

MAHARAJ: Beachten Sie sie nicht. Bekämpfen Sie sie nicht. Tun Sie nichts mit ihnen, lassen Sie sie sein, welcher Art sie auch immer sein mögen. Daß Sie sie bekämpfen, gibt ihnen Leben. Ignorieren Sie, durchschauen Sie sie. Erinnern Sie sich: 'Was immer geschieht, geschieht, weil ich bin.' Alles erinnert Sie daran, daß Sie *sind*. Machen Sie vollen Gebrauch von der Tatsache, daß Ihr *Sein* die Voraussetzung für jede Erfahrung ist. Sie müssen nicht aufhören zu denken. Hören Sie nur auf, daran interessiert zu sein. Es ist das Desinteresse, das befreit. Halten Sie nicht fest, das ist alles. Die Welt besteht aus Ringen, die Haken sind von Ihnen gemacht. Begradigen Sie Ihre Haken, und nichts kann Sie festhalten. Geben Sie Ihre Abhängigkeiten auf, es gibt nichts anderes aufzugeben. Hören Sie mit Ihrer Habgier auf, Ihrer Gewohnheit, nach Ergebnissen zu suchen, und die Freiheit des Universums gehört Ihnen. Geben Sie Ihre Anstrengungen auf.

FRAGE: Das Leben ist anstrengend, es gibt so vieles zu tun.

MAHARAJ: Tun Sie, was getan werden muß. Wehren Sie sich nicht dagegen. Ihr Gleichgewicht muß dynamisch sein und darauf basieren, von Moment zu Moment die richtigen Dinge zu tun. Seien Sie nicht wie ein Kind, das nicht aufwachsen will. Starres und stereotypes Verhalten wird Ihnen nicht helfen. Vertrauen Sie voll und ganz auf die Klarheit Ihrer Gedanken, auf die Reinheit Ihrer Motive, die Ehrlichkeit Ihrer Taten. Dann können Sie nicht falsch handeln. Gehen Sie darüber hinaus, lassen Sie alles hinter sich.

FRAGE: Kann man alles endgültig hinter sich lassen?

MAHARAJ: Sie suchen Ekstase rund um die Uhr. Ekstasen kommen und gehen, zwangsläufig, denn der menschliche Verstand kann eine solche Spannnung nicht lange aushalten. Eine anhaltende Ekstase würde Ihr Gehirn ausbrennen, es sei denn, sie ist extrem rein und klar. In der Natur ist nichts in Ruhe, alles pulsiert, erscheint und vergeht. Herz, Atem, Verdauung, Schlafen und Wachen, Geburt und Tod, alles kommt und geht wie die Wellen. Rhythmen, Perioden, harmonischer Wechsel von Extremen ist die Regel. Es ist sinnlos, gegen die Struktur des Lebens anzulaufen. Wenn Sie das Unwandelbare suchen, dann gehen Sie über Erfahrungen hinaus. Wenn ich sage: 'Erinnern Sie sich immer an das 'Ich bin', dann meine ich, 'Kommen Sie immer wieder dahin zurück.' Kein bestimmter Gedanke kann der Normalzustand des Verstandes sein, nur die Stille - nicht die Vorstellung von Stille, sondern die Stille selbst. Wenn der Verstand in seinem natürlichen Zustand ist, dann kehrt er spontan nach jedem Ereignis zu dieser Stille zurück. Oder besser gesagt, jede Erfahrung geschieht vor dem Hintergrund der Stille.

Was Sie hier nun gelernt haben, wird zu einem Samenkorn. Sie mögen es scheinbar wieder vergessen, doch es wird weiterleben und wenn die Zeit reif ist, wird das Samenkorn aufgehen und Blüten und Früchte zum Vorschein bringen. Alles wird von selbst geschehen. Sie brauchen nichts zu tun, nur verhindern Sie es nicht.

Kapitel 23

Frage: Ich sehe Sie hier im Haus Ihres Sohnes sitzen und auf das Mittagessen warten. Ich frage mich, ob der Inhalt Ihres Bewußtseins dem meinen ähnlich ist, teilweise unterschiedlich oder vollkommen anders. Sind Sie so wie ich hungrig und durstig und warten mit Ungeduld darauf, daß das Essen serviert wird, oder sind Sie in einem vollkommen anderen Bewußtseinszustand?

Maharaj: An der Oberfläche gibt es nicht viele Unterschiede, doch in der Tiefe eine ganze Menge. Sie kennen sich nur durch Ihre Sinne und Ihren Verstand. Da Sie kein direktes Wissen von sich haben, glauben Sie zu sein, was man Ihnen suggeriert. Sie haben nur Ihre Vorstellungen, alle mittelmäßig, aus zweiter Hand, vom Hörensagen. Was immer Sie denken, daß Sie sind, halten Sie für die Wahrheit. Ihre Vorstellung, wahrnehmbar und beschreibbar zu sein, ist für Sie äußerst überzeugend.

Ich sehe, wie Sie sehen, höre, wie Sie hören, schmecke, wie Sie schmecken, esse, wie Sie essen. Ich verspüre genauso Durst und Hunger und erwarte, daß mein Essen pünktlich serviert wird. Wenn ich hungere oder krank werde, werden mein Körper und mein Verstand schwach. All dies nehme ich sehr deutlich wahr, doch irgendwie stecke ich nicht darin. Ich fühle mich, als schwebte ich darüber hinweg, unnahbar und losgelöst. Noch nicht einmal unnahbar und losgelöst. Da sind

Unnahbarkeit und Losgelöstheit, so wie Durst und Hunger da sind. Gleichzeitig ist da auch das Gewahrsein von all dem und ein Gefühl von unendlicher Ferne, so als ob sich der Körper und der Verstand und alles, was ihnen geschieht, irgendwo weit draußen am Horizont befinden. Ich bin wie eine Filmleinwand, klar und leer. Die Bilder bewegen sich darüber hinweg und verschwinden wieder und lassen die Leinwand so klar und sauber zurück wie vorher. Die Leinwand wird in keiner Weise von den Bildern beeinflußt noch beeinflußt die Leinwand die Bilder. Die Leinwand fängt die Bilder auf und reflektiert sie, sie formt sie nicht. Sie hat nichts mit den Filmrollen zu tun. Die sind, wie sie sind, ein Haufen von Schicksalen *(Prarabdha)*, doch nicht mein Schicksal. Es sind die Schicksale der Leute auf der Leinwand.

FRAGE: Sie wollen doch wohl nicht behaupten, daß die Menschen in dem Film ein Schicksal haben. Sie gehören in diese Geschichte, und es ist nicht ihre Geschichte.

MAHARAJ: Und wie ist das bei Ihnen? Formen Sie Ihr Leben, oder werden Sie vom Leben geformt?

FRAGE: Ja, das stimmt. Es entfaltet sich eine Lebensgeschichte, in der ich einer der Schauspieler bin. Außerhalb der Geschichte habe ich kein Sein, so wie die Geschichte kein Sein ohne mich hat. Ich bin nur einer der Charaktere, ich bin keine Person.

MAHARAJ: Dieser Charakter wird zu einer Person, wenn er beginnt, sein Leben zu formen und sich damit zu identifizieren, anstatt es so zu akzeptieren, wie es kommt.

FRAGE: Wenn ich Ihnen eine Frage stelle, und Sie antworten, was passiert dann genau?

MAHARAJ: Die Frage und die Antwort, beide erscheinen auf der Leinwand. Die Lippen bewegen sich, der Körper spricht, und dann ist die Leinwand wieder klar und leer.

FRAGE: Wenn Sie sagen, klar und leer, was meinen Sie damit?

MAHARAJ: Ich meine, bar jeglichen Inhalts. Für mich selbst

bin ich weder wahrnehmbar noch vorstellbar. Es gibt nichts, auf das ich deuten könnte und sagen: 'Das bin ich'. Sie identifizieren sich unglaublich leicht mit allem, für mich ist es unmöglich. Das Gefühl, 'Ich bin nicht dies oder das, noch ist irgend etwas mein', ist so stark in mir, daß ich, sobald eine Sache oder ein Gedanke auftaucht, sofort das Gefühl habe, das bin ich nicht.

FRAGE: Wollen Sie damit sagen, daß Sie Ihre Zeit damit verbringen, andauernd zu wiederholen, 'Dies bin ich nicht, das bin ich nicht'?

MAHARAJ: Selbstverständlich nicht. Ich verbalisiere es nur zu Ihrer Hilfe. Durch die Gnade meines *Guru*s realisierte ich ein für allemal, daß ich weder das Objekt noch das Subjekt bin, und ich brauche mich nicht mehr andauernd daran zu erinnern.

FRAGE: Es ist schwierig für mich zu begreifen, was Sie damit meinen, daß Sie weder das Objekt noch das Subjekt sind. In diesem Moment, während wir sprechen, bin ich da nicht das Objekt Ihrer Erfahrung und Sie sind das Subjekt?

MAHARAJ: Schauen Sie her, mein Daumen berührt den Zeigefinger. Beide berühren den anderen Finger und werden von ihm berührt. Wenn meine Aufmerksamkeit auf dem Daumen ist, ist der Daumen der Fühlende und der Zeigefinger das Selbst. Richten Sie die Aufmerksamkeit auf den Zeigefinger, und die Verhältnisse stellen sich auf den Kopf. Irgendwie habe ich festgestellt, daß ich durch die Veränderung meiner Aufmerksamkeit die Sache geworden bin, die ich anschaue und deren Bewußtsein erfahre. Ich werde zum inneren Beobachter dieser Sache. Ich nenne diese Fähigkeit, andere Hüllen des Bewußtseins zu betreten, Liebe. Sie können es nennen, wie Sie wollen. Die Liebe sagt, 'Ich bin alles'. Die Weisheit sagt, 'Ich bin nichts'. Zwischen diesen beiden fließt mein Leben. Da ich zu jeder Zeit und an jedem Ort das Subjekt so wie das Objekt der Erfahrung sein kann, drücke ich es dadurch aus, daß ich sage, ich bin beides und keines von beiden und jenseits von beiden.

FRAGE: Sie stellen all diese unglaublichen Behauptungen

über sich auf, wie kommen Sie dazu? Was meinen Sie damit, wenn Sie sagen, Sie sind jenseits von Raum und Zeit?

MAHARAJ: Sie fragen mich, und die Antwort kommt. Ich beobachte mich, ich beobachte die Antwort, und ich sehe keinen Widerspruch. Für mich ist es offensichtlich, daß ich Ihnen die Wahrheit sage. Es ist alles sehr einfach, Sie müssen mir nur vertrauen, daß ich absolut ernst meine, was ich sage. Wie ich Ihnen bereits erzählte, mein *Guru* zeigte mir meine wahre Natur und die wahre Natur der Welt. Nachdem ich erkannte, daß ich eins bin mit und doch jenseits der Welt, wurde ich frei von allem Verlangenen und allen Ängsten. Ich schlußfolgerte nicht, daß ich frei sein müßte, ich erkannte einfach, unerwartet und ohne jegliche Anstrengung, daß ich frei bin. Diese Freiheit von Wünschen und Ängsten ist seitdem bei mir geblieben. Etwas anderes, das ich wahrgenommen habe, ist, daß ich mich um nichts bemühen muß; die Tat folgt dem Gedanken ohne Verzögerung und Reibung. Ich habe auch erkannt, daß Gedanken sich selbst erfüllen, daß Dinge sich richtig und reibungslos zusammenfügen. Doch die Hauptveränderung geschah im Verstand; er wurde bewegungslos und still, augenblicklich auf Dinge reagierend, doch diese Reaktion nicht fortsetzend. Spontaneität wurde zur Lebensweise, die Realität wurde meine Natur, und das Natürliche wurde die Realität. Und über allem war unendliche Zuneigung, Liebe, dunkel und still, nach allen Seiten ausstrahlend, alles einschließend. Sie macht alles interessant, schön, wichtig und vielversprechend.

FRAGE: Es heißt, daß jemandem, der sein wahres Sein verwirklicht hat, verschiedene *Yoga*-Kräfte zur Verfügung stehen. Wie ist Ihre Erfahrung in dieser Hinsicht?

MAHARAJ: Der fünffache Körper (physisch, etc.) hat ein Kräftepotential, das über unsere wildesten Träume hinausgeht. Nicht nur das gesamte Universum spiegelt sich im Menschen wider, auch die Kräfte, das Universum zu kontrollieren, warten darauf, von ihm benutzt zu werden. Der Weise ist nicht gierig, diese Kräfte zu benutzen, außer, wenn eine Situation es erfordert. Für ihn sind die Fähigkeiten und Gaben der menschlichen Persönlichkeit für die Dinge des täglichen Lebens absolut ausreichend. Einige Kräfte können durch ein spezielles Training entwickelt werden, doch wer mit diesen Kräften protzt, ist immer noch gefangen. Der Weise betrachtet nichts als sein eigen. Wenn irgendwann und irgendwo jemandem ein Wunder zugeschrieben wird, wird er keinen ursächlichen Zusammenhang zwischen dem Ereignis und der Person konstruieren, noch wird er erlauben, daß irgendwelche Schlußfolgerungen daraus gezogen werden. Alles geschah, wie es geschah, weil es so geschehen mußte. Alles geschieht, wie es geschieht, weil das Universum so ist, wie es ist.

FRAGE: Das Universum scheint kein sehr glücklicher Ort zum Leben zu sein, warum gibt es soviel Leiden?

MAHARAJ: Schmerzen sind physisch, Leiden ist mental. Jenseits des Verstandes gibt es keine Leiden. Schmerz ist nur ein Signal des Körpers, daß er in Gefahr ist und Aufmerksamkeit benötigt. Genauso warnt uns das Leiden, daß die Struktur unserer Erinnerungen und Gewohnheiten, die wir die Person *(Vyakti)* nennen, von Verlust oder Veränderung bedroht ist. Schmerz ist essentiell für das Überleben des Körpers, doch nichts zwingt uns zu leiden. Schmerz entsteht allein aus Festhalten oder Gegenwehr; er ist ein Zeichen unserer Unwilligkeit weiterzugehen, mit dem Leben zu fließen.

So wie ein gesundes Leben frei von Schmerzen ist, so ist ein heiliges Leben frei von Leiden.

FRAGE: Niemand hat mehr gelitten als die Heiligen.

MAHARAJ: Haben sie Ihnen das erzählt, oder behaupten Sie das? Die Essenz von Heiligsein ist das totale Akzeptieren des augenblicklichen Moments, Harmonie mit den Dingen, so wie sie geschehen. Ein Heiliger will die Geschehnisse nicht anders haben als sie sind, er weiß, daß sie unter den gegebenen Voraussetzungen unvermeidlich sind. Er heißt das Unvermeidliche willkommen, und deshalb leidet er nicht. Er mag den Schmerz kennen, aber er erschüttert ihn nicht. Er tut, was in seinen Kräften steht, um das verlorene Gleichgewicht wieder herzustellen, ansonsten läßt er die Dinge ihren Lauf nehmen.

FRAGE: Er könnte sterben.

MAHARAJ: Na und? Was gewinnt er dadurch, daß er weiterlebt, und was verliert er, wenn er stirbt? Was geboren wurde, muß sterben, was niemals geboren wurde, kann nicht sterben. Es hängt einzig und allein davon ab, was er glaubt zu sein.

FRAGE: Stellen Sie sich vor, Sie sind todkrank. Würden Sie es nicht bedauern und sich wehren?

MAHARAJ: Ich bin doch schon längst tot, oder besser gesagt: weder tot noch lebendig. Sie sehen meinen Körper sich in der üblichen Weise verhalten, und Sie ziehen daraus Ihre Schlußfolgerungen. Sie wollen nicht zugeben, daß Ihre Schlußfolgerungen nur für Sie bindend sind. Erkennen Sie, daß die Vorstellung, die Sie von mir haben, vielleicht vollkommen falsch ist. Auch die Vorstellung, die Sie von sich selbst haben, ist falsch. Doch das ist Ihr Problem. Sie brauchen nicht für mich Probleme zu konstruieren und mich dann nach den Lösungen zu fragen, ich erschaffe weder Probleme noch löse ich sie.

Kapitel 24

FRAGE: Wenn man Sie nach einem Weg zur Selbstverwirklichung fragt, betonen Sie unweigerlich die Wichtigkeit, den Verstand bei dem Gefühl 'Ich bin' verweilen zu lassen. Wo ist der ursächliche Zusammenhang? Warum sollte aus diesem bestimmten Gedanken Selbstverwirklichung resultieren? Wie beeinflußt mich die Betrachtung des 'Ich bin'?

MAHARAJ: Allein die Tatsache der Beobachtung verändert den Beobachter und das Beobachtete. Was die Einsicht in unsere wahre Natur verhindert, sind vor allem die Schwäche und Beschränktheit des Verstandes und seine Tendenz, das Feine zu übergehen und sich nur auf das Grobe zu konzentrieren. Wenn Sie meiner Anweisung folgen und versuchen, Ihren Verstand auf das 'Ich bin' zu konzentrieren, dann werden Sie sich Ihres Verstandes und seiner Launen gewahr werden. Gewahrsein, klare Harmonie *(Sattva)* in Aktion lösen die Dumpfheit des Verstandes auf, dämpfen seine Unruhe und verändern sanft, doch zuverlässig seine Substanz. Diese Veränderung braucht nicht spektakulär zu sein, vielleicht ist sie kaum wahrnehmbar, und doch ist es eine tiefe und fundamentale Veränderung von der Dunkelheit zum Licht, von der Unaufmerksamkeit zum Gewahrsein.

FRAGE: Kann das nur durch die Formel 'Ich bin' geschehen? Kann man nicht jeden anderen Satz nehmen? Wenn ich mich auf: 'Dort steht ein Tisch' konzentriere, wird mich das nicht zum selben Ergebnis führen?

MAHARAJ: Als Konzentrationsübung, ja, aber es wird Sie nicht über die Vorstellung eines Tisches hinausbringen. Sie sind nicht an Tischen interessiert, Sie wollen sich selbst erkennen. Dafür müssen Sie den einzigen Anhaltspunkt, den Sie haben, als zentralen Punkt in Ihrem Bewußtsein behalten: die Gewißheit Ihres Seins. Seien Sie, spielen Sie damit, grübeln Sie darüber nach, tauchen Sie tief in es hinein, bis sich der Mantel der Ignoranz lüftet und Sie in die Sphären der Realität eintauchen.

FRAGE: Gibt es einen ursächlichen Zusammenhang zwischen meiner Konzentration auf das 'Ich bin' und dem Lüften des Mantels?

MAHARAJ: Die Sehnsucht, sich selbst zu finden, ist ein Zeichen, daß Sie bereit werden. Der Impuls kommt immer von innen. Bevor Ihre Zeit gekommen ist, werden Sie weder das Bedürfnis noch die Kraft haben, sich mit ganzem Herzen auf den Weg der Selbsterkenntnis zu machen.

FRAGE: Ist nicht die Gnade des *Guru*s für den Wunsch und dessen Erfüllung verantwortlich? Ist nicht die Ausstrahlung des Gesichtes des *Guru*s der Köder, auf den wir anbeißen und dadurch aus dem Morast unserer Leiden gezogen werden?

MAHARAJ: Es ist der innere *Guru (Sadguru)*, der Sie zum äußeren *Guru* bringt, so wie eine Mutter ihr Kind zum Lehrer bringt. Vertrauen und gehorchen Sie Ihrem *Guru*, denn er ist der Bote Ihres wahren Selbst.

FRAGE: Wie finde ich einen *Guru*, dem ich vertrauen kann?

MAHARAJ: Ihr eigenes Herz wird Sie leiten. Es ist nicht schwierig, einen *Guru* zu finden, denn der *Guru* ist auf der Suche nach Ihnen. Der *Guru* ist immer bereit, Sie nicht. Sie müssen bereit sein zu lernen, sonst treffen Sie vielleicht Ihren *Guru* und verpassen durch schiere Unaufmerksamkeit oder Starrsinn Ihre Chance. Nehmen Sie mein Beispiel: An mir gab es nichts Vielversprechendes, doch als ich meinen *Guru* traf, hörte ich ihm zu, vertraute ihm und gehorchte.

Frage: Muß ich nicht erst den Lehrer prüfen, bevor ich mich ganz in seine Hände gebe?

Maharaj: Prüfen Sie ihn auf jeden Fall! Doch was können Sie herausfinden? Nur, wie er Ihnen auf Ihrer eigenen Ebene erscheint.

Frage: Ich werde beobachten, ob er beständig ist, ob sein Leben in Harmonie mit seinen Lehren ist.

Maharaj: Vielleicht finden Sie eine Menge Disharmonie, na und? Das beweist gar nichts. Es kommt nur auf die Motive an, und woher wollen Sie seine Motive kennen?

Frage: Ich erwarte zumindest Selbstkontrolle von ihm und daß er ein rechtschaffenes Leben führt.

Maharaj: Solche Menschen können Sie viele finden, und sie nutzen Ihnen gar nichts. Ein *Guru* kann Ihnen den Weg zurück nach Hause zeigen, zu Ihrem wirklichen Selbst. Was hat das damit zu tun, was für einen Charakter oder ein Temperament die Person hat, die er zu sein scheint? Sagt er Ihnen nicht ganz klar, daß er nicht die Person ist? Die einzige Möglichkeit, ihn zu beurteilen, ist die Veränderung, die Sie in sich selbst beobachten können, wenn Sie in seiner Gesellschaft sind. Wenn Sie mehr in Frieden und glücklicher sind, wenn Sie sich selbst mit mehr als der üblichen Klarheit und Tiefe sehen können, dann haben Sie den richtigen Menschen gefunden. Lassen Sie sich Zeit, doch wenn Sie sich einmal entschieden haben, ihm zu vertrauen, dann vertrauen Sie ihm absolut, und befolgen Sie jede seiner Anweisungen mit aller Kraft und allem Vertrauen. Es macht nicht viel aus, wenn Sie ihn nicht als Ihren *Guru* akzeptieren und schon mit seiner Gesellschaft zufrieden sind. *Satsang* allein kann Sie auch an Ihr Ziel bringen, vorausgesetzt, sie ist ungetrübt und ungestört. Doch wenn Sie einmal jemanden als Ihren *Guru* akzeptiert haben, dann hören Sie aufmerksam zu, erinneren Sie sich und gehorchen Sie. Halbherzigkeit ist ein ernsthaftes Hindernis und die Ursache von vielen selbsterzeugten Leiden. Es ist niemals des *Guru*s Fehler, es ist immer die Beschränktheit und Sturheit der Lehre.

Frage: Entläßt der *Guru* einen Schüler oder erklärt ihn für unfähig?

MAHARAJ: Er wäre kein *Guru*, wenn er es täte! Er nimmt sich Zeit und wartet, bis der Schüler geläutert und geklärt in einer zugänglicheren Verfassung zu ihm zurückkehrt.

FRAGE: Was ist das Motiv, warum gibt sich der *Guru* so viel Mühe?

MAHARAJ: Leiden und das Leid zu beenden. Er sieht die Menschen in ihren Träumen leiden, und er möchte, daß sie aufwachen. Liebe kann Schmerz und Leid nicht tolerieren. Die Geduld des *Guru*s ist grenzenlos und kann nicht besiegt werden. Der *Guru* versagt nie.

FRAGE: Ist der erste *Guru* auch mein letzter, oder muß ich von einem zum anderen wandern?

MAHARAJ: Das gesamte Universum ist Ihr *Guru*, von allem können Sie lernen, wenn Sie wach und intelligent sind. Wäre Ihr Verstand klar und Ihr Herz rein, Sie würden von jedem Vorbeigehenden lernen. Es ist Ihre Trägheit oder Rastlosigkeit, die Ihr inneres Selbst sich durch einen äußeren *Guru* manifestieren läßt, und dem Sie vertrauen und gehorchen.

FRAGE: Ist ein *Guru* unentbehrlich?

MAHARAJ: Das ist wie die Frage: 'Ist eine Mutter unentbehrlich?' Um Ihr Bewußtsein in eine höhere Dimension aufsteigen zu lassen, brauchen Sie Hilfe. Diese Hilfe muß nicht immer die Form eines Menschen annehmen, es mag eine subtile Präsenz sein oder ein Funke von Intuition, doch Hilfe brauchen Sie. Das innere Selbst beobachtet und wartet, daß der Sohn zu seinem Vater zurückkommt. Zum richtigen Zeitpunkt wird es alles liebevoll und sinnvoll vorbereiten. Wo ein Bote notwendig ist, oder ein Führer, sendet es einen *Guru*, um das Nötige geschehen zu lassen.

FRAGE: Eines kann ich nicht verstehen. Sie sprechen über das innere Selbst als weise, gut und schön und in jeder Weise vollkommen und über die Person als eine reine Reflexion ohne eigene Substanz. Andererseits geben Sie sich soviel Mühe, der Person zu helfen, sich selbst zu erkennen. Wenn die

Person so unwichtig ist, wozu sich dann um ihr Wohlergehen kümmern? Wer kümmert sich um einen Schatten?

MAHARAJ: Sie bringen Dualität ins Spiel, wo es keine gibt. Es gibt den Körper, und es gibt das Selbst. Zwischen den beiden ist der Verstand, in dem das Selbst als das 'Ich bin' reflektiert wird. Durch die Unvollkommenheit, Unbeholfenheit, Ruhelosigkeit, mangelnde Erkenntnis und Einsicht des Verstandes hält es sich für den Körper und nicht für das Selbst. Der Verstand braucht nur geläutert zu werden, damit er seine Identität mit dem Selbst wahrnehmen kann. Wenn sich der Verstand im Selbst auflöst, dann verursacht der Körper keine Probleme mehr. Er bleibt, was er ist: ein Instrument des Erkennens und des Handelns, das Werkzeug und der Ausdruck des inneren kreativen Feuers. Der höchste Wert des Körpers liegt darin, ein Instrument zu sein, um den kosmischen Körper zu entdekken, welcher das Universum in seiner Gesamtheit ist.

Wenn Sie Ihr Selbst durch die Manifestation verwirklichen werden Sie entdecken, daß Sie unendlich mehr sind, als Sie sich je vorgestellt haben.

FRAGE: Gibt es kein Ende bei der Selbstentdeckung?

MAHARAJ: Da es keinen Anfang gibt, gibt es auch kein Ende. Doch ich habe durch die Gnade meines *Guru*s erkannt, daß ich nichts bin, auf das man deuten könnte. Ich bin weder 'dies' noch 'das', das steht felsenfest.

FRAGE: Wo bleibt da die niemals endende Selbstentdekkung, die endlose Transzendierung in neue Dimensionen?

MAHARAJ: Dies gehört alles in den Bereich der Manifestation. Es liegt in der Struktur des Universums, daß das Höhere nur durch die Freiheit vom Niedrigeren erreicht werden kann.

FRAGE: Was ist das Niedrigere, und was ist das Höhere?

MAHARAJ: Betrachten Sie es auf der Ebene von Gewahrsein. Weiteres und tieferes Bewußtsein ist höher. Alles Leben arbeitet für den Schutz, die Fortdauer und die Erweiterung des Bewußtseins. Das ist der einzige Sinn und Zweck dieser Welt. Es ist die wirkliche Essenz von *Yoga*, die Ebenen des Bewußtseins immer mehr zu erweitern, neue Dimensionen zu entdekken mit ihren Eigenheiten, Qualitäten und Kräften. In diesem Sinne wird das gesamte Universum eine Schule des *Yoga (Yogakshetra)*.

Frage: Ist Vollkommenheit die Bestimmung aller menschlichen Wesen?

Maharaj: Letztlich aller lebenden Wesen. Die Möglichkeit wird zur Gewißheit, wenn der Verstand von der Erleuchtung erfährt. Hat ein Lebewesen erst einmal von dieser Möglichkeit gehört und verstanden, daß die Befreiung innerhalb seiner Reichweite liegt, wird es dies niemals mehr vergessen, denn es ist die erste Botschaft von innen. Sie wird Wurzeln schlagen und wachsen und im Laufe der Zeit die gesegnete Gestalt eines *Guru*s annehmen.

Frage: Das heißt, es geht nur um die Erlösung des Verstandes.

Maharaj: Was sonst? Der Verstand gerät auf Abwege, der Verstand kehrt heim. Das Wort 'auf Abwege geraten' ist noch nicht einmal richtig. Der Verstand muß sich in jeder Situation kennen. Nichts ist ein Fehler, bis er wiederholt wird.

Kapitel 25

FRAGE: Ich bin pensionierter Buchhalter, und meine Frau betätigt sich als Sozialarbeiterin für arme Frauen. Unser Sohn ist auf dem Weg nach Amerika, und wir sind gekommen, um uns von ihm zu verabschieden. Wir sind *Panjabis*, doch wir leben in Delhi. Wir haben einen *Guru* des *Radha-Soami*-Glaubens, und *Satsang* bedeutet uns sehr viel. Wir schätzen uns sehr glücklich, daß wir hierher kommen durften. Wir haben sehr viele Heilige getroffen, und wir sind glücklich, noch einen weiteren besuchen zu dürfen.

MAHARAJ: Ihr habt viele Eremiten und Asketen getroffen, doch einen Verwirklichten, der sich seiner Göttlichkeit *(Swarupa)* voll bewußt ist, werdet ihr nicht oft finden. Die Heiligen und *Yogis* haben durch immense Anstrengungen und Opfer manche wundersamen Kräfte erworben und können viel Gutes tun, indem sie Menschen helfen und ihren Glauben stärken, doch das macht sie nicht vollkommen. Es ist kein Weg zur Realität, sondern nur eine Bereicherung der Illusionen. Alle Anstrengungen führen zu noch mehr Anstrengungen. Was immer aufgebaut wurde, muß instand gehalten werden, was immer erworben wurde, muß gegen Verfall oder Verlust geschützt werden. Was immer verloren werden kann, ist nicht wirklich Ihr eigen, und wozu kann Ihnen etwas nützen, das nicht Ihnen gehört? In meiner Welt wird nichts hin- und hergeschoben, alles passiert von allein. Jegliche Existenz ist in

Raum und Zeit, begrenzt und vergänglich. Derjenige, der die Existenz erfährt, ist auch begrenzt und vergänglich. Ich kümmere mich nicht darum, 'was existiert' oder 'wer existiert'. Mein Standpunkt ist jenseits davon, wo ich beides und keines von beiden bin.

Die Personen, die durch große Anstrengungen und Entbehrungen ihre Ambitionen erfüllt haben und höhere Ebenen ihrer Erfahrungen und Handlungen erreicht haben, sind sich meistens sehr stark ihrer Position bewußt. Sie teilen Menschen in Hierarchien ein, vom niedrigsten Nichtsnutz bis zum höchst Erfolgreichen. Für mich sind alle gleich, es gibt Unterschiede in der Erscheinung und im Ausdruck, aber sie zählen nicht. So wie die Form eines Schmuckstückes das Gold nicht beeinträchtigt, so bleibt des Menschen wahres Wesen unbeeinflußt. Wo dieses Gefühl von Gleichheit fehlt, wurde die Realität noch nicht berührt.

Bloßes Wissen genügt nicht, der Erkennende muß erkannt werden. Die *Pandits* und *Yogi*s mögen viele Dinge wissen, doch wozu ist bloßes Wissen gut, wenn man das Selbst nicht kennt? Solches Wissen wird mit Sicherheit mißbraucht werden. Ohne die Erkenntnis des Erkennenden gibt es keinen Frieden.

Frage: Wie erkenne ich den Erkennenden?

Maharaj: Ich kann Ihnen nur von meiner eigenen Erfahrung erzählen. Als ich meinen *Guru* traf, sagte er mir: 'Sie sind nicht, was Sie glauben zu sein. Finden Sie heraus, was Sie sind. Beobachten Sie das Gefühl 'Ich bin', finden Sie Ihr wahres Selbst.' Ich vertraute und gehorche ihn und tat, was er mir sagte. All meine freie Zeit verwendete ich dafür, mich selbst in Stille zu beobachten. Das brachte in kürzester Zeit eine unglaubliche Veränderung. Ich brauchte nur drei Jahre, um meine wahre Natur zu erkennen. Mein *Guru* starb sehr bald, nachdem ich ihn getroffen hatte, doch das machte keinen Unterschied. Ich erinnerte mich beharrlich seiner Worte, und die Früchte davon sind hier bei mir.

Frage: Welches sind diese Früchte?

Maharaj: Ich kenne mich selbst, wie ich in Wirklichkeit bin. Ich bin weder der Körper noch der Verstand noch die mentalen Fähigkeiten. Ich bin jenseits von all diesen.

FRAGE: Sind Sie einfach nichts?

MAHARAJ: Jetzt seien Sie mal vernünftig. Selbstverständlich bin ich, sogar sehr greifbar. Ich bin nur nicht das, wofür Sie mich halten. Das sagt Ihnen alles.

FRAGE: Es sagt mir gar nichts.

MAHARAJ: Weil es nicht ausgesprochen werden kann. Sie müssen Ihre eigene Erfahrung machen. Sie sind gewohnt, mit physischen und mentalen Dingen umzugehen, ich bin kein Ding, und auch Sie sind keins. Wir sind weder Materie noch Energie, weder Körper noch Verstand. Wenn Sie eine Ahnung von diesem wirklichen Sein bekommen haben, wird es Ihnen nicht schwerfallen, mich zu verstehen.

Wir glauben an so vieles vom Hörensagen. Wir glauben an ferne Länder und Völker, an Himmel und Hölle, an Götter und Göttinnen, nur weil man es uns erzählt. Genauso hat man uns über uns selbst, unsere Eltern, Namen, Stand, Pflichten usw. erzählt. Wir haben diese Dinge nie untersucht. Der Weg zur Wahrheit liegt in der Zerstörung des Falschen. Um das Falsche zu zerstören, müssen Sie Ihre tief verwurzelten Vorstellungen in Frage stellen. Von all diesen Vorstellungen ist die schlimmste, daß Sie der Körper sind. Mit dem Körper erscheint die Welt, mit der Welt Gott, der angeblich diese Welt erschaffen hat, und damit fängt es an: Ängste, Religionen, Gebete, Opfer, alle Arten von Systemen und all dies nur, um diesen Kind-Mann zu beschützen und zu erhalten, der zu Tode geängstigt ist von den Monstern, die er selbst geschaffen hat. Erkennen Sie, daß das, was Sie sind, nicht geboren wurde oder sterben kann, und mit dieser Angst endet auch alles Leiden.

Was der Verstand erfunden hat, zerstört der Verstand. Doch die Realität ist keine Erfindung und kann auch nicht zerstört werden. Halten Sie sich an das, über das der Verstand keine Gewalt hat. Was ich Ihnen erzähle, kommt weder aus der Vergangenheit noch liegt es in der Zukunft noch ist es im Fluß des täglichen Lebens. Es ist zeitlos, und diese Zeitlosigkeit ist jenseits des Verstandes. Die Worte meines *Gurus* 'Sie sind ich selbst' sind zeitlos mit mir. Am Anfang mußte ich meinen Verstand auf sie fixieren, doch nun ist es natürlich und einfach geworden. Der Punkt, an dem der Verstand die Worte des *Gurus* als wahr erkennt und ihnen entsprechend spontan und in jedem Detail seines täglichen Lebens lebt, ist die Schwelle der Verwirklichung. In gewisser Weise ist es eine Erlösung durch Vertrauen, doch muß das Vertrauen stark und beständig sein.

Sie dürfen jedoch nicht glauben, daß das Vertrauen allein genügt. Vertrauen, das sich in Taten ausdrückt, ist ein sicheres Mittel zur Verwirklichung. Von allen Möglichkeiten ist es die effektivste. Es gibt Lehrer, die den Glauben ablehnen und nur der Vernunft trauen. Doch tatsächlich lehnen sie nicht das Vertrauen ab, sondern nur den blinden Glauben. Vertrauen ist nicht blind, es ist nur die Bereitschaft zum Versuch.

FRAGE: Man hat uns erzählt, daß von allen spirituellen Praktiken die des Beobachters die effektivste ist. Wie verhält sich das zum Vertrauen?

MAHARAJ: Die Haltung eines Beobachters beruht auch auf Vertrauen, das Vertrauen in sich selbst. Sie glauben, daß Sie nicht das sind, was Sie erfahren, und Sie betrachten alles mit einer gewissen Distanz. Dieses Beobachten geschieht ohne jegliche Mühe. Sie verstehen, daß Sie nur der Beobachter sind, und dieses Verständnis arbeitet. Sie brauchen nichts anderes, außer sich daran zu erinnern, daß Sie nur der Beobachter sind. Wenn Sie sich in diesem Zustand des Beobachtens fragen, 'Wer bin ich?', kommt sofort die Antwort, obwohl sie wortlos und schweigend ist. Hören Sie auf, das Objekt zu sein, und werden Sie das Subjekt all dessen, was passiert. Haben Sie sich einmal nach innen gewandt, werden Sie herausfinden, daß Sie jenseits aller Subjekte sind. Wenn Sie sich selbst gefunden haben, werden Sie herausfinden, daß Sie auch jenseits der Objekte sind, daß beide, das Subjekt und das Objekt, nur in Ihnen existieren, doch Sie sind keines von beiden.

FRAGE: Sie sprechen über den Verstand, über das beobachtende Bewußtsein jenseits des Verstandes und über das

Höchste, das jenseits von Gewahrseins ist. Wollen Sie damit sagen, daß auch Gewahrsein nicht real ist?

MAHARAJ: Solange Sie in Begriffen von real und unreal denken, ist Gewahrsein die einzige Realität, die es gibt. Doch das Höchste ist jenseits aller Unterscheidungen, und Begriffe wie 'real' sind nicht zutreffend, denn im Höchsten ist alles real und muß deshalb auch nicht benannt werden. Es ist die absolute Quelle der Realität. Was immer davon berührt wird, wird zur Realität. Es kann einfach nicht durch Worte vermittelt werden. Sogar eine direkte Erfahrung, wie erhaben sie auch sein mag, legt nur ein Zeugnis für die Realität ab, nicht mehr.

FRAGE: Doch wer erschafft die Welt?

MAHARAJ: Das universelle Bewußtsein *(Chidakash)* erschafft und löst alles auf. Das Höchste *(Paramakash)* gibt allem, was erscheint, Realität. Es die universelle Liebe zu nennen, ist wohl die genaueste Beschreibung, die man in Worten geben kann. So wie die Liebe macht es alles real, schön, begehrenswert.

FRAGE: Warum begehrenswert?

MAHARAJ: Warum nicht? Woher kommt diese starke Anziehungskraft, die alle erschaffenen Dinge auf einander reagieren läßt, die Menschen zusammenbringt, wenn nicht vom Höchsten? Lehnen Sie nicht das Verlangen als solches ab, achten Sie nur darauf, daß es in die richtigen Kanäle fließt. Ohne Verlangen sind Sie tot, doch mit kleinlichen Wünschen sind Sie nur ein Gespenst.

FRAGE: Welche Erfahrung kommt dem Höchsten am nächsten?

MAHARAJ: Unendlicher Friede und grenzenlose Liebe. Verstehen Sie, daß alles, was wahr, edel und schön ist im Universum, von Ihnen kommt, Sie selbst sind die Quelle. Die Götter und Göttinnen, die die Welt regieren, mögen wundervolle und herrliche Wesen sein, und doch sind sie nur die prächtig herausgeputzten Diener, die die Kraft und den Reichtum ihres Herrn verkünden.

FRAGE: Wie erreicht man diesen höchsten Zustand?

MAHARAJ: Indem Sie alle niedrigen Wünsche aufgeben. Solange Sie mit dem Niedrigeren zufrieden sind, können Sie nicht das Höchste haben. Was immer Ihnen gefällt, hält Sie zurück. Sie haben noch nicht einmal den ersten Schritt getan, solange Sie nicht verstanden haben, daß alles unbefriedigend, vergänglich und begrenzt ist und Sie Ihre Kräfte für dieses eine große Sehnen sammeln. Andererseits ist die Reinheit Ihres Wunsches nach dem Höchsten bereits ein Ausdruck des Höchsten selbst. Nichts Physisches oder Mentales kann Ihnen Frieden geben. Wenn Sie einmal verstanden haben, daß Sie selbst Ihr Gefangensein erzeugen und aufhören, Ihre Ketten zu schmieden, sind Sie frei.

FRAGE: Wie findet man das Vertrauen in einen *Guru*?

MAHARAJ: Es ist ein seltenes Glück, einen *Guru* zu finden und ihm zu vertrauen. Es geschieht nicht sehr oft.

FRAGE: Wird dies vom Schicksal bestimmt?

MAHARAJ: Es Schicksal zu nennen, hilft Ihnen nicht weiter. Wenn es geschieht, können Sie nicht erklären, warum. Es *Karma* oder Gnade oder den Willen Gottes zu nennen, verdeckt nur Ihre Ignoranz.

FRAGE: *Krishnamurti* sagt, daß man keinen *Guru* braucht.

MAHARAJ: Jemand muß Ihnen von der höchsten Realität und dem Weg dahin erzählen. *Krishnamurti* tut auch nichts anderes. In gewisser Weise hat er recht. Die meisten der sogenannten Schüler trauen ihren *Guru*s nicht, sie gehorchen ihnen nicht, und irgendwann geben sie sie auf. Für solche Schüler wäre es unendlich besser gewesen, sie hätten keinen *Guru* und ließen sich von ihrem Inneren leiten. Einen lebenden *Guru* zu finden, ist ein seltenes Glück und eine große Verantwortung. Man sollte mit diesen Sachen nicht zu leichtfertig umgehen. Ihr Menschen seid darauf aus, das Himmelreich zu kaufen und glaubt, daß der *Guru* es für einen bestimmten Preis liefert. Ihr wollt einen Gelegenheitskauf machen, indem ihr wenig bietet, doch viel fordert. Ihr betrügt niemanden außer Euch selbst.

FRAGE: Ihr *Guru* erzählte Ihnen, daß Sie das Höchste sind, Sie vertrauten ihm und handelten entsprechend. Was gab Ihnen dieses Vertrauen?

MAHARAJ: Man könnte sagen, daß ich einfach vernünftig war. Es wäre dumm gewesen, ihm zu mißtrauen. Was für ein Interesse hätte er möglicherweise haben können, mich irrezuleiten?

FRAGE: Sie haben jemandem auf seine Frage geantwortet, daß wir alle gleich sind. Ich kann das nicht glauben, und da ich es nicht glaube, was nutzt mir Ihre Behauptung?

MAHARAJ: Ihr Mißtrauen ist unwichtig. Meine Worte sind wahr, und sie werden ihre Wirkung haben. Das ist das Wunderbare an edlen Freundschaften *(Satsang)*.

FRAGE: Nur in Ihrer Nähe zu sitzen, kann man das spirituelle Praktiken nennen?

MAHARAJ: Selbstverständlich. Der Fluß des Lebens fließt kontinuierlich. Ein Teil seines Wasser ist hier, wenn auch sehr viel schon sein Ziel erreicht hat. Sie kennen nur die Gegenwart, ich sehe viel weiter, in die Vergangenheit und Zukunft, in das, was Sie sind, und was Sie sein können. Ich kann nicht anders, als Sie wie mich selbst zu sehen. Es liegt einfach im Wesen der Liebe, keinen Unterschied zu sehen.

FRAGE: Wie komme ich dahin, daß ich mich so sehe, wie Sie mich sehen?

MAHARAJ: Es reicht völlig aus, wenn Sie nicht glauben, der Körper zu sein. Es ist diese Vorstellung von 'Ich bin der Körper', die so katastrophal ist. Sie macht Sie Ihrer wahren Natur gegenüber völlig blind. Glauben Sie auch nicht nur für einen Moment, daß Sie der Körper sind. Geben Sie sich keinen Namen, keine Form. In Dunkelheit und Stille finden Sie die Realität.

FRAGE: Brauche ich nicht einige Überzeugung, um zu glauben, daß ich nicht der Körper bin? Woher soll ich diese Überzeugung nehmen?

MAHARAJ: Verhalten Sie sich, als wären Sie völlig überzeugt, und das Vertrauen wird wachsen. Was nutzen bloße Worte? Eine Formel oder ein Gedankengerüst können Ihnen nicht helfen. Doch selbstloses Handeln, frei von allen Sorgen um den Körper und seine Bedürfnisse, wird Sie genau in das Herz der Realität bringen.

FRAGE: Woher nehme ich den Mut, ohne Überzeugung zu handeln?

MAHARAJ: Die Liebe wird Ihnen Mut machen. Wenn Sie jemanden treffen, der wirklich bewundernswert, liebenswert, erhaben ist, dann wird Ihre Liebe und die Bewunderung in Ihnen das Bedürfnis erwecken, aufrichtig zu handeln.

FRAGE: Nicht jeder erkennt das Bewundernswerte als bewundernswert. Die meisten Menschen sind vollkommen stumpf.

Maharaj: Das Leben wird ihr Verständnis erwecken. Das bloße Gewicht gesammelter Erfahrungen wird ihnen Augen geben zu sehen. Wenn Sie einen wertvollen Menschen treffen, werden Sie ihn lieben, ihm vertrauen und seinen Anweisungen folgen. Dies ist die Aufgabe der Verwirklichten, ein Beispiel der Vollkommenheit zu sein, das andere bewundern und lieben können. Die Schönheit eines Lebens und eines Charakters ist ein gewaltiger Beitrag zum Gemeinwohl.

FRAGE: Müssen wir nicht leiden, um zu wachsen?

MAHARAJ: Es genügt zu wissen, daß es Leiden gibt, daß die Welt leidet. Von selbst führen weder Freude noch Leid zur Erleuchtung, nur das Verstehen. Wenn Sie einmal diese Wahrheit erkannt haben, daß die Welt voller Leiden ist, daß es ein Unglück ist, geboren worden zu sein, dann werden Sie das Bedürfnis und auch die Energie haben, darüber hinauszugehen. Vergnügen wiegt Sie in den Schlaf, und der Schmerz weckt Sie wieder auf. Wenn Sie nicht leiden wollen, dann schlafen Sie nicht ein. Nur durch Glückseligkeit allein können Sie sich nicht kennenlernen, denn die Glückseligkeit ist Ihre wahre Natur. Sie müssen sich dem Gegenteil stellen, dem, was Sie nicht sind, um Erleuchtung zu finden.

Kapitel 26

MAHARAJ: Woher kommen Sie? Warum sind Sie hierhergekommen?

FRAGE: Ich bin aus Amerika, und mein Freund ist aus Irland. Ich bin seit ungefähr 6 Monaten hier und von *Ashram* zu *Ashram* gezogen. Mein Freund kam allein.

MAHARAJ: Was haben Sie erlebt?

FRAGE: Ich war im *Sri-Ramana Ashram* und in *Rishikesh*. Können Sie mir sagen, was Sie von *Sri Ramana Maharshi* halten?

MAHARAJ: Wir sind beide in demselben uralten Zustand. Doch was wissen Sie von *Maharshi*? Sie glauben, ein Name und ein Körper zu sein, daher nehmen Sie auch nur Namen und Körper wahr.

FRAGE: Was würde geschehen, wenn Sie *Maharshi* treffen würden?

MAHARAJ: Wir wären wahrscheinlich recht glücklich und würden vielleicht sogar ein paar Worte wechseln.

FRAGE: Würde er Sie als einen befreiten Menschen erkennen?

MAHARAJ: Selbstverständlich, so wie ein Mann einen Mann erkennt, so erkennt ein *Gnani* einen *Gnani*. Was Sie nicht kennen, wissen Sie auch nicht zu schätzen. Sie sind, was Sie glauben zu sein, doch was Sie nie erfahren haben, können Sie sich auch nicht vorstellen zu sein.

FRAGE: Wenn ich Ingenieur werden will, muß ich ein Ingenieurstudium absolvieren. Wenn ich Gott werden will, was muß ich dann lernen?

MAHARAJ: Sie müssen alles ent-lernen. Gott ist das Ende allen Wissens und Wünschens.

FRAGE: Wollen Sie etwa behaupten, daß ich Gott werde, nur indem ich aufgebe, Gott werden zu wollen?

MAHARAJ: Alles Verlangen muß aufgegeben werden, denn durch das Verlangen nehmen Sie die Form Ihres Verlangens an. Wenn kein Verlangen übrig bleibt, kehren Sie zu Ihrem natürlichen Zustand zurück.

FRAGE: Wie werde ich erkennen, daß ich die Vollkommenheit erreicht habe?

MAHARAJ: Sie können die Vollkommenheit nicht erkennen, Sie können nur die Unvollkommenheit erkennen. Wissen setzt Trennung und Disharmonie voraus. Sie können wissen, was Sie nicht sind, aber Sie können nicht Ihr wahres Sein erkennen. Sie können nur sein, was Sie sind. Sie können nur durch das Verstehen dahin kommen, durch die Erkenntnis des Falschen als falsch. Doch um zu verstehen, müssen Sie von außerhalb beobachten.

FRAGE: Das Konzept des *Vedanta*, von *Maya*, der Illusion, gilt nur für die Manifestation, deshalb ist unsere Kenntnis über die Manifestation so unzuverlässig. Doch wir sollten unserer Kenntnis über das Unmanifestierte vertrauen.

MAHARAJ: Es gibt kein Wissen über das Unmanifestierte. Das Potential kann man nicht kennen, nur das Vorhandene kann man kennen.

FRAGE: Warum sollte der Erkennende unerkannt bleiben?

MAHARAJ: Der Erkennende erkennt das Erkannte. Kennen Sie den Erkennenden? Wer ist der Erkennende des Erkennenden? Sie wollen das Unmanifestierte erkennen. Können Sie sagen, daß Sie das Manifestierte kennen?

FRAGE: Ich kenne die Dinge und Vorstellungen und ihre Zusammenhänge. Es ist die Summe all meiner Erfahrungen.

MAHARAJ: Aller?

FRAGE: Nun, aller tatsächlichen Erfahrungen. Ich muß zugeben, ich kann nicht wissen, was nicht passiert ist.

MAHARAJ: Wenn das Manifestierte wirklich die Summe aller tatsächlichen Erfahrungen ist, Ihre Erfahrenden eingeschlossen, wieviel wissen Sie dann von dem Ganzen? Es ist doch wirklich nur ein kleiner Teil, und was ist dieses bißchen, das Sie kennen?

FRAGE: Einige Sinneserfahrungen, die sich auf mich beziehen.

MAHARAJ: Noch nicht einmal das. Sie wissen nur, daß Sie reagieren. Wer und worauf reagiert, wissen Sie nicht. Nur durch Kontakt wissen Sie, daß Sie existieren - 'Ich bin'. 'Ich bin dies' und 'Ich bin das' sind Illusion.

FRAGE: Ich kenne das Manifestierte, weil ich daran teilhabe. Ich muß zugeben, mein Anteil ist sehr klein, aber er ist ebenso wirklich wie das Ganze. Und was wichtiger ist, ich gebe ihm Bedeutung. Ohne mich ist die Welt dunkel und still.

MAHARAJ: Ein Glühwurm, der die Welt erhellt! Sie geben nicht der Welt Bedeutung, Sie finden sie vor. Tauchen Sie tief in sich ein, und Sie werden die Quelle finden, die allem Bedeutung gibt. Es ist sicherlich nicht der oberflächliche Verstand, der Bedeutung gibt.

FRAGE: Was macht mich begrenzt und oberflächlich?

MAHARAJ: Die Totalität ist offen und zugänglich, doch Sie nehmen sie nicht an. Sie kleben an dieser kleinen Person, die Sie zu sein glauben. Ihre Wünsche sind kleinlich und Ihr Ehrgeiz kümmerlich. Übrigens, ohne ein Zentrum der Wahrnehmung, wo wäre die Manifestation? Ohne Wahrnehmung ist das Manifestierte so gut wie das Unmanifestierte, und Sie sind der Punkt der Wahrnehmung, die nichtdimensionale Quelle aller Dimensionen. Erkennen Sie sich als das Ganze.

FRAGE: Wie kann ein Punkt ein Universum beinhalten?

MAHARAJ: In einem Punkt ist genügend Raum für unendlich viele Universen. Die Aufnahmefähigkeit ist unbegrenzt. Das einzige Problem ist die Selbstbegrenzung. Doch Sie können nicht vor sich selbst davonlaufen. Wie weit Sie auch laufen, Sie müssen zu sich selbst zurückkommen und zu der Notwendigkeit, diesen Punkt zu verstehen, der wie das Nichts ist und trotzdem die Quelle von allem.

FRAGE: Ich bin nach Indien gekommen, um einen *Yoga*lehrer zu suchen. Ich suche immer noch.

MAHARAJ: Welche Art von *Yoga* wollen Sie praktizieren, den *Yoga* des Erreichens oder den *Yoga* des Aufgebens?

FRAGE: Läuft am Ende nicht beides auf dasselbe hinaus?

MAHARAJ: Wie könnte es? Das eine versklavt Sie, das andere befreit Sie. Das Motiv ist höchst entscheidend. Freiheit entsteht durch Aufgeben. Aller Besitz bedeutet Gefangensein.

FRAGE: Warum sollte ich aufgeben, an dem festzuhalten, wozu ich den Mut und die Kraft habe? Und wenn ich nicht die Kraft habe, wie kann ich dann aufgeben? Ich verstehe nicht die Notwendigkeit aufzugeben. Wenn ich etwas will, warum soll ich es nicht verfolgen? Aufgeben ist etwas für Schwache.

MAHARAJ: Wenn Sie nicht die Weisheit und die Kraft zum Aufgeben haben, dann schauen Sie sich doch Ihren Besitz an. Dies allein schon wird ihn in Flammen aufgehen lassen. Wenn Sie außerhalb Ihres Verstandes stehen können, werden Sie sehr bald herausfinden, daß die totale Aufgabe allen Besitzes und aller Begierden das ganz offensichtlich Vernünftigste ist, was Sie tun können.

Sie erschaffen die Welt, und dann machen Sie sich Sorgen um sie. Die Selbstsucht macht Sie schwach. Wenn Sie die Kraft und den Mut haben zu begehren, dann nur, weil Sie jung und unerfahren sind. Das Objekt der Begierde zerstört unweigerlich die Mittel, durch die es erworben werden kann, und dann verkümmert das Objekt selbst. Doch dies ist nur zum Besten, denn es lehrt Sie, Begierden wie Gift zu meiden.

FRAGE: Wie kann ich Wunschlosigkeit üben?

MAHARAJ: Das brauchen Sie nicht zu üben. Kein Akt der Entsagung ist nötig. Wenden Sie nur Ihren Verstand ab, das ist alles. Die Begierde ist nur die Fixierung des Verstandes auf eine Idee. Steigen Sie aus diesen eingefahrenen Gewohnheiten aus, indem Sie ihnen Ihre Aufmerksamkeit entziehen.

FRAGE: Das ist alles?

MAHARAJ: Ja, das ist alles. Was immer das Verlangen oder die Angst sein mögen, verweilen Sie nicht dabei. Versuchen Sie es, und finden Sie es selbst heraus. Von Zeit zu Zeit mögen Sie es vergessen, doch das macht nichts. Kommen Sie immer wieder zu Ihren Versuchen zurück, bis die Eliminierung jeglicher Begierden und Ängste, jeglicher Reaktion, automatisch geworden ist.

FRAGE: Wie kann jemand ohne Emotionen leben?

MAHARAJ: Sie können all die Emotionen haben, die Sie möchten, doch hüten Sie sich vor Reaktionen, vor eingeflößten Emotionen. Seien Sie ganz und gar selbstbestimmt, und lassen Sie sich nur von innen leiten, nicht von außen.

Etwas aufzugeben, lediglich, um etwas Besseres zu bekommen, ist nicht wahrer Verzicht. Geben Sie etwas auf, weil Sie seine Wertlosigkeit erkennen. Je mehr Sie aufgeben, desto mehr werden Sie herausfinden, daß Intelligenz, Kraft und unerschöpfliche Liebe und Freude spontan wachsen.

FRAGE: Warum wird soviel Gewicht auf den Verzicht aller Begierden und Ängste gelegt? Sind sie nicht natürlich?

MAHARAJ: Das sind sie nicht. Sie sind vollkommen vom Verstand erschaffen. Sie müssen alles aufgeben, um zu wissen, daß Sie nichts brauchen, noch nicht einmal Ihren Körper. Ihre Bedürfnisse sind unwirklich und Ihre Anstrengung sinnlos. Sie glauben, daß Ihr Besitz Sie beschützt, in Wirklichkeit macht er Sie verwundbar. Verwirklichen Sie sich als etwas, das man nicht als ‘dies’ oder ‘das’ beschreiben kann. Sie sind unerreichbar durch jede sinnliche Erfahrung oder verbale Konstruktion. Wenden Sie sich einfach ab, weigern Sie sich, sich für eine Person auszugeben.

FRAGE: Was soll ich nun tun, nachdem ich all dies gehört habe?

MAHARAJ: Nur dies zu hören, wird Ihnen nicht helfen. Sie müssen es im Gedächtnis behalten, darüber nachdenken und versuchen, diesen Zustand des Verstandes zu verstehen, der mich sagen läßt, was ich sage. Ich spreche aus der Wahrheit, strecken Sie Ihre Hand aus und nehmen Sie sie an. Sie sind nicht, was Sie glauben zu sein, das kann ich Ihnen versichern. Die Vorstellung, die Sie von sich selbst haben, ist nur aus der Erinnerung gestrickt und vollkommen zufällig.

FRAGE: Was ich bin, ist das Ergebnis meines *Karma*s.

MAHARAJ: Sie sind nicht, was Sie zu sein scheinen. *Karma* ist nur ein Wort, das Sie gelernt haben nachzusprechen. Sie waren nie und werden nie eine Person sein. Weigern Sie sich, sich als eine solche zu sehen. Doch solange Sie noch nicht einmal daran zweifeln, dieser Herr Soundso zu sein, gibt es wenig Hoffnung. Wenn Sie sich weigern, Ihre Augen zu öffnen, was kann man Ihnen zeigen?

FRAGE: Ich stelle mir *Karma* als eine mysteriöse Kraft vor, die mich zur Vollendung drängt.

MAHARAJ: Das ist das, was die Leute Ihnen erzählt haben. Sie sind bereits vollkommen, hier und jetzt. Das, was man perfektionieren kann, sind Sie nicht. Sie glauben zu sein, was Sie nicht sind, hören Sie auf damit. Das Aufhören ist wichtig, nicht, womit Sie aufhören.

FRAGE: Hat nicht mein *Karma* mich gezwungen, das zu werden, was ich bin?

MAHARAJ: Nichts zwingt Sie. Sie sind, was Sie glauben zu sein. Hören Sie auf zu glauben.

FRAGE: Hier sitzen Sie auf Ihrem Platz und sprechen zu mir. Was Sie dazu zwingt, ist Ihr *Karma*.

MAHARAJ: Nichts zwingt mich, ich tue nur das Nötige, doch Sie tun so viele unnötige Dinge. Es ist Ihre Weigerung zu hinterfragen, die Ihr *Karma* erzeugt. Es ist Ihre Gleichgültigkeit Ihrem eigenen Leiden gegenüber, die es andauern läßt.

FRAGE: Ja, das ist wahr. Was kann diese Gleichgültigkeit beenden?

MAHARAJ: Der Drang muß von innen kommen, wie eine Woge von Losgelöstsein oder Mitgefühl.

FRAGE: Kann ich diesem Drang entgegengehen?

MAHARAJ: Selbstverständlich. Sehen Sie sich Ihren Zustand und den Zustand der Welt an.

FRAGE: Man hat uns von *Karma*, Wiedergeburt, Evolution, *Yoga*, Meistern und Schülern erzählt. Was fangen wir mit all diesem Wissen an?

MAHARAJ: Lassen Sie es alles hinter sich. Vergessen Sie es. Gehen Sie weiter, unbelastet von Vorstellungen und Überzeugungen. Lassen Sie alle Wortkonstruktionen, alle relativen Wahrheiten, alles greifbar Objektive hinter sich. Das Absolute kann nur durch absolute Hingabe erreicht werden. Seien Sie nicht halbherzig.

FRAGE: Ich muß mit einer absoluten Wahrheit beginnen, gibt es die?

MAHARAJ: Ja, es gibt das Gefühl 'Ich bin'. Fangen Sie damit an.

FRAGE: Nichts anderes ist wahr?

MAHARAJ: Alles andere ist weder wahr noch unwahr. Es scheint wahr zu sein, wenn es erscheint. Und es verschwindet, wenn Sie es leugnen. Eine vergängliche Sache ist etwas Mysteriöses.

FRAGE: Ich dachte, die Realität ist das Mysteriöse?

MAHARAJ: Wie könnte sie? Die Realität ist einfach, offen, klar, gütig, schön und fröhlich. Sie ist vollkommen frei von jeglichen Widersprüchen, sie ist immer neu, immer frisch, endlos kreativ. Sein und Nicht-Sein, Leben und Tod, alle Unterscheidungen fließen in ihr zusammen.

FRAGE: Ich kann zugeben, daß alles falsch ist, doch macht das meinen Verstand nicht-existierend?

MAHARAJ: Der Verstand ist, was er denkt. Um ihn wahrhaftig zu machen, denken Sie wahrhaftig.

FRAGE: Wenn die Gestalt der Dinge nur Erscheinung ist, was sind sie dann in der Realität?

MAHARAJ: In Wirklichkeit gibt es nur Wahrnehmung. Der Wahrnehmende und das Wahrgenommene sind nur ein Konzept, die Tatsache der Wahrnehmung ist wirklich.

FRAGE: Wo bleibt da das Absolute?

MAHARAJ: Das Absolute ist der Geburtsort der Wahrnehmung, es ermöglicht die Wahrnehmung. Doch zuviel Analysieren bringt Sie nicht weiter. Es gibt in Ihnen einen Kern des Seins, der jenseits aller Analysen ist, jenseits des Verstandes. Sie können ihn nur in Handlungen erkennen. Drücken Sie ihn in Ihrem täglichen Leben aus, und sein Licht wird immer heller werden.

Die legitime Funktion des Verstandes ist es, Ihnen zu sagen, was nicht ist. Doch wenn Sie Positives wissen wollen, müssen Sie über den Verstand hinausgehen.

FRAGE: Gibt es im gesamten Universum eine einzige Sache von Wert?

MAHARAJ: Ja, die Macht der Liebe.

Kapitel 27

MAHARAJ: Sie sind zurück in Indien. Wo waren Sie, was haben Sie erlebt?

FRAGE: Ich war in der Schweiz. Ich habe einen bemerkenswerten Mann besucht, der von sich behauptet, verwirklicht zu haben. Er hat früher viel *Yoga* gemacht und hatte viele Erfahrungen, die wieder vorübergingen. Er nimmt nicht für sich in Anspruch, besondere Fähigkeiten oder spezielles Wissen zu besitzen, außer daß er unfähig ist, das Gesehene vom Sehenden zu trennen; z.B. wenn ein Auto auf ihn zukommt, weiß er nicht, ob das Auto sich auf ihn zubewegt oder er sich auf das Auto. Er scheint beides zur selben Zeit zu sein, der Sehende und das Gesehene, sie werden eins. Was immer er sieht, er sieht sich selbst darin. Ich habe ihm einige Fragen über *Vedanta* gestellt, und er sagte: 'Ich kann Ihnen darauf keine Antwort geben, ich weiß es nicht. Das Einzige, was ich weiß, ist diese seltsame Identität mit allem, was ich wahrnehme. Wissen Sie, ich habe alles mögliche erwartet, nur nicht dies.'

Im großen und ganzen ist er ein bescheidener Mann, er erklärt niemanden zu seinem Schüler und stellt sich nicht auf ein Podest. Er ist bereit, über diesen seltsamen Zustand zu sprechen, doch das ist alles.

MAHARAJ: Nun weiß er, was er weiß. Alles andere ist vorbei. Zumindest redet er noch, vielleicht hört er bald auf zu sprechen.

FRAGE: Was wird er dann tun?

MAHARAJ: Unbeweglichkeit und Stille sind nicht Untätigkeit. Die Blume erfüllt den Raum mit ihrem Duft, die Kerze mit Licht. Sie tun nichts, und doch verändern sie alles durch ihre bloße Anwesenheit. Sie können die Kerze fotografieren, doch nicht das Licht. Sie können den Menschen kennen, seinen Namen, seine Erscheinung, doch nicht seinen Einfluß. Seine bloße Gegenwart bedeutet Aktion.

FRAGE: Ist es nicht natürlich, aktiv zu sein?

MAHARAJ: Jeder will aktiv sein, doch woher kommen diese Handlungen? Es gibt keinen zentralen Punkt, jede Handlung erzeugt eine andere, sinnlos und schmerzhaft in endloser Wiederholung. Es fehlt der Wechsel von Arbeit und Ruhe. Finden Sie erst dieses unwandelbare Zentrum, von dem alle Bewegung ausgeht. So wie das Rad sich um eine Achse dreht, so müssen Sie immer im Zentrum der Achse sein und nicht an der Peripherie des Rades.

FRAGE: Wie gehe ich das praktisch an?

MAHARAJ: Immer, wenn in Ihrem Verstand ein Gedanke oder ein Gefühl von Verlangen oder Angst erscheint, wenden Sie sich einfach davon ab.

FRAGE: Durch die Unterdrückung meiner Gedanken und Gefühle werde ich eine Reaktion provozieren.

MAHARAJ: Ich rede nicht von Unterdrückung, verweigern Sie einfach Ihre Aufmerksamkeit.

FRAGE: Muß ich mich nicht darum bemühen, die Bewegungen in meinem Verstand anzuhalten?

MAHARAJ: Dies hat nichts mit Bemühungen zu tun. Wenden Sie sich einfach ab, schauen Sie sich die Gedanken nicht an, schauen Sie zwischen ihnen hindurch. Wenn Sie durch eine Menschenmenge gehen, dann kämpfen Sie nicht gegen jeden einzelnen, den Sie treffen, sondern Sie suchen Ihren Weg durch die Menge.

FRAGE: Wenn ich willentlich meinen Verstand kontrolliere, dann stärkt das nur das Ego.

MAHARAJ: Selbstverständlich. Wenn Sie kämpfen, dann laden Sie ein zum Kampf. Doch wenn Sie sich nicht wehren, werden Sie auch auf keinen Widerstand treffen. Sobald Sie sich weigern, das Spiel zu spielen, sind Sie draußen.

FRAGE: Wie lange brauche ich, um mich von meinem Verstand zu befreien?

MAHARAJ: Das mag tausend Jahre dauern, doch eigentlich bedarf es keiner Zeit. Sie müssen nur absolut ernsthaft sein, hier bedeutet der Wille die Tat. Wenn Sie aufrichtig sind, haben sie ihn, schließlich ist es eine Frage der Einstellung. Nichts außer Angst hält Sie davon ab, ein *Gnani* zu sein, hier und jetzt. Sie haben Angst davor, unpersönlich zu sein, vor einem unpersönlichen Sein. Es ist alles so einfach, wenden Sie sich ab von Ihrem Verlangen und Ihren Ängsten und von den Gedanken, die sie erschaffen, und Sie sind augenblicklich in Ihrem natürlichen Zustand.

FRAGE: Keine Frage der Erneuerung, des Wechsels oder der Ausmerzung des Verstandes?

MAHARAJ: Absolut keine. Lassen Sie Ihren Verstand in Ruhe, das ist alles. Hören Sie auf, ihm zuzustimmen, schließlich gibt es so etwas wie einen Verstand nicht, nur Gedanken, die kommen und gehen, ihren eigenen Gesetzen folgend, nicht den Ihren. Sie beherrschen Sie nur, weil Sie an ihnen interessiert sind. Es ist genau so, wie Christus sagte: 'Wehren Sie sich nicht gegen das Übel.' Indem Sie sich gegen das Übel wehren, stärken Sie es nur.

FRAGE: Ja, jetzt sehe ich es. Alles, was ich zu tun habe, ist, dem Übel die Existenz abzusprechen, dann löst es sich auf. Doch läuft dies nicht auf eine Art Autosuggestion hinaus?

MAHARAJ: In diesem Augenblick ist die Autosuggestion in vollem Gange, wenn Sie glauben, eine Person zu sein, die zwischen Gutem und Bösem gefangen ist. Ich rate Ihnen, sie zu beenden, aufzuwachen und die Dinge zu sehen, wie sie sind.

Um auf Ihren Aufenthalt mit diesem seltsamen Freund in der Schweiz zurückzukommen, was hat Ihnen seine Gesellschaft gebracht?

FRAGE: Absolut nichts. Seine Erfahrung hat mich nicht im geringsten beeinflußt. Etwas habe ich verstanden: Es gibt nichts zu suchen. Wohin ich auch immer gehe, nichts wartet am Ende der Reise auf mich. Entdeckung ist nicht das Ergebnis von Ortswechsel.

MAHARAJ: Ja, Sie sind außerhalb von allem, was Sie gewinnen oder verlieren können.

FRAGE: Nennen Sie es *Vairagya*, Verzicht, Entsagung?

MAHARAJ: Es gibt nichts zu entsagen, es ist genug, wenn Sie aufhören zu erwerben. Um geben zu können, müssen Sie besitzen, und um zu besitzen, müssen Sie nehmen. Es ist besser, nicht zu nehmen. Es ist einfacher, als Entsagung zu üben, die zu einer gefährlichen Art von 'spiritueller' Überheblichkeit führt. All dies abzuwägen, auszusuchen, auszuwählen, auszutauschen, das ist wie auf einem 'spirituellen' Marktplatz einzukaufen. Was haben Sie dort zu suchen? Versuchen Sie, ein gutes Geschäft zu machen? Wenn Sie nicht auf ein Geschäft aus sind, warum dann diese endlose Angst vor Entscheidungen? Unruhe bringt Sie nicht weiter, irgend etwas hindert Sie daran zu sehen, daß Sie nichts brauchen. Finden Sie dies heraus und erkennen Sie, daß es falsch ist. Es ist, als hätten Sie ein Gift geschluckt und litten an einem unstillbaren Durst. Anstatt endlos Wasser zu trinken, warum nicht das Gift beseitigen und sich von diesem brennenden Durst befreien?

FRAGE: Ich muß das Ego beseitigen.

MAHARAJ: Das Gefühl, 'Ich bin eine Person in Zeit und Raum' ist das Gift. In gewisser Weise ist die Zeit selbst das Gift. In der Zeit enden die Dinge, und neue werden geboren, um ihrerseits wieder verschlungen zu werden. Identifizieren Sie sich nicht mit der Zeit, fragen Sie nicht ängstlich: 'Was kommt als nächstes?' Treten Sie aus der Zeit heraus und sehen Sie, wie sie die Welt verschlingt. Sagen Sie sich: 'Es liegt in der Natur der Zeit, alles zu beenden, so soll es sein. Es betrifft mich nicht. Ich bin nicht brennbar, daher brauche ich auch keinen Brennstoff.'

Frage: Existiert der Beobachter auch ohne die Dinge, die er beobachtet?

Maharaj: Es gibt immer etwas zu beobachten, wenn nicht eine Sache, dann ihre Abwesenheit. Zu beobachten ist natürlich und macht kein Problem. Das Problem ist übertriebenes Interesse, das zur Selbstidentifikation führt. Was immer Sie stark beansprucht und beeindruckt, halten Sie für real.

Frage: Ist das 'Ich bin' real oder unreal? Ist das 'Ich bin' der Beobachter? Ist der Beobachter real oder unreal?

Maharaj: Was rein, unvermischt und ungebunden ist, ist wirklich. Was befleckt, vermischt, abhängig und vergänglich ist, ist nicht wirklich. Lassen Sie sich nicht durch Worte in die Irre führen, ein Wort kann verschiedene, sogar gegensätzliche Bedeutungen haben. Das 'Ich bin', das das Angenehme verfolgt und das Unangenehme vermeidet, ist falsch. Das 'Ich bin', das Freude und Leid als untrennbar erkennt, ist richtig. Der Beobachter, der sich in dem Wahrgenommenen verzettelt, ist die Person. Der Beobachter, der abseits steht, unbewegt und unberührt, ist der Wachturm der Realität, der Punkt, an dem das Gewahrsein, das dem Unmanifestierten innewohnt, das Manifestierte berührt. Es gibt kein Universum ohne den Beobachter, und es gibt keinen Beobachter ohne das Universum.

Frage: Die Zeit verschlingt die Welt. Wer ist der Beobachter der Zeit?

Maharaj: Derjenige, der jenseits von Zeit ist, der Unbenennbare. Wenn man ein Stück Glut schnell genug im Kreis bewegt, sieht es aus wie ein glühender Kreis. Wenn die Bewegung aufhört, bleibt die Glut übrig. In ähnlicher Weise erschafft das 'Ich bin' in Bewegung die Welt. Das 'Ich bin' in Ruhe wird zum Absoluten. Sie sind wie ein Mann, der mit einer Taschenlampe durch eine Bildergalerie geht. Sie können nur das sehen, was innerhalb des Lichtstrahles liegt, der Rest ist im Dunkeln.

Frage: Wenn ich die Welt projiziere, dann muß ich doch

auch fähig sein, sie zu ändern?

MAHARAJ: Selbstverständlich sind Sie das. Doch müssen Sie aufhören, sich mit ihr zu identifizieren und über sie hinausgehen. Dann haben Sie die Kraft, sie zu zerstören und wieder erstehen zu lassen.

FRAGE: Das Einzige, was ich mir wünsche, ist, frei zu sein.

MAHARAJ: Dazu müssen Sie zwei Dinge wissen: Wovon wollen Sie frei sein, und was hält Sie gefangen?

FRAGE: Warum wollen Sie das Universum zerstören?

MAHARAJ: Ich kümmere mich nicht um das Universum, ob es da ist oder nicht. Mir genügt es, mich selbst zu kennen.

FRAGE: Wenn Sie jenseits dieser Welt sind, dann können Sie ihr auch nicht nützen.

MAHARAJ: Bemitleiden Sie das Selbst, das ist, nicht die Welt, die nicht ist! Gefangen in einem Traum, haben Sie Ihr wahres Selbst vergessen.

FRAGE: Ohne die Welt ist auch kein Raum für Liebe.

MAHARAJ: Genau. All diese Ausdrücke wie: Sein, Bewußtsein, Liebe und Schönheit sind die Reflexion der Realität in der Welt. Nicht real - nur Reflexionen.

FRAGE: Die Welt ist voll von begehrenswerten Dingen und Menschen; wie kann ich mir vorstellen, daß sie nicht existiert?

MAHARAJ: Überlassen Sie das Begehrenswerte denen, die begehren. Ändern Sie die Richtung Ihrer Begierden vom Nehmen zum Geben. Der leidenschaftliche Wunsch zu teilen wird auf natürliche Weise die Vorstellungen von der Welt sowie dem Geben aus Ihrem Verstand spülen. Bleiben wird nur das reine Strahlen der Liebe, das jenseits von Geben und Empfangen ist.

FRAGE: In der Liebe muß es Dualität geben, den Liebenden und das Geliebte.

MAHARAJ: In der Liebe gibt es noch nicht einmal den einen, wie kann es da zwei geben? Liebe ist die Weigerung zu trennen, Unterschiede zu machen. Bevor Sie an Einheit denken können, müssen Sie erst die Zweiheit erschaffen. Wenn Sie wirklich lieben, sagen Sie nicht: 'Ich liebe Sie'. Wo immer etwas in Gedanken gefaßt wird, gibt es Dualität.

FRAGE: Was ist es, das mich immer wieder nach Indien zurücktreibt? Es kann nicht nur das verhältnismäßig billige Leben sein oder die Farbigkeit und Vielfalt der Eindrücke. Da muß noch eine wichtigere Komponente sein.

MAHARAJ: Es gibt noch den spirituellen Aspekt. Die Trennung zwischen dem Äußeren und dem Inneren ist in Indien nicht so stark. Hier ist es einfacher, das Innere im Äußeren auszudrücken. Es fällt leichter, sich zu integrieren, die Gesellschaft übt weniger Druck aus.

FRAGE: Ja, im Westen ist alles *Tamas* und *Rajas*, in Indien ist es mehr *Sattva*, Harmonie und Gleichgewicht.

MAHARAJ: Können Sie nicht über die *Gunas* hinausgehen? Warum *Sattva* verfolgen? Seien Sie, was Sie sind, wo immer Sie sind, und kümmern Sie sich nicht um die *Gunas*.

FRAGE: Ich habe nicht die Kraft.

MAHARAJ: Dann hat Ihr Aufenthalt in Indien Sie nicht viel weitergebracht. Was Sie wirklich haben, können Sie nicht verlieren. Ruhten Sie wirklich in sich selbst, würde Sie ein Ortswechsel nicht beeinflussen.

FRAGE: In Indien ist es leichter, auf spirituelle Weise zu leben, im Westen muß man sich der Umgebung wesentlich stärker anpassen.

MAHARAJ: Warum schaffen Sie sich nicht Ihre eigene Umgebung? Die Welt hat nur so viel Macht über Sie, wie Sie ihr geben. Rebellieren Sie, gehen Sie über die Dualität hinaus, machen Sie keinen Unterschied zwischen Ost und West.

FRAGE: Was kann man denn tun, wenn man in einer unspirituellen Umgebung lebt?

MAHARAJ: Tun Sie gar nichts. Seien Sie Sie selbst, stehen Sie außerhalb. Sehen Sie hinter die Dinge.

FRAGE: Das könnte zu Hause Probleme erzeugen, meistens verstehen die Eltern einen nicht.

MAHARAJ: Wenn Sie Ihr wahres Sein kennen, haben Sie keine Probleme. Sie mögen Ihren Eltern gefallen oder nicht. Ob Sie heiraten oder nicht, eine Menge Geld machen oder nicht, für Sie ist das alles das gleiche. Handeln Sie den Umständen entsprechend, und behalten Sie in jeder Situation die Tatsachen, die Realität im Auge.

FRAGE: Ist es nicht ein sehr hoher Zustand?

MAHARAJ: Oh nein, es ist der Normalzustand. Sie nennen es hoch, weil Sie Angst davor haben. Seien Sie frei zuerst von Angst, erkennen Sie, daß es nichts gibt, vor dem Sie sich fürchten müssen. Furchtlosigkeit ist die Tür zum Höchsten.

FRAGE: Keine noch so große Anstrengung kann mich von der Angst befreien.

MAHARAJ: Furchtlosigkeit kommt von allein, wenn Sie erkennen, daß es nichts gibt, vor dem Sie sich fürchten müssen. Wenn Sie auf der Straße durch die Menge gehen, gehen Menschen an Ihnen vorbei, einige sehen Sie, einige streifen Sie nur mit Ihrem Blick, doch Sie halten nicht an. Es ist dieses Anhalten, das den Engpaß erzeugt. Bleiben Sie in Bewegung! Lassen Sie Namen und Formen unbeachtet, binden Sie sich nicht an sie. Ihre Bindung ist Ihr Gefängnis.

FRAGE: Was sollte ich tun, wenn mir jemand ins Gesicht schlägt?

MAHARAJ: Sie werden Ihrem angeborenen oder erworbenen Charakter entsprechend reagieren.

FRAGE: Ist es unvermeidlich? Bin ich, ist die Welt dazu verdammt, zu bleiben, wie wir sind?

MAHARAJ: Wenn ein Juwelier ein Schmuckstück umgestalten will, schmilzt er es erst zu formlosem Gold ein. In ähnlicher Weise muß man erst zum ursprünglichen Zustand zurückkehren, bevor ein neuer Name, eine neue Gestalt entstehen kann. Der Tod ist essentiell für Erneuerung.

FRAGE: Sie legen immer so großen Wert darauf, über Dinge hinauszugehen, entrückt zu sein, auf Einsamkeit. Fast nie benutzen Sie die Wörter 'richtig' und 'falsch'. Woher kommt das?

MAHARAJ: Es ist richtig, man selbst zu sein, es ist falsch, es nicht zu sein. Alles andere ist Konditionierung. Sie wollen immer richtig von falsch trennen, denn Sie brauchen eine Basis für Ihr Handeln. Sie wollen immer irgend etwas tun, doch persönlich motivierte Handlungen, basierend auf der Einteilung in Werte, auf bestimmte Ergebnisse gerichtet, sind schlimmer als Untätigkeit, denn ihre Früchte sind immer bitter.

FRAGE: Sind Gewahrsein und Liebe ein und dasselbe?

MAHARAJ: Selbstverständlich, Gewahrsein ist dynamisch, Liebe ist Sein. Gewahrsein ist aktive Liebe. Aus sich selbst heraus kann sich der Verstand jede Anzahl von Möglichkeiten vorstellen, doch wenn sie nicht von Liebe motiviert sind, sind sie wertlos. Liebe geht jeder Schöpfung voraus. Ohne sie gibt es nur Chaos.

FRAGE: Wo bleibt die Tätigkeit im Gewahrsein?

MAHARAJ: Sie sind so unheilbar aktiv! Wo keine Bewegung, Unruhe, Tumult ist, da ist für Sie auch keine Handlung. Bewegung um der Bewegung willen ist Chaos. Wahres Tun ist nicht Ortsveränderung, sondern Wandlung. Ein Ortswechsel ist lediglich Bewegung, der Wandel des Herzens ist eine Handlung. Erinnern Sie sich, nichts Wahrnehmbares ist real. Aktivität ist nicht Aktion. Aktion ist verborgen, unbekannt, unerkennbar. Sie können nur die Früchte davon erkennen.

FRAGE: Ist nicht Gott der, der alles tut?

MAHARAJ: Wozu bringen Sie jetzt einen äußeren Handelnden ins Spiel? Die Welt erneuert sich aus sich selbst heraus. Es ist ein endloser Prozeß, das Vergängliche erzeugt Vergängliches. Es ist Ihr Ego, das Sie glauben läßt, daß hinter allem, was geschieht, jemand steht, der es tut. Sie schaffen einen Gott nach Ihrem Vorbild, wie kläglich das Bild auch sein mag. Durch die Bilder Ihres Verstandes projizieren Sie eine Welt und auch einen Gott, um ihr eine Ursache und einen Zweck zu geben. Es ist alles nur Einbildung. Treten Sie aus ihr heraus.

FRAGE: Es ist so schwierig, die Welt nur als eine Projektion des Verstandes zu sehen. Ihre greifbare Realität wirkt so absolut überzeugend.

MAHARAJ: Das ist das Geheimnis der Einbildung, daß sie so wirklich zu sein scheint. Sie mögen verheiratet oder Junggeselle sein, Mönch oder Familienvater, das ist nicht der Punkt, sondern: Sind Sie der Sklave Ihrer Einbildung oder nicht? Egal, welche Entscheidung Sie treffen, welche Arbeit Sie tun, alles wird unweigerlich auf den Einbildungen basieren, die als Tatsachen auftreten.

FRAGE: Hier sitze ich vor Ihnen, wieviel davon ist Einbildung?

MAHARAJ: Das Ganze. Sogar Raum und Zeit sind Vorstellungen.

FRAGE: Heißt das, daß ich nicht existiere?

MAHARAJ: Auch ich existiere nicht. Alle Existenz ist Einbildung.

FRAGE: Ist Sein auch Einbildung?

MAHARAJ: Reines Sein, alles erfüllend und jenseits von allem, ist nicht Existenz, welche begrenzt ist. Alle Begrenzung ist Einbildung, nur das Unbegrenzte ist real.

FRAGE: Wenn Sie mich ansehen, was sehen Sie?

MAHARAJ: Ich sehe, daß Sie sich einbilden zu sein.

FRAGE: Es gibt so viele wie mich, und doch ist jeder unterschiedlich.

MAHARAJ: Die Summe aller Projektionen nennt man *Maha-Maya*, die große Illusion.

FRAGE: Doch wenn Sie sich selbst anschauen, was sehen Sie dann?

MAHARAJ: Es kommt darauf an, wie ich schaue. Wenn ich durch den Verstand sehe, sehe ich zahllose Menschen, wenn ich von jenseits des Verstandes schaue, sehe ich den Beobachter. Jenseits des Beobachters liegt die unendliche Intensität der Leere und Stille.

FRAGE: Wie soll man mit Menschen umgehen?

MAHARAJ: Wozu Pläne machen und wofür? Solche Fragen

zeigen Furcht. Beziehung ist etwas Lebendiges. Seien Sie in Frieden mit Ihrem inneren Selbst, und Sie werden mit jedem in Frieden sein.

Erkennen Sie, daß Sie nicht der Meister des Geschehens sind, Sie können die Zukunft nicht beherrschen, außer in rein technischen Fragen. Doch menschliche Beziehungen können nicht geplant werden, sie sind zu reichhaltig und verschieden. Haben Sie Verständnis und Mitgefühl, frei von jeglicher Selbstsucht.

FRAGE: Sicher bin ich nicht der Meister dessen, was geschieht, eher dessen Sklave.

MAHARAJ: Seien Sie weder der Meister noch der Sklave. Stehen Sie darüber.

FRAGE: Heißt das, Handlungen zu vermeiden?

MAHARAJ: Sie können Handlungen nicht vermeiden, sie geschehen wie alles andere.

FRAGE: Ich kann sicherlich meine Handlungen kontrollieren.

MAHARAJ: Versuchen Sie es. Sie werden bald herausfinden, daß Sie tun, was Sie tun müssen.

FRAGE: Ich kann entsprechend meinem Willen handeln.

MAHARAJ: Sie kennen Ihren Willen erst, nachdem Sie gehandelt haben.

FRAGE: Ich erinnere mich an meine Wünsche, worauf meine Wahl gefallen ist, die Entscheidungen, die ich getroffen habe und handele entsprechend.

MAHARAJ: Dann entscheidet Ihre Erinnerung, nicht Sie.

FRAGE: Wo komme ich ins Spiel?

MAHARAJ: Sie ermöglichen es, indem Sie Ihre Aufmerksamkeit darauf richten.

FRAGE: Gibt es nicht so etwas wie freien Willen? Bin ich nicht frei zu wünschen?

MAHARAJ: Oh nein, Sie sind gezwungen zu wünschen. Im Hinduismus gibt es die Idee des freien Willens nicht, es gibt noch nicht einmal ein Wort dafür. Wille bedeutet Verpflichtung, Festlegung, Bindung.

FRAGE: Ich habe die Freiheit, mir Grenzen zu setzen.

MAHARAJ: Zuerst müssen Sie frei sein. Um in der Welt frei zu sein, müssen Sie frei von der Welt sein. Denn sonst entscheidet Ihre Vergangenheit für Sie und Ihre Zukunft. Sie sind gefangen zwischen dem, was geschah, und dem, was geschehen muß. Nennen Sie es Bestimmung oder *Karma*, doch niemals Freiheit. Kehren Sie zu Ihrem wahren Sein zurück, und dann handeln Sie aus dem Herzen der Liebe.

FRAGE: Was ist der Ausdruck des Unmanifestierten im Manifestierten?

MAHARAJ: Es gibt keinen. In dem Moment, indem Sie anfangen, nach dem Ausdruck des Unmanifestierten zu schauen, löst sich das Manifestierte auf. Wenn Sie versuchen, das Unmanifestierte mit Ihrem Verstand zu erfassen, gehen Sie augenblicklich über den Verstand hinaus. Wenn Sie mit einem Stück Holz im Feuer stochern, verbrennen Sie das Holz. Benutzen Sie den Verstand, um das Manifestierte zu untersuchen. Seien Sie wie das Küken, das an der Eierschale pickt. Über das Leben außerhalb des Eies zu spekulieren ist sinnlos, doch an der Eierschale zu picken, bricht das Ei auf und befreit das Küken. Brechen Sie genauso den Verstand von innen auf, indem Sie seine Widersprüche und Absurditäten untersuchen und aufdecken.

FRAGE: Woher kommt das Verlangen, die Eierschale zu durchbrechen?

MAHARAJ: Vom Unmanifestierten.

Kapitel 28

MAHARAJ: Da ist einmal der Körper, und in dem Körper scheint es einen Beobachter zu geben. Außerhalb gibt es eine Welt, die beobachtet wird. Der Beobachter, die Beobachtung und auch die Welt, die beobachtet wird, erscheinen und vergehen zusammen. Jenseits all dessen ist die Leere, die für alle gleich ist.

FRAGE: Was Sie sagen, klingt recht einfach, doch nicht jeder würde es so sehen. Sie, und nur Sie allein, reden über diese drei und die Leere jenseits davon. Ich sehe nur die Welt, die alles beinhaltet.

MAHARAJ: Auch das 'Ich bin'?

FRAGE: Sogar das 'Ich bin'. Weil es die Welt gibt, gibt es das 'Ich bin'.

MAHARAJ: Und es gibt das 'Ich bin', weil es die Welt gibt.

FRAGE: Ja, das gilt für beides. Ich kann die zwei nicht trennen noch über sie hinausgehen. Ich kann nicht sagen, daß etwas *ist*, außer, daß ich es erfahre. Genauso kann ich nicht sagen, daß etwas *nicht* ist, weil ich es nicht erfahre. Was sind das für Erfahrungen, die Sie mit einer solchen Überzeugung sprechen lassen?

MAHARAJ: Ich kenne mich selbst, wie ich bin, zeitlos, raumlos, ohne Ursache. Sie scheinen es nicht zu wissen, Sie haben sich zu tief in andere Dinge verstrickt.

FRAGE: Warum habe ich mich so verstrickt?

MAHARAJ: Weil Sie daran interessiert sind.

FRAGE: Woher kommt dieses Interesse?

MAHARAJ: Durch Angst vor dem Leid und das Verlangen nach dem Angenehmen. Es ist angenehm, wenn der Schmerz endet, und es ist unangenehm, wenn die Freude endet. Sie drehen sich in endloser Folge. Untersuchen Sie diesen Teufelskreis, bis Sie sich jenseits davon befinden.

FRAGE: Brauche ich nicht Ihre Gnade, um darüber hinauszugehen?

MAHARAJ: Die Gnade Ihrer inneren Realität ist immer mit Ihnen. Ihre Frage nach Gnade ist ein sicheres Zeichen dafür. Kümmern Sie sich nicht um meine Gnade, doch tun Sie, was man Ihnen aufgetragen hat. Die Tat ist der Beweis Ihrer Aufrichtigkeit, nicht die Erwartung von Gnade.

FRAGE: Womit soll ich aufrichtig sein?

MAHARAJ: Untersuchen Sie alles gewissenhaft, das Ihre Aufmerksamkeit, Ihr Interesse erweckt. Mit einiger Übung wird sich das Blickfeld erweitern, und die Untersuchung wird sich ausweiten, bis sie spontan und unbegrenzt wird.

FRAGE: Machen Sie dadurch nicht die Verwirklichung zum Ergebnis praktischer Übungen? Die Übungen operieren innerhalb der Begrenzungen der physischen Existenz. Wie könnten sie zum Unbegrenzten führen?

MAHARAJ: Selbstverständlich kann es keinen ursächlichen Zusammenhang zwischen den Übungen und der Weisheit geben. Doch die Hindernisse auf dem Weg zur Weisheit werden zutiefst von Übungen beeinflußt.

FRAGE: Was sind diese Hindernisse?

MAHARAJ: Falsche Vorstellungen und Wünsche, die zu falschen Taten führen, in denen sich der Verstand und der Körper verzetteln. Das Falsche zu entdecken und zu beseitigen, öffnet der Realität die Tür, so daß sie in den Verstand eintreten kann.

FRAGE: Ich kann zwei Zustände des Verstandes unterscheiden: 'Ich bin' und 'Die Welt ist'; sie erscheinen und vergehen zusammen. Die Menschen sagen, 'Ich bin, weil die Welt ist.' Sie scheinen zu sagen, 'Die Welt ist, weil ich bin.' Was ist wahr?

MAHARAJ: Keins von beiden. Die zwei sind ein- und derselbe Zustand in Raum und Zeit. Jenseits davon ist die Zeitlosigkeit.

FRAGE: Was ist die Verbindung zwischen der Zeit und dem Zeitlosen?

MAHARAJ: Die Zeitlosigkeit kennt die Zeit, die Zeit kann nicht die Zeitlosigkeit kennen. Alles Bewußtsein ist in Zeit, und deshalb erscheint ihm auch die Zeitlosigkeit als Unbewußtsein, und doch ermöglicht sie das Bewußtsein. Das Licht scheint in der Dunkelheit; im Licht kann man die Dunkelheit nicht sehen. Oder Sie können es anders sagen: Im endlosen Ozean des Lichtes erscheinen die Wolken des Bewußtseins, dunkel und begrenzt, wahrnehmbar nur gegen einen Hintergrund. Dies sind lediglich Versuche, etwas sehr Einfaches in Worten auszudrücken, das trotz alledem unausdrückbar ist.

FRAGE: Worte sollten die Brücke zwischen den beiden sein.

MAHARAJ: Worte beziehen sich auf einen Verstandeszustand, nicht auf die Realität. Der Fluß, die beiden Ufer, die Brücke hinüber, dies ist alles im Verstand. Worte allein können Sie nicht über den Verstand hinausführen. Es bedarf einer immensen Sehnsucht nach der Wahrheit oder des absoluten Glaubens in den *Guru*. Glauben Sie mir, es gibt kein Ziel, keinen Weg, dieses Ziel zu erreichen. Sie sind der Weg und das Ziel, und es gibt nichts anderes zu erreichen als Sie selbst. Alles, was Sie brauchen, ist das Verstehen, und das Verstehen sind die Früchte des Verstandes. Der Baum lebt viele Jahre, aber Blüte und Frucht folgen den Jahreszeiten. Diese wechseln, doch nicht der Baum. Sie sind der Baum, und Ihnen sind über die Jahre zahllose Blätter und Äste gewachsen, und wahrscheinlich werden noch weitere folgen - doch Sie bleiben. Sie brauchen nicht zu wissen, was war oder sein wird, sondern was ist. Ihr Wunsch erschafft das Universum, erkennen Sie die Welt als Ihre eigene Schöpfung, und seien Sie frei.

FRAGE: Sie sagen, die Welt ist ein Kind der Liebe. Wenn ich die Greueltaten sehe, von denen die Welt voll ist, die Kriege, Konzentrationslager, unmenschliche Ausbeutung, wie kann sie meine eigene Schöpfung sein? Wie begrenzt ich auch immer sein mag, ich könnte keine solch grausame Welt erschaffen haben.

MAHARAJ: Finden Sie heraus, wem diese grausame Welt erscheint, und Sie werden wissen, warum sie Ihnen so grausam erscheint. Ihre Fragen sind absolut legitim, doch sie können nicht beantwortet werden, bevor Sie nicht wissen, wem diese Welt gehört. Um die Bedeutung einer Sache herauszufinden, müssen Sie seinen Schöpfer fragen. Ich sage Ihnen, Sie sind der Schöpfer der Welt, in der Sie leben - Sie allein können sie ändern oder aufheben.

FRAGE: Wie können Sie sagen, daß die Welt meine Schöpfung ist? Ich kenne sie kaum.

MAHARAJ: Es gibt nichts in der Welt, daß Sie nicht kennen können, wenn Sie sich selbst kennen. Solange Sie glauben, ein Körper zu sein, ist für Sie die Welt eine Ansammlung von materiellen Dingen. Wenn Sie sich selbst als das Zentrum des Bewußtseins kennen, erscheint Ihnen die Welt als der Ozean des Verstandes. Wenn Sie sich kennen, wie Sie in Wirklichkeit sind, erkennen Sie die Welt als Sie selbst.

FRAGE: Das klingt alles sehr schön, doch es beantwortet meine Frage nicht. Warum gibt es so viel Leid in der Welt?

MAHARAJ: Wenn Sie als Beobachter außerhalb bleiben, werden Sie nicht leiden. Sie werden die Welt als ein Bühnenstück erleben, als ein wirklich unterhaltsames Stück.

FRAGE: Oh nein. Diese *Lila*-Theorie kaufe ich Ihnen nicht ab. Das Leiden ist zu intensiv und allgegenwärtig. Wie pervers, sich von einem Schauspiel des Leidens unterhalten zu lassen! Sie bieten mir einen sehr grausamen Gott an!

MAHARAJ: Die Ursache des Leidens ist die Identifikation des Wahrnehmenden mit dem Wahrgenommenen. Daraus wird das Verlangen geboren und mit dem Verlangen die entsprechenden Taten, ohne daß an deren Folgen gedacht wird. Schauen Sie sich um, und Sie werden es sehen: Das Leiden ist von Menschen geschaffen.

FRAGE: Ich würde mit Ihnen übereinstimmen, wenn der Mensch nur sein eigenes Leiden erschaffte, doch in seinem Wahnsinn läßt er auch andere leiden. Ein Träumer hat seine eigenen, persönlichen Alpträume, und niemand leidet außer ihm selbst. Doch was für ein Traum ist das, der das Leben anderer verwüstet?

MAHARAJ: Es gibt viele und gegensätzliche Beschreibungen, die Realität ist einfach: Alles ist eins, Harmonie ist das ewige Gesetz, niemand zwingt Sie zu leiden. Nur wenn Sie versuchen, es zu beschreiben und zu erklären, dann fehlen Ihnen die Worte.

FRAGE: Gandhi hat mir einmal gesagt, daß das Selbst nicht durch das Gesetz von Gewaltlosigkeit *(Ahimsa)* gebunden ist. Das Selbst hat die Freiheit, sich auch durch Leid auszudrücken, um die Balance wieder herzustellen.

MAHARAJ: Auf der Ebene der Dualität mag das so sein, doch in der Realität gibt es nur diese dunkle Quelle, die alles andere zum Strahlen bringt; selbst nicht wahrnehmbar, ist sie die Ursache der Wahrnehmung. Nicht fühlbar, ist sie die Ursache der Gefühle, undenkbar, ist sie die Ursache der Gedanken, nicht seiend, gebiert sie das Sein. Sie ist der unbewegliche Hintergrund der Bewegung. Sind Sie einmal dort angekommen, sind Sie überall zu Hause.

FRAGE: Wenn ich diese Quelle bin, warum werde ich dann geboren?

MAHARAJ: Die Erinnerung an vergangene, unerfüllte Wünsche sammelt Energie an, die sich als eine Person manifestiert. Ist die Lebenskraft dieser Person erschöpft, stirbt sie. Das unerfüllte Verlangen wird in das nächste Leben mit hinübergetragen. Die Selbstidentifikation mit dem Körper erzeugt immer neue Wünsche, ohne Ende, bis der Mechanismus dieses Teufelskreises klar erkannt wird. Es ist die Klarheit, die befreit, denn Sie können Ihr Verlangen nicht loslassen, bevor Sie seine

Ursachen und Wirkungen erkannt haben. Ich behaupte nicht, daß dieselbe Person wiedergeboren wird. Sie stirbt endgültig, aber ihre Erinnerungen, Wünsche und Ängste leben fort. Sie liefern die Energie für eine neue Person. Die Realität ist daran nicht beteiligt, doch sie ermöglicht sie durch ihr Licht.

FRAGE: Meine Schwierigkeit ist, daß ich sehen kann, daß jede Erfahrung ihre eigene Realität hat, sie ist da und wird erfahren. In dem Moment, in dem ich sie hinterfrage und frage, wem sie passiert, wer der Beobachtende ist usw., ist diese Erfahrung vorbei, und alles, was ich untersuchen kann, ist nur die Erinnerung daran. Ich kann nicht den lebendigen Moment untersuchen - das Jetzt. Ich bin mir der Vergangenheit gewahr, nicht der Gegenwart. Wenn ich mir gewahr bin, dann lebe ich nicht wirklich im Jetzt, sondern in der Vergangenheit. Gibt es wirklich ein Gewahrsein der Gegenwart, des Momentes?

MAHARAJ: Was Sie beschreiben, ist gar nicht Gewahrsein, sondern nur das Nachdenken über Erfahrungen. Wirkliches Gewahrsein *(Samvid)* ist ein Zustand reinen Beobachtens, ohne den geringsten Versuch, irgendetwas mit dem Beobachteten anzustellen. Ihre Gedanken und Gefühle, Worte und Taten mögen auch ein Teil des Geschehens sein, doch Sie beobachten sie im Licht und in der Klarheit des Verstehens, ohne daran teilzunehmen. Sie verstehen ganz genau, was passiert, denn Sie sind davon unbeeinflußt. Es wirkt wie ein Zustand gefühlloser Entrücktheit, doch das ist nicht wirklich so. Sind Sie einmal in diesem Zustand, werden Sie herausfinden, daß Sie lieben, was Sie sehen, egal, was es ist. Diese allumfassende Liebe ist der Prüfstein des Gewahrseins. Ist sie nicht da, dann verfolgen Sie nur irgendein persönliches Interesse.

FRAGE: Solange es Schmerz und Leid gibt, ist man zwangsläufig interessiert.

MAHARAJ: Und solange man bewußt ist, wird es Leid und Freude geben. Sie können Freude und Leid nicht auf der Ebene von Bewußtsein bekämpfen. Um sie hinter sich zu lassen, müssen Sie über das Bewußtsein hinausgehen, was nur möglich ist, wenn Sie das Bewußtsein als etwas sehen, das Ihnen passiert und nicht in Ihnen ist als etwas Äußerliches, Fremdes, etwas Auferlegtes. Dann sind Sie plötzlich frei vom Bewußtsein, wirklich allein, ohne daß etwas eindringen kann. Das ist Ihr wahrer Zustand. Bewußtsein ist nur ein Juckreiz, der Sie zum Kratzen bringt. Natürlich können Sie nicht aus dem Bewußtsein heraustreten, denn die Idee des Heraustretens ist im Bewußtsein. Doch wenn Sie lernen, Ihr Bewußtsein als eine Art Fieber, persönliches und privates, zu sehen, in dem Sie eingeschlossen sind wie ein Küken im Ei, dann wird aus dieser Haltung eine Krise erwachsen, die das Ei zerbrechen wird.

FRAGE: Buddha sagte, daß das Leben Leiden bedeute.

MAHARAJ: Er muß gemeint haben, daß alles Bewußtsein leidvoll ist, das ist offensichtlich.

FRAGE: Bietet wenigstens der Tod Befreiung?

MAHARAJ: Jemand, der glaubt, geboren zu sein, hat große Angst vor dem Tod. Andererseits ist für jemanden, der sich wirklich selbst kennt, der Tod ein glückliches Ereignis.

FRAGE: In der Hindu-Tradition heißt es, daß das Schicksal das Leiden mit sich bringt und wir uns unser Schicksal verdient haben. Schauen Sie sich diese unglaublichen Katastrophen an, von der Natur oder Menschenhand geschaffen, Fluten, Erdbeben, Kriege, Revolutionen. Können wir wagen zu glauben, daß jeder für seine eigenen Sünden leidet, von denen wir noch nicht einmal eine Vorstellung haben? Sind diese Millionen, die leiden, nur Kriminelle, die zu Recht bestraft werden?

MAHARAJ: Warum muß jeder nur für seine eigenen Sünden leiden? Sind wir wirklich getrennt? In diesem immensen Ozean des Lebens leiden wir für die Sünden anderer und lassen andere für unsere Sünden leiden. Natürlich gilt das Gesetz des Gleichgewichts, und am Ende werden alle Rechnungen beglichen. Doch solange es Leben gibt, werden wir zutiefst voneinander beeinflußt.

FRAGE: Ja, so wie der Dichter sagt: 'Niemand ist eine Insel.'

MAHARAJ: Im Hintergrund jeder Erfahrung steht das Selbst und sein Interesse an der Erfahrung. Nennen Sie es Verlangen, nennen Sie es Liebe - Worte zählen nicht.

FRAGE: Kann ich mir wünschen zu leiden? Kann ich freiwillig den Schmerz suchen? Bin ich nicht wie ein Mann, der sich ein bequemes Bett für einen angenehmen Schlaf gemacht hat, dann von einem Alptraum heimgesucht wird und sich in seinen Träumen wälzt und schreit? Es ist doch sicherlich nicht die Liebe, die diese Alpträume produziert.

MAHARAJ: Alle Leiden entstehen aus selbstsüchtiger Isolation, durch Abgrenzung und Gier. Wenn die Ursache des Leidens erkannt und beseitigt wird, ist das Leiden zu Ende.

FRAGE: Ich mag die Ursache meines Leidens beseitigen, aber andere leiden weiter.

MAHARAJ: Um das Leiden zu verstehen, müssen Sie über Freude und Leid hinausgehen. Ihre eigenen Begierden und Ängste hindern Sie daran zu verstehen und dadurch anderen zu helfen. In Wirklichkeit gibt es keine anderen, und indem Sie sich selbst helfen, helfen Sie allen anderen. Wenn Sie es wirklich ernst meinen mit den Leiden der Menschheit, dann müssen Sie das einzige Hilfsmittel perfektionieren, das Sie haben - sich selbst.

FRAGE: Sie behaupten immer wieder, daß ich der Schöpfer, Erhalter und Zerstörer dieser Welt sei, allgegenwärtig, allwissend, allmächtig. Wenn ich darüber nachdenke, dann frage ich mich: 'Warum gibt es so viel Böses in der Welt?'

MAHARAJ: Es gibt nichts Böses, es gibt kein Leiden. Die Freude zu leben ist das Größte. Sehen Sie sich doch nur an, wie alles am Leben hängt, wie sehr die Existenz geliebt wird.

FRAGE: Auf der Leinwand meines Verstandes erscheinen die Bilder in endloser Folge. An mir ist nichts von Dauer.

MAHARAJ: Schauen Sie sich das einmal genauer an: Die Leinwand ist da, sie verändert sich nicht. Das Licht scheint ununterbrochen, nur der Film bewegt sich und erzeugt Bilder. Sie können diesen Film Schicksal *(Prarabdha)* nennen.

FRAGE: Was erschafft das Schicksal?

MAHARAJ: Die Ursache des Unvermeidlichen ist Ignoranz.

FRAGE: Ignoranz wovon?

MAHARAJ: Hauptsächlich die Ignoranz Ihrer selbst, auch die Ignoranz von der wahren Natur der Dinge, ihrer Ursachen und Wirkungen. Ihr Sehen ist ohne Verständnis, und Sie halten Erscheinungen für Realität. Sie glauben, die Welt und sich selbst zu kennen, doch es ist nur Ihre Ignoranz, die Sie sagen läßt, 'Ich weiß'. Fangen Sie mit Ihrem Eingeständnis an, daß Sie nicht wissen, und beginnen Sie dort.

Nichts kann der Welt mehr helfen, als daß Sie Ihrer Ignoranz ein Ende setzen. Dann brauchen Sie nichts Bestimmtes zu tun, um der Welt zu helfen. Nur Ihr Dasein ist bereits Hilfe, umgesetzt in Taten oder nicht.

FRAGE: Wie kann man Ignoranz erkennen? Ignoranz zu erkennen, setzt Wissen voraus.

MAHARAJ: Sehr richtig. Bereits das Eingeständnis 'Ich bin ignorant', ist die Dämmerung der Erkenntnis. Ein ignoranter Mensch ignoriert seine Ignoranz. Sie können sagen, daß Ignoranz nicht existiert, denn in dem Moment, wo sie erkannt wird, ist sie nicht mehr. Deshalb können Sie es auch Unbewußtsein oder Blindheit nennen. Alles, was Sie um sich herum und in sich sehen, kennen Sie nicht und verstehen Sie auch nicht, und Sie wissen noch nicht einmal, daß Sie nicht wissen und nicht verstehen. Zu wissen, daß Sie nicht wissen und nicht verstehen, ist wahres Wissen, das Wissen eines demütigen Herzens.

FRAGE: Ja, Christus sagte: 'Selig sind, die arm im Geiste sind.'

MAHARAJ: Nennen Sie es, wie Sie wollen. Tatsache ist, daß Wissen nur Ignoranz ist. Sie wissen, daß Sie nicht wissen.

FRAGE: Wird die Ignoranz je enden?

MAHARAJ: Was ist falsch daran, nicht zu wissen? Sie brauchen nicht alles zu wissen, es genügt, daß Sie wissen, was Sie wissen müssen. Der Rest kümmert sich um sich selbst, ohne daß Sie wissen, wie es geschieht. Wichtig ist nur, daß Ihr Unbewußtsein nicht gegen Ihr Bewußtsein arbeitet, daß die Integration auf allen Ebenen abläuft. Zu wissen, ist nicht so sehr wichtig.

FRAGE: Was Sie sagen, ist psychologisch richtig, doch wenn es dazu kommt, andere zu kennen, die Welt zu kennen, dann hilft mir mein Wissen, daß ich nicht weiß, nicht viel.

MAHARAJ: Sind Sie einmal innerlich integriert, dann kommt ganz spontan auch das äußere Wissen. In jedem Moment Ihres Lebens wissen Sie, was Sie wissen müssen. Im Ozean des universellen Verstandes ist alles Wissen beinhaltet und steht zu Ihrer Verfügung. Das meiste davon brauchen Sie nie zu wissen, und trotzdem steht es Ihnen zur Verfügung.

Wie mit dem Wissen ist es auch mit der Kraft. Was immer Sie glauben, das getan werden muß, wird unfehlbar geschehen. Kein Zweifel, Gott kümmert sich um sein Geschäft, das Universum zu regieren, doch er ist glücklich, Hilfe zu bekommen. Wenn der Helfer selbstlos und intelligent ist, dann stehen ihm alle Kräfte des Universums zur Verfügung.

FRAGE: Auch die blinden Kräfte der Natur?

MAHARAJ: Es gibt keine blinden Kräfte. Bewußtsein ist Kraft. Seien Sie sich dessen, was getan werden muß, bewußt, und es wird geschehen. Seien Sie nur wach und ruhig. Wenn Sie einmal Ihr Ziel erreicht haben und Ihre wahre Natur kennen, wird Ihre Existenz ein Segen für alle sein. Sie werden es vielleicht nicht wissen, vielleicht wird es auch die Welt nicht wissen, und doch strahlt die Hilfe aus. Es gibt Menschen in der Welt, die mehr Gutes tun als alle Staatsmänner und Philanthropen zusammen. Ohne ihr Wissen oder ihre Intention strahlen sie Licht und Frieden aus. Wenn andere ihnen von den Wundern erzählen, die sie tun, sind sie selbst erstaunt. Doch da sie nichts als ihr eigen betrachten, sind sie weder stolz darauf noch geltungssüchtig. Sie sind einfach unfähig, irgend etwas für sich selbst zu begehren, noch nicht einmal die Freude, anderen zu helfen. Sie wissen, Gott ist gut und sind in Frieden.

Kapitel 29

MAHARAJ: Woher kommen Sie?

FRAGE: Ich bin aus den Vereinigten Staaten, doch die meiste Zeit lebe ich in Europa. Ich bin erst vor kurzem nach Indien gekommen und war in *Rishikesh* in zwei *Ashrams*. Dort wurde ich in Meditation und Atmung unterwiesen.

MAHARAJ: Wie lange waren Sie da?

FRAGE: Einmal 8 Tage und noch einmal sechs Tage. Ich war dort nicht glücklich, und so ging ich wieder. Für drei Wochen war ich bei den tibetischen Lamas, doch die waren nur an ihren Formeln und Ritualen interessiert.

MAHARAJ: Und was kam unter dem Strich für Sie dabei heraus?

FRAGE: Sicherlich mehr Energie. Doch bevor ich nach *Rishikesh* ging, machte ich eine Fasten- und Diätkur in einem Sanatorium für Naturheilkunde in *Pudukkotai* in Südindien. Es hat mir sehr gut getan.

MAHARAJ: Vielleicht kam die Energie durch eine bessere Gesundheit.

FRAGE: Das kann ich nicht sagen. Doch das Ergebnis von all diesen Versuchen war, daß in meinem Körper an verschiedenen Stellen Feuer zu brennen begannen und ich Chöre und Stimmen hörte, wo keine waren.

MAHARAJ: Und was wollen Sie jetzt?

FRAGE: Nun, was wollen wir alle? Ein wenig Wahrheit, etwas innere Sicherheit, ein wenig Glückseligkeit. In diesen verschiedenen Schulen der Selbstverwirklichung wird so viel über Gewahrsein geredet, daß man am Ende glaubt, das Gewahrsein selbst ist die absolute Realität. Ist das so? Das Gehirn kümmert sich um den Körper, das Gehirn wird durch das Bewußtsein erleuchtet, Gewahrsein wacht über das Bewußtsein; gibt es etwas jenseits von Gewahrsein?

MAHARAJ: Woher wissen Sie, daß Sie gewahr sind?

FRAGE: Ich fühle, daß ich bin. Ich kann es nicht anders ausdrücken.

MAHARAJ: Wenn Sie es genau verfolgen, vom Gehirn durch das Bewußtsein zum Gewahrsein, werden Sie feststellen, daß das Gefühl von Dualität immer noch besteht. Wenn Sie über Gewahrsein hinausgehen, finden Sie einen Zustand von Nicht-Dualität, in dem es kein Erkennen gibt, nur reines Sein. Sie können es auch Nicht-Sein nennen, wenn Sie mit Sein ein bestimmtes Sein ausdrücken wollen.

FRAGE: Was Sie das reine Sein nennen, ist es das universelle Sein, alles zu sein?

MAHARAJ: Alles bedeutet eine Ansammlung von Einzelheiten. Im reinen Sein gibt es die Idee von etwas Einzelnem nicht.

FRAGE: Gibt es eine Beziehung zwischen reinem Sein und besonderem Sein?

MAHARAJ: Was für eine Beziehung könnte es geben zwischen dem, was ist und dem, was zu sein scheint? Gibt es eine Beziehung zwischen dem Ozean und seinen Wellen? Die Realität läßt das Unreale erscheinen und vergehen. Vergängliche Momente, aneinandergereiht, schaffen die Illusion von Zeit, doch die zeitlose Realität des reinen Seins ist nicht in Bewegung, denn jegliche Bewegung bedarf eines unbewegten Hintergrundes. Es ist selbst der Hintergrund. Haben Sie es einmal in sich gefunden, wissen Sie, daß Sie es nie verloren hatten, dieses unabhängige Sein, unabhängig von aller Teilung und

Trennung. Doch suchen Sie es nicht im Bewußtsein, dort werden Sie es nicht finden. Suchen Sie es nirgendwo, denn nichts beinhaltet es. Im Gegenteil, es beinhaltet alles und manifestiert alles. Es ist wie das Tageslicht, das alles sichtbar macht und dabei selbst unsichtbar bleibt.

Frage: Herr, was nutzt es mir, wenn Sie mir sagen, daß die Realität nicht im Bewußtsein zu finden ist? Wo sonst soll ich schauen? Wie soll man das erfassen?

Maharaj: Das ist ganz einfach. Wenn ich Sie frage, was der Geschmack Ihres Mundes ist, können Sie nur sagen, er ist weder süß noch bitter, weder sauer noch scharf, er ist, was übrig bleibt, ohne all diese Geschmacksunterschiede. Genauso bleibt die Realität übrig, einfach und solide, wenn es keine Unterscheidungen und Reaktionen mehr gibt.

Frage: Ich verstehe nur, daß ich in den Klauen einer anfanglosen Illusion bin, und ich sehe nicht, wie sie zu einem Ende kommen könnte. Sie wäre schon längst zu Ende, wenn es möglich wäre. Ich hatte in der Vergangenheit bereits so viele Möglichkeiten, wie ich sie in der Zukunft haben werde. Was nicht geschehen konnte, wird nicht geschehen, und wenn es doch geschieht, kann es nicht von Dauer sein. Unser beklagenswerter Zustand nach all diesen Jahrmillionen ist bestenfalls das Versprechen der endgültigen Auslöschung, oder noch schlimmer, die Bedrohung einer nie endenden, sinnlosen Wiederholung.

Maharaj: Welche Beweise haben Sie, daß Ihr derzeitiger Zustand ohne Anfang und ohne Ende ist? Wie waren Sie, bevor Sie geboren wurden, und wie werden Sie nach dem Tode sein, und wieviel wissen Sie über Ihren derzeitigen Zustand? Sie wissen noch nicht einmal, wie Ihr Zustand war, bevor Sie heute morgen aufgewacht sind. Sie wissen nur ein wenig über Ihren derzeitigen Zustand, und aus dem wenigen ziehen Sie Schlußfolgerungen für alle Zeiten und Gegebenheiten. Vielleicht träumen Sie nur und halten diesen Traum für ewig.

Frage: Es einen Traum zu nennen, ändert nichts. Ich wiederhole meine Frage: Welche Hoffnung liegt in der Zukunft, die die Vergangenheit nicht erfüllen konnte? Warum sollte meine Zukunft anders sein als meine Vergangenheit?

MAHARAJ: In Ihrem Fieberzustand projizieren Sie eine Vergangenheit und Zukunft und halten sie für die Realität. Tatsächlich kennen Sie nur den augenblicklichen Moment. Warum untersuchen Sie nicht, was jetzt ist, anstatt Fragen über eine imaginäre Vergangenheit und Zukunft zu stellen? Ihr momentaner Zustand ist ohne Anfang und ohne Ende, er ist augenblicklich vorbei. Beobachten Sie genau, woher er kommt und wohin er geht. Dahinter werden Sie sehr bald die zeitlose Realität entdecken.

FRAGE: Warum habe ich das nicht bisher schon getan?

MAHARAJ: So wie sich jede Welle im Ozean auflöst, so kommt jeder Moment zu seiner Quelle zurück. Verwirklichung heißt, diese Quelle zu finden und dort zu bleiben.

FRAGE: Wer findet sie?

MAHARAJ: Der Verstand.

FRAGE: Findet er die Antworten?

MAHARAJ: Er findet heraus, daß er keine Fragen mehr hat, daß keine Antworten nötig sind.

FRAGE: Geboren zu werden und zu sterben ist eine Tatsache. Wie erscheinen sie dem Beobachter?

MAHARAJ: Ein Kind wurde geboren, ein Mensch starb - lediglich Ereignisse im Ablauf der Zeit.

FRAGE: Gibt es im Beobachten einen Fortschritt, entwickelt sich das Gewahrsein?

MAHARAJ: Was Sie sehen, mag sich auf vielfältige Weise verändern, wenn es im Licht des Gewahrseins gesehen wird, doch es ist das Objekt, das sich verändert, nicht das Licht. Die Pflanzen wachsen durch das Sonnenlicht, doch die Sonne wächst nicht. Der Körper und der Beobachter allein sind beide bewegungslos, doch wenn man sie im Verstand zusammenbringt, scheinen sie sich zu bewegen.

FRAGE: Ja, ich kann sehen, daß das, was sich bewegt und

ändert, nur das 'Ich bin' ist. Ist das 'Ich bin' überhaupt notwendig?

MAHARAJ: Wer braucht es? Es ist da, jetzt. Es hat einen Anfang und es hat ein Ende.

FRAGE: Was bleibt zurück, wenn das 'Ich bin' gegangen ist?

MAHARAJ: Das, was nicht kommt und nicht geht, bleibt übrig.

Es ist der ewig gierige Verstand, der diese Vorstellung von Fortschritt und Evolution bis zur Vollkommenheit schafft. Er stört und redet von Ordnung, er zerstört und sucht Sicherheit.

FRAGE: Gibt es einen Fortschritt in der Bestimmung, im *Karma*?

MAHARAJ: *Karma* ist nur ein Vorrat an unverbrauchter Energie, unerfüllten Begierden und nie verstandenen Ängsten. Der Vorrat wird ständig aufgefüllt durch neue Begierden und Ängste. Das muß nicht immer so sein. Finden Sie die Wurzel Ihrer Ängste, der Entfremdung von Ihnen selbst – und Ihrer Begierden, der Sehnsucht nach dem Selbst, und Ihr *Karma* wird sich auflösen wie ein Traum. Zwischen Erde und Himmel fließt das Leben, nichts wird davon berührt, nur Körper wachsen und zerfallen.

FRAGE: Was ist die Beziehung zwischen der Person und dem Beobachter?

MAHARAJ: Es kann keine Beziehung geben zwischen den beiden, denn sie sind eins. Trennen Sie nicht, und suchen Sie nicht nach Beziehungen.

FRAGE: Wenn das Gesehene und der Sehende eins sind, woher kommt dann die Trennung?

MAHARAJ: Sie sind fasziniert von Namen und Formen, deren Natur es ist, verschieden und vielfältig zu sein, und deshalb unterscheiden Sie, was von Natur aus zusammengehört und trennen, was eins ist. Die Welt ist ungeheuer vielfältig, doch daß Sie sich unwohl und ängstlich fühlen, beruht auf einem Mißverständnis. Ihr Körper ist in Gefahr, nicht Sie.

FRAGE: Ich kann sehen, daß die biologische Grundangst,

der Fluchtinstinkt, viele Formen annimmt und meine Gedanken und Gefühle entstellt, doch wie ist diese Angst entstanden?

MAHARAJ: Es ist ein mentaler Zustand, der aus der Vorstellung 'Ich bin der Körper' entstanden ist. Er kann durch die gegensätzliche Vorstellung 'Ich bin nicht der Körper' beseitigt werden. Beide Vorstellungen sind falsch, doch die eine zerstört die andere. Verstehen Sie, daß nicht Sie diese Ideen haben, sie kommen von außen zu Ihnen. Sie müssen das alles für sich allein zu Ende denken, machen Sie sich selbst zum Objekt Ihrer Meditation. Das Bemühen, sich selbst zu verstehen, ist *Yoga*. Seien Sie ein *Yogi*, richten Sie Ihr Leben darauf aus, brüten Sie darüber, wundern Sie sich und suchen Sie, bis Sie an die Wurzel des Irrtums kommen und an die Wahrheit jenseits des Irrtums.

FRAGE: Wer meditiert in der Meditation, die Person oder der Beobachter?

MAHARAJ: Meditation ist der willentliche Versuch, in die höheren Zustände des Bewußtseins vorzudringen und schließlich über sie hinauszugehen. Die Kunst der Meditation ist es, die Aufmerksamkeit auf immer subtilere Ebenen zu verlagern, ohne die Ebenen, die hinter einem liegen, aus dem Griff zu verlieren. In gewissem Sinne ist es, wie den Tod unter Kontrolle zu haben. Man beginnt mit den niedrigsten Ebenen: sozialen Umständen, Sitten und Gewohnheiten, physischer Umgebung, der Haltung und dem Atem des Körpers, den Sinnen und ihren Empfindungen und Wahrnehmungen, dem Verstand und seinen Gedanken und Gefühlen, bis man den gesamten Mechanismus der Persönlichkeit in den Griff bekommen hat und beherrscht. Die letzte Stufe der Meditation ist erreicht, wenn das Gefühl der Identität über Begriffe hinausgeht wie 'Ich bin soundso, so bin ich, ich bin nur der Beobachter, es gibt...', über all diese Vorstellungen hinaus in das unpersönliche, persönliche reine Sein. Doch Sie müssen voller Energie sein, wenn Sie sich auf die Meditation einlassen. Sie ist sicherlich keine Teilzeitbeschäftigung. Grenzen Sie Ihre Interessen und Aktivitäten auf ein Minimum ein, auf das, was Sie und Ihre Angehörigen brauchen. Investieren Sie all Ihre Energie und Zeit, um die Mauer abzubrechen, die Ihr Verstand um Sie herum gebaut hat. Glauben Sie mir, Sie werden es nicht bereuen.

FRAGE: Wie erkenne ich, daß meine Erfahrung universell ist?

MAHARAJ: Am Ende der Meditation weiß man alles direkt, man braucht keinen Beweis. So wie jeder Tropfen den Geschmack des Meeres beinhaltet, beinhaltet jeder Augenblick den Geschmack der Ewigkeit. Definitionen und Beschreibungen haben ihren Wert als ein brauchbarer Anreiz für weitere Suche, doch müssen Sie darüber hinausgehen in das, was undefinierbar und nicht beschreibbar ist, außer in Negationen.

Schließlich sind auch Universalität und Ewigkeit nur reine Konzepte, als Gegenteile von orts- oder zeitgebunden. Die Realität ist kein Konzept und auch nicht die Manifestation eines Konzeptes. Sie hat nichts mit Konzepten zu tun. Beschäftigen Sie sich mit Ihrem Verstand, beseitigen Sie seine Entstellungen und Unreinheiten. Haben Sie einmal von Ihrem eigenen Selbst geschmeckt, werden Sie diesen Geschmack immer und überall finden. Deshalb ist es so wichtig, daß Sie diesen Zustand erreichen. Wenn Sie das Selbst einmal erkennen, werden Sie es nie mehr verlieren.

Aber Sie müssen sich selbst durch intensive und beschwerliche Meditation die Gelegenheit geben.

FRAGE: Was genau soll ich tun?

MAHARAJ: Lassen Sie Ihr Herz und Ihren Verstand über dem 'Ich bin' brüten; was ist es, wie ist es, was ist seine Quelle, sein Leben, sein Sinn. Es ist, wie nach Wasser zu graben. Sie verwerfen alles, was nicht Wasser ist, bis Sie die lebensspendende Quelle finden.

FRAGE: Woher soll ich wissen, daß ich mich in die richtige Richtung bewege?

MAHARAJ: Durch die Weiterentwicklung Ihrer Absicht, Ihrer Klarheit, Ihrer Hingabe an das Ziel.

FRAGE: Wir Europäer finden es sehr schwierig, still zu sein, wir gehören zu sehr der Welt an.

MAHARAJ: Oh nein, ihr seid auch Träumer, nur sind unsere Träume unterschielich. Sie sind hinter der Vollkommenheit her, in der Zukunft, wir wollen sie im Jetzt finden. Man kann nur das Begrenzte vervollkommnen, das Unbegrenzte ist schon vollkommen. Sie sind vollkommen, nur wissen Sie es nicht. Lernen Sie sich selbst kennen, und Sie werden Wunder entdecken. Alles, was Sie brauchen, ist schon in Ihnen, nur müssen Sie sich mit Ehrfurcht und Liebe begegnen. Sich selbst zu verurteilen und zu mißtrauen sind folgenschwere Fehler. Ihre ständige Flucht vor Leid und Ihre Suche nach Freude sind ein Zeichen Ihrer Selbstliebe. Das Einzige, worum ich Sie bitte, ist dies: Vervollkommnen Sie Ihre Liebe für sich selbst. Versagen Sie sich nichts. Geben Sie Ihrem Selbst Unendlichkeit und Ewigkeit und entdecken Sie, daß Sie sie nicht brauchen. Sie sind jenseits davon.

Kapitel 30

FRAGE: Ein Krieg ist ausgebrochen. Was ist Ihre Einstellung?

MAHARAJ: Irgendwo, irgendwie ist immer Krieg. Gab es je eine Zeit ohne Kriege? Manche sagen, es ist Gottes Wille, andere, es ist Gottes Spiel. Es ist nur eine andere Art zu sagen, daß Kriege unvermeidlich sind und niemand dafür verantwortlich ist.

FRAGE: Doch was ist Ihre Einstellung?

MAHARAJ: Warum wollen Sie mir eine Einstellung aufzwingen? Ich habe keine Einstellung, die ich mein eigen nennen könnte.

FRAGE: Doch sicherlich ist jemand verantwortlich für diese grausamen und sinnlosen Schlachtereien. Warum sind Menschen so schnell bereit zu töten?

MAHARAJ: Suchen Sie innen nach dem Schuldigen. Die Wurzel aller Konflikte ist die Vorstellung von 'mir' und 'mein'. Seien Sie frei davon, und Sie werden frei von Konflikten sein.

FRAGE: Es würde den Krieg nicht beeinflussen, wenn ich frei von Konflikten wäre. Wenn ich die Ursache des Krieges bin, dann bin ich bereit zu sterben, und doch ist es zweifelhaft, daß der Tod Tausender von Menschen wie mir den Krieg beenden würde. Die Kriege begannen nicht bei meiner Geburt, und sie werden nicht mit meinem Tod enden. Ich bin nicht verantwortlich, wer ist es dann?

MAHARAJ: Zwietracht und Kampf sind Teil der Existenz. Warum untersuchen Sie nicht, wer für die Existenz verantwortlich ist?

FRAGE: Warum sagen Sie, daß Existenz und Konflikt unteilbar sind? Gibt es keine Existenz ohne Zwietracht? Ich brauche andere nicht zu bekämpfen, um ich selbst zu sein.

MAHARAJ: Sie bekämpfen andauernd jemanden für Ihr Überleben als eine separate Körper-Verstand-Einheit mit einem bestimmten Namen und einer bestimmtem Form. Um zu leben, müssen Sie zerstören. Seit Ihrer Geburt führen Sie Krieg gegen Ihre Umgebung, einen gnadenlosen Krieg gegenseitiger Ausmerzung, bis Sie der Tod befreit.

FRAGE: Meine Frage ist immer noch nicht beantwortet: Sie beschreiben nur, was ich schon weiß, das Leben und seine Leiden. Doch Sie sagen nicht, wer dafür verantwortlich ist. Wenn ich Sie bedränge, dann schieben Sie die Schuld auf Gott, das *Karma* oder auf meine Gier und Ängste, was nur weitere Fragen erzeugt. Geben Sie mir eine endgültige Antwort.

MAHARAJ: Die endgültige Antwort ist: Nichts ist. Alles ist nur eine momentane Erscheinung im Blickfeld des universellen Bewußtseins. Bestand als Name und Form ist nur ein mentales Gebilde, leicht aufzulösen.

FRAGE: Ich frage nach dem Unmittelbaren, dem Vergänglichen, der Erscheinung. Hier ist das Bild eines Kindes, das von Soldaten getötet wurde. Es ist eine Tatsache, die Sie anstarrt. Sie können sie nicht leugnen. Also, wer ist verantwortlich für den Tod dieses Kindes?

MAHARAJ: Jeder und niemand. Die Welt ist, was sie beinhaltet, und jede Sache beeinflußt alle anderen. Wir alle töten das Kind, und wir alle sterben mit ihm. Jedes Ereignis hat unzählige Ursachen und produziert zahllose Wirkungen. Es ist sinnlos, darüber Buch zu führen, nichts ist auffindbar.

FRAGE: Ihr Volk spricht von *Karma* und Vergeltung.

MAHARAJ: Das ist nur eine grobe Annäherung; in Realität

sind wir alle unsere eigenen Schöpfer und Geschöpfe, die ihre gegenseitige Last verursachen und tragen.

FRAGE: Also leidet der Unschuldige für den Schuldigen?

MAHARAJ: In unserer Ignoranz sind wir unschuldig, in unseren Taten sind wir schuldig. Wir sündigen, ohne es zu wissen und leiden, ohne es zu verstehen. Unsere einzige Hoffnung ist: anzuhalten, zu schauen, zu verstehen und uns aus den Fallen der Erinnerung zu befreien. Denn die Erinnerung nährt die Vorstellung, und die Vorstellung erzeugt Verlangen und Angst.

FRAGE: Warum erschaffe ich überhaupt diese Illusion?

MAHARAJ: Das Licht des Bewußtseins fällt auf den Film der Erinnerung und erzeugt Bilder in Ihrem Gehirn. Da aber Ihr Verstand sich in einem unzulänglichen und chaotischen Zustand befindet, ist Ihre Wahrnehmung entstellt und gefärbt von Gefühlen der Sympathie und Ablehnung. Bringen Sie Ihre Gedanken in Ordnung, und befreien Sie sie von gefühlsmäßigen Überlagerungen, und Sie werden Menschen und Dinge sehen, wie sie sind, mit Klarheit und Nächstenliebe.

Der Beobachter der Geburt, des Lebens und des Todes ist ein und derselbe. Er ist der Beobachter von Schmerz und Liebe. Obwohl die Existenz in Begrenzung und Trennung leidvoll ist, lieben wir sie. Wir lieben und hassen sie zur selben Zeit. Wir kämpfen, wir töten, wir zerstören Leben und Besitz, und sind doch liebevoll und aufopfernd. Ein Kind pflegen wir mit Liebe und machen es auch zur Waisen. Unser Leben ist voller Widersprüche, und doch hängen wir daran. Dieses Hängen am Leben ist die Wurzel von allem, und doch ist es vollkommen oberflächlich. Wir hängen uns mit aller Kraft an jemanden oder an etwas, und im nächsten Moment vergessen wir es, wie ein Kind, das Sandkuchen backt und sie im nächsten Moment leichten Herzens wieder vergißt. Rühren Sie sie an, schreit es vor Zorn; lenken Sie es ab, vergißt es sie. Denn unser Leben ist *jetzt*, und unsere Liebe zu ihm ist *jetzt*.

Wir lieben Vielfalt, das Spiel von Leid und Freude, Kontraste faszinieren uns. Dafür brauchen wir Gegensätze und deren scheinbare Trennungen. Wir genießen sie für einen

Moment, dann werden wir ihrer müde und sehnen uns nach der Ruhe und dem Frieden des reinen Seins. Das kosmische Herz schlägt unaufhörlich. Ich bin der Beobachter und auch das Herz.

FRAGE: Ich kann das Bild sehen, doch wer ist der Maler? Wer ist verantwortlich für diese schreckliche und doch so hinreißende Erfahrung?

MAHARAJ: Der Maler ist in dem Bild. Sie trennen den Maler von dem Bild und suchen ihn dann. Hören Sie auf zu trennen und falsche Fragen zu stellen. Die Dinge sind so, wie sie sind, und niemand Bestimmtes ist dafür verantwortlich. Diese Vorstellung von der persönlichen Verantwortung ist die Illusion, daß hinter jeder Handlung ein Täter steht. 'Irgend jemand muß es getan haben, jemand ist verantwortlich.' Die Gesellschaft von heute mit ihrem Rahmen von Gesetzen und Bräuchen basiert auf der Idee einer selbständigen und verantwortlichen Person, doch ist dies nicht die einzig mögliche Form der Gesellschaft. Es könnte andere Formen geben, in denen das Gefühl von Getrenntsein schwach ist und die Verantwortung verteilt.

FRAGE: Ist ein Individuum mit einer schwach ausgebildeten Persönlichkeit der Selbstverwirklichung näher?

MAHARAJ: Nehmen Sie das Beispiel eines kleinen Kindes. Das Gefühl 'Ich bin' hat sich noch nicht geformt, die Entwicklung der Persönlichkeit ist noch in den Anfängen. Es gibt nur wenige Hindernisse zur Selbsterkenntnis, doch die Klarheit des Gewahrseins und dessen Größe und Tiefe fehlen. Im Laufe der Jahre wird das Gewahrsein stärker werden, doch auch die latente Persönlichkeit wird erscheinen und vernebeln und komplizieren. Je härter das Holz, desto heißer die Flamme, je stärker die Persönlichkeit, desto heller das Licht, das von ihrer Zerstörung erzeugt wird.

FRAGE: Haben Sie keine Probleme?

MAHARAJ: Ich habe Probleme, das habe ich Ihnen bereits gesagt. Zu sein, mit einem Namen und einer Form zu existieren, ist schmerzhaft, doch ich liebe es.

Frage: Aber Sie lieben alles!

Maharaj: Alles ist in der Existenz enthalten. Meine wahre Natur ist zu lieben, und selbst das Schmerzvolle ist liebenswert.

Frage: Das macht es nicht weniger schmerzvoll. Warum nicht im Unbegrenzten bleiben?

Maharaj: Es ist der Entdecker-Instinkt, die Liebe zum Unbekannten, die mich ins Dasein bringt. Es liegt in der Natur des Seins, im Werden ein Abenteuer zu sehen, so wie es in der Natur des Werdens liegt, den Frieden im Sein zu suchen. Dieser Wechsel aus Sein und Werden ist unausweichlich, doch mein Zuhause ist jenseits davon.

Frage: Ist Ihr Zuhause in Gott?

Maharaj: Auch einen Gott zu lieben und anzubeten ist Ignoranz. Mein Zuhause ist jenseits aller Vorstellungen, und seien sie auch noch so erhaben.

Frage: Doch Gott ist keine Vorstellung! Er ist die Realität jenseits von Existenz.

Maharaj: Nennen Sie es, wie Sie wollen. Was immer Sie sich ausdenken, ich bin jenseits davon.

Frage: Wenn man einmal sein Zuhause gefunden hat, warum bleibt man dann nicht dort? Warum verläßt man es?

Maharaj: Durch die Liebe zur gemeinsamen Existenz wird man geboren und unterliegt einem Schicksal. Schicksal ist untrennbar von Werden. Der Wunsch, etwas Bestimmtes zu sein, läßt Sie eine Person werden mit all deren persönlicher Vergangenheit und Zukunft. Schauen Sie sich einen berühmten Menschen an: Was für ein wundervoller Mensch er war! Und doch war sein Leben voller Probleme und sein Werk begrenzt. Wie absolut abhängig ist doch die Person des Menschen und wie gleichgültig seine Welt. Trotzdem lieben und beschützen wir sie in all ihrer Bedeutungslosigkeit.

Frage: Ein Krieg ist im Gange, alles versinkt im Chaos, und man bittet Sie, eine Verpflegungsstation zu übernehmen. Man gibt Ihnen das Nötige, und es liegt nun lediglich an Ihnen, die

Aufgabe zu erfüllen. Werden Sie es ablehnen?

MAHARAJ: Zu arbeiten und nicht zu arbeiten, ist für mich beides dasselbe. Ich mag die Arbeit übernehmen oder nicht. Vielleicht gibt es andere, die für diese Aufgabe besser geeignet sind als ich, z.B. Verpflegungsspezialisten. Doch meine Haltung ist anders. Ich sehe den Tod nicht als ein Unglück, so wie ich bei der Geburt eines Kindes nicht jubiliere. Auf das Kind warten Schwierigkeiten, der Tote hat sie hinter sich. Am Leben zu hängen, heißt am Kummer zu hängen. Wir lieben, was uns weh tut, das ist unsere Natur.

Für mich wird die Stunde des Todes ein Moment des Jubilierens sein, nicht der Angst. Ich schrie, als ich geboren wurde, und ich werde lachen, wenn ich sterbe.

FRAGE: Was verändert sich im Moment des Todes im Bewußtsein?

MAHARAJ: Was für eine Veränderung erwarten Sie? Wenn die Filmvorführung zu Ende ist, bleibt alles genau wie vorher. Ihr Zustand vor der Geburt ist derselbe wie nach dem Tod, wenn Sie sich erinnern.

FRAGE: Ich erinnere mich an nichts.

MAHARAJ: Weil Sie es nie probiert haben. Es ist nur eine Frage, den Verstand darauf einzuschwingen. Sie brauchen dazu natürlich Übung.

FRAGE: Warum beteiligen Sie sich nicht an sozialer Arbeit?

MAHARAJ: Aber ich tue doch nichts anderes! Was ist diese soziale Arbeit, von der Sie möchten, daß ich sie tue? Flickwerk ist nichts für mich. Meine Position ist klar: Produzieren Sie, um zu verteilen, speisen Sie andere, bevor Sie essen, geben Sie, bevor Sie nehmen, denken Sie an andere, bevor Sie an sich selbst denken. Nur eine selbstlose Gesellschaft, die darauf basiert zu teilen, ist stabil und glücklich. Dies ist die einzige praktische Lösung. Wenn sie Ihnen nicht gefällt, dann kämpfen Sie.

FRAGE: Es ist alles eine Frage der *Gunas*. Wo *Tamas* und *Rajas* überwiegen, gibt es Krieg. Wo *Sattva* regiert, da gibt es Friede.

MAHARAJ: Nennen Sie es, wie Sie wollen, es läuft alles auf dasselbe hinaus. Unsere Gesellschaft begründet sich auf Motivierung. Wenn die Fundamente einer Gesellschaft aus gutem Willen gebaut sind, dann braucht sie keine speziellen Sozialarbeiter.

FRAGE: Die Welt wird besser.

MAHARAJ: Die Welt hatte jede Menge Zeit, besser zu werden und hat es bislang nicht getan. Was für eine Hoffnung gibt es also für die Zukunft? Selbstverständlich gab es und wird es Zeiten von Harmonie und Frieden geben, wenn *Sattva* im Aufsteigen war, doch Dinge werden durch ihre eigene Perfektion zerstört. Eine vollkommene Gesellschaft ist notwendigerweise statisch, und wenn sie stagniert, zerfällt sie. Von der Spitze führen alle Wege abwärts. Die Gesellschaft ist wie ihre Menschen - sie werden geboren, sie wachsen bis zu einer relativen Vollkommenheit, und dann zerfallen sie und sterben.

FRAGE: Gibt es nicht einen Zustand absoluter Perfektion, ohne Verfall?

MAHARAJ: Alles, was einen Anfang hat, muß ein Ende haben. Im Zeitlosen ist alles vollkommen, hier und jetzt.

FRAGE: Doch werden wir das Zeitlose zu gegebener Zeit erreichen?

MAHARAJ: Zu gegebener Zeit werden wir zum Ausgangspunkt zurückkommen. Die Zeit kann uns nicht aus der Zeit hinausführen, so wie Raum uns nicht aus dem Raum hinausführen kann. Alles, was Warten einbringt, ist weiteres Warten. Absolute Vollkommenheit ist hier und jetzt, nicht in der nahen oder fernen Zukunft. Das Geheimnis liegt im Handeln - hier und jetzt. Ihre Verhaltensweisen machen Sie blind sich selbst gegenüber. Mißachten Sie, was immer Sie zu sein glauben, und handeln Sie, als wären Sie absolut vollkommen - was immer Ihre Vorstellung von Vollkommenheit sein mag. Alles, was Sie brauchen, ist Mut.

FRAGE: Wo soll ich diesen Mut finden?

MAHARAJ: In Ihnen selbst natürlich. Schauen Sie nach

innen.

Frage: Ihre Gnade wird mir helfen.

Maharaj: Meine Gnade sagt Ihnen jetzt, schauen Sie nach innen. Sie haben alles, was Sie brauchen. Benutzen Sie es. Verhalten Sie sich, so gut Sie können. Tun Sie, was Sie glauben, das Sie tun sollen. Haben Sie keine Angst vor Fehlern, Sie können sie immer korrigieren; nur Ihre Motive zählen. Wie die Dinge sich entwickeln, liegt nicht in Ihrer Hand, doch gewiß die Motive Ihrer Handlungen.

Frage: Wie können Handlungen, die aus Unvollkommenheit geboren werden, zur Vollkommenheit führen?

Maharaj: Handlungen führen nicht zur Vollkommenheit, Vollkommenheit wird ausgedrückt in Handlungen. Solange Sie sich selbst an Ihren Handlungsweisen messen, geben Sie ihnen größte Aufmerksamkeit. Wenn Sie Ihr wahres Sein erkennen, werden Ihre Verhaltensweisen ganz spontan vollkommen sein.

Frage: Wenn ich zeitlos vollkommen bin, warum wurde ich dann überhaupt geboren? Was ist der Sinn des Lebens?

Maharaj: Das ist, als ob jemand fragt, was gewinnt das Gold dadurch, daß man es zu einem Schmuckstück verarbeitet? Das Schmuckstück bekommt die Farbe und Schönheit des Goldes, das Gold wird nicht bereichert. Genauso ist es, wenn die Realität in Taten ausgedrückt wird. Es macht diese Taten bedeutungsvoll und schön.

Frage: Was gewinnt die Realität dadurch, daß sie sich ausdrückt?

Maharaj: Was kann sie gewinnen? Überhaupt nichts. Aber es ist die Natur der Liebe, sich auszudrücken, sich zu bestätigen, Schwierigkeiten zu beseitigen. Haben Sie einmal verstanden, daß die Welt Liebe in Aktion ist, werden Sie sie mit ganz anderen Augen sehen. Doch vorher muß sich Ihre Einstellung zum Leiden ändern. Leiden ist hauptsächlich ein Ruf nach Aufmerksamkeit, was in sich selbst ein Ausdruck der Liebe ist. Mehr als Glück wünscht sich die Liebe Wachstum, die Erweiterung und Vertiefung des Bewußtseins und des Seins. Was auch immer dies verhindert, wird zur Ursache von Schmerz, und Liebe schreckt nicht vor Schmerz zurück. *Sattva*, die Energie, die für Rechtschaffenheit und eine gesunde Entwicklung arbeitet, darf nicht vereitelt werden. Wird sie behindert, dann wendet sie sich gegen sich selbst und wirkt zerstörend. Wann immer Liebe zurückgehalten wird und sich das Leiden ausbreiten kann, wird Krieg unvermeidlich. Unsere Gleichgültigkeit gegenüber dem Leiden unserer Nachbarn bringt Leid in unser eigenes Haus.

Kapitel 31

FRAGE: Sie sagen immer wieder, daß ich nie geboren wurde und nie sterben werde. Wenn das so ist, warum sehe ich dann die Welt wie jemand, der geboren wurde und ganz sicher sterben wird?

MAHARAJ: Sie glauben das, weil Sie Ihre Vorstellung, der Körper zu sein, der offensichtlich geboren wurde und sterben wird, nie hinterfragt haben. Solange er lebt, zieht er die Aufmerksamkeit auf sich und fasziniert einen so total, daß man selten seine wahre Natur wahrnimmt. Es ist, als ob man die Oberfläche des Ozeans sieht und vollkommen die gewaltige Tiefe darunter vergißt. Die Welt ist nur die Oberfläche des Verstandes, und der Verstand ist unendlich. Was wir Gedanken nennen, sind nur Wellen im Verstand. Wenn der Verstand ruhig ist, reflektiert er die Realität. Wenn er durch und durch bewegungslos ist, löst er sich auf, und nur die Realität bleibt zurück. Die Realität ist so konkret, so wirklich, soviel greifbarer als Verstand und Materie, daß, mit ihr verglichen, selbst ein Diamant butterweich ist. Diese überwältigende 'Gegenwärtigkeit' läßt die Welt wie einen Traum erscheinen, nebelhaft, unwesentlich.

FRAGE: Diese Welt, die so voller Leiden ist, wie können Sie sie als unwesentlich bezeichnen? Wie gefühllos!

MAHARAJ: Sie sind gefühllos, nicht ich. Wenn Ihre Welt so voller Leiden ist, dann tun Sie etwas, und tragen Sie nicht durch Gier und Gleichgültigkeit dazu bei. Ich bin nicht durch Ihre Traumwelt gebunden. In meiner Welt wird nicht die Saat der Leiden, Wünsche und Ängste gesät, und deshalb wächst auch kein Leid. Meine Welt ist frei von Gegensätzen, von sich gegenseitig zerstörenden Diskrepanzen, sie ist von Harmonie durchdrungen, und ihr Frieden ist felsenfest. Dieser Frieden und die Stille sind mein Körper.

FRAGE: Was Sie sagen, erinnert mich an den *Dharmakaya* des *Buddha*.

MAHARAJ: Mag sein, wir brauchen uns nicht um Terminologien zu streiten. Sehen Sie nur die Person, die Sie glauben zu sein, als einen Teil der Welt, die Sie innerhalb Ihres Verstandes wahrnehmen, und betrachten Sie den Verstand als Außenstehender, denn Sie sind nicht der Verstand. Schließlich ist Ihre Bereitschaft zur Selbstidentifizierung mit allem, was Sie wahrnehmen, das einzige Problem. Geben Sie diese Gewohnheit auf, erinnern Sie sich, daß Sie nicht das sind, was Sie wahrnehmen, wenden Sie Ihre Fähigkeit an, wach und unnahbar zu sein. Sehen Sie sich selbst in allem, was lebt, und Ihr Verhalten wird zum Ausdruck Ihrer Vision werden. Wenn Sie einmal erkannt haben, daß es nichts in dieser Welt gibt, was Sie Ihr eigen nennen können, beginnen Sie, die Dinge von außerhalb zu betrachten, sowie Sie sich ein Bühnenstück oder einen Film anschauen, bewundernd und genießend, eigentlich aber unberührt. Solange Sie sich einbilden, etwas Solides und Greifbares zu sein, ein Ding unter Dingen, tatsächlich existierend in Zeit und Raum, kurzlebig und verletzbar, werden Sie natürlich ängstlich bemüht sein, zu überleben und zu vermehren. Doch Ihre Angst wird sich auflösen, wenn Sie sich als jenseits von Zeit und Raum erkennen, in Kontakt mit ihnen nur an dem Punkt von Hier und Jetzt, ansonsten alles durchdringend und enthaltend, unnahbar, unangreifbar, unverwundbar. Erkennen Sie sich, wie Sie sind, es gibt kein anderes Heilmittel gegen Angst.

Sie müssen lernen, dementsprechend zu denken und zu fühlen, oder Sie werden weiterhin endlos auf der persönlichen

Ebene von Verlangen und Angst leben, gewinnen und verlieren, wachsen und verwesen. Ein persönliches Problem kann nicht auf seiner eigenen Ebene gelöst werden. Der Wunsch zu leben ist der Bote des Todes, so wie die Sehnsucht nach Glück die Schale des Leidens ist. Die Welt ist ein Meer von Schmerzen und Ängsten, von Sorgen und Verzweiflung. Die Freuden sind wie die Fische im Meer, wenige und schnell entschwindend, kaum erschienen, wieder verschwunden. Ein Mensch mit niedriger Intelligenz glaubt entgegen allen Beweisen, daß er eine Ausnahme ist und die Welt ihm Glück schuldet. Doch die Welt kann nicht geben, was sie nicht hat, unwirklich bis ins Mark ist sie nutzlos für wirkliches Glück. Das geht gar nicht anders. Wir suchen die Realität, weil wir mit der Illusion unglücklich sind. Glückseligkeit ist unser wahres Wesen, und wir werden nicht ruhen, bis wir sie gefunden haben. Doch selten wissen wir, wo wir suchen sollen. Wenn Sie einmal verstanden haben, daß die Welt ein mißverstandenes Bildnis der Realität ist und nicht, was sie zu sein scheint, dann sind Sie frei von ihren Besessenheiten. Nur, was mit Ihrem wahren Sein vereinbar ist, kann Sie glücklich machen, und die Welt, wie Sie sie wahrnehmen, ist dessen absolute Verneinung.

Seien Sie ganz still und beobachten Sie, was an die Oberfläche Ihres Verstandes steigt. Lehnen Sie das Bekannte ab, heißen Sie das bis dahin Unbekannte willkommen, und lehnen Sie auch das zu seiner Zeit wieder ab. So werden Sie zu einem Zustand kommen, wo es kein Wissen gibt, nur Sein, in dem das Sein selbst Wissen ist. Durch das Sein zu wissen, ist direktes Wissen. Es basiert auf der Identität des Sehenden und des Gesehenen. Indirektes Wissen basiert auf Sinneswahrnehmung und Erinnerung, auf der Nähe zwischen Wahrnehmendem und Wahrgenommenem und ist begrenzt durch den Gegensatz zwischen den beiden. Das gleiche gilt für das Glück. Normalerweise müssen Sie traurig sein, um Fröhlichkeit zu kennen und fröhlich sein, um Traurigkeit zu kennen. Wirkliches Glück ist ohne Ursache und verschwindet nicht durch das Fehlen von Stimulationen. Es ist nicht das Gegenteil von Kummer, es schließt allen Kummer und alles Leiden ein.

FRAGE: Wie kann man unter so viel Leiden glücklich bleiben?

MAHARAJ: Man kann nicht anders - das innere Glück ist so überwältigend wirklich. So wie die Sonne am Himmel verschwindet es nie, mag seine Ausdrucksform auch vernebelt sein.

FRAGE: Wenn wir in Schwierigkeiten sind, sind wir zwangsläufig unglücklich.

MAHARAJ: Angst ist die einzige Schwierigkeit. Erkennen Sie sich selbst als unabhängig, und Sie werden frei von Angst und ihren Schatten werden.

FRAGE: Was ist der Unterschied zwischen Glück und Vergnügen?

MAHARAJ: Vergnügen ist abhängig von Dingen, Glück nicht.

FRAGE: Wenn das Glück unabhängig ist, warum sind wir dann nicht immer glücklich?

MAHARAJ: Solange wir glauben, daß wir Dinge brauchen, um glücklich zu sein, werden wir auch glauben, daß wir in der Abwesenheit dieser Dinge unglücklich sein müssen. Der Verstand formt sich immer entsprechend seinen eigenen Überzeugungen. Daher ist es wichtig, sich selbst zu überzeugen, daß man nicht in das Glücklichsein getrieben werden muß. Ganz im Gegenteil, Vergnügen ist eine nutzlose Ablenkung, denn es verstärkt die falsche Überzeugung, daß man Dinge braucht und tun muß, um glücklich zu sein, wenn es in Wirklichkeit genau umgekehrt ist.

Doch warum überhaupt über das Glück reden? Sie denken doch nur an Glück, wenn Sie unglücklich sind. Ein Mensch, der sagt, 'Jetzt bin ich glücklich', ist zwischen zwei Unglücken - Vergangenheit und Zukunft. Dieses Glück ist doch nur eine freudige Erregung über die Erleichterung vom Schmerz. Wirkliches Glück ist sich seiner selbst ganz und gar unbewußt. Es wird am besten negativ ausgedrückt, wie z.B.: 'Mit mir ist nichts falsch, ich brauche mir um nichts Sorgen zu machen.' Schließlich ist der wirkliche Zweck aller *Sadhana*, einen Punkt zu erreichen, an dem diese Überzeugung nicht nur verbal ist, sondern tatsächliche und immer präsente Erfahrung.

FRAGE: Welche Erfahrung?

MAHARAJ: Die Erfahrung, leer zu sein, nicht vollgestopft mit Erinnerungen und Erwartungen. Es ist wie das Glück von Weite, von Jungsein, alle Zeit und Energie zu haben, um Dinge zu tun, zum Entdecken, für Abenteuer.

FRAGE: Was bleibt zu entdecken?

MAHARAJ: Das äußere Universum und die riesige innere Weite, so wie sie in Realität sind in dem großen Verstand und Herzen Gottes, der Sinn und Zweck der Existenz, das Geheimnis des Leidens, die Erlösung des Lebens von der Ignoranz.

FRAGE: Wenn glücklich sein dasselbe ist, wie von Angst und Sorgen frei zu sein, könnte man dann nicht sagen, daß die Abwesenheit des Unglücks die Ursache des Glücks ist?

MAHARAJ: Ein Zustand von Abwesenheit, von Nicht-Existenz kann keine Ursache sein, Ursache impliziert eine vorherige Existenz. Ihr Normalzustand, in dem nichts existiert, kann nicht die Ursache dafür sein, etwas zu werden. Die Ursachen sind versteckt in der großen und mysteriösen Kraft der Erinnerung. Doch Ihr wirkliches Zuhause ist im Nichts, in der Leere von allem Inhalt.

FRAGE: Leere und Nichts, wie grausig.

MAHARAJ: Sie heißen sie freudig willkommen, wenn Sie schlafen gehen! Finden Sie für sich selbst diesen Zustand von wachem Schlaf heraus, und Sie werden ihn als sehr wohl in Harmonie mit Ihrer wahren Natur entdecken. Worte können Ihnen nur eine Vorstellung geben, und die Vorstellung ist nicht die Erfahrung. Ich kann Ihnen nur sagen, daß wahres Glück keine Ursache hat, und was keine Ursache hat, ist beständig. Das heißt nicht, daß es wahrnehmbar ist, wie z.B. Freude. Was wahrnehmbar ist, sind Leid und Freude. Der Zustand der Freiheit von Sorgen kann nur im Negativen beschrieben werden. Um ihn direkt zu erfahren, müssen Sie über den Verstand hinausgehen, der süchtig ist nach Ursachen und der Tyrannei der Zeit.

FRAGE: Wenn wahres Glück nicht Bewußtsein ist und Bewußtsein nicht wahres Glück, was ist dann die Verbindung zwischen den beiden?

MAHARAJ: Bewußtsein, das Produkt von Umständen und Bedingungen, ist von ihnen abhängig und verändert sich mit ihnen. Was unabhängig ist, unerschaffen, zeitlos und unveränderbar und doch immer neu und frisch, ist jenseits des Verstandes. Wenn der Verstand darüber nachdenkt, löst er sich auf, und nur Glück bleibt übrig.

FRAGE: Wenn alles geht, bleibt nichts übrig.

MAHARAJ: Wie kann es nichts geben ohne etwas? Nichts ist nur eine Vorstellung, die abhängig ist von der Erinnerung an etwas. Reines Sein ist unabhängig von Existenz, die definierbar und beschreibbar ist.

FRAGE: Können Sie uns bitte sagen, ob das Bewußtsein jenseits des Verstandes weiter existiert, oder ob es mit dem Verstand endet?

MAHARAJ: Bewußtsein kommt und geht, das Gewahrsein strahlt unwandelbar.

FRAGE: Wer ist gewahr im Gewahrsein?

MAHARAJ: Solange es eine Person gibt, gibt es auch Bewußtsein. 'Ich bin', Verstand, Bewußtsein bezeichnen denselben Zustand. Wenn Sie sagen, 'Ich bin gewahr', dann heißt das nur, 'Ich bin mir bewußt, über Gewahrsein nachzudenken'. Es gibt kein 'Ich bin' im Gewahrsein.

FRAGE: Wie ist das mit dem Beobachten?

MAHARAJ: Beobachten geht vom Verstand aus, der Beobachter gehört mit dem Beobachteten zusammen. Im Zustand der Nicht-Dualität bricht alle Trennung zusammen.

FRAGE: Wie ist das mit Ihnen? Bestehen Sie weiterhin im Gewahrsein?

MAHARAJ: Die Person, das 'Ich bin dieser Körper, dieser Verstand, diese Kette von Erinnerungen, dieses Bündel von Verlangen und Ängsten' verschwindet, doch es bleibt etwas, was Sie Identität nennen könnten. Es ermöglicht mir, eine Person zu werden, wenn es erforderlich ist. Die Liebe erschafft ihre eigenen Notwendigkeiten, selbst die, eine Person zu werden.

FRAGE: Es wird behauptet, daß die Realität sich als Existenz, Bewußtsein, Glückseligkeit manifestiert. Sind dies absolute oder relative Begriffe?

MAHARAJ: Zueinander sind sie relativ und abhängig voneinander. Realität ist unabhängig von ihren Ausdrucksformen.

FRAGE: Was ist die Beziehung zwischen der Realität und ihren Ausdrucksformen?

MAHARAJ: Es gibt keine Beziehung. In der Realität ist alles real und identisch. Wie wir in Indien sagen, *Saguna* und *Nirguna* sind eins im *Parabrahman*. Es gibt nur das Höchste. In der Bewegung ist es *Saguna*, bewegungslos ist es *Nirguna*. Doch es ist nur der Verstand, der sich bewegt oder nicht bewegt. Die Realität ist jenseits davon, Sie sind jenseits davon. Wenn Sie einmal verstanden haben, daß Sie nichts Wahrnehmbares oder Vorstellbares sind, sind Sie frei von Ihren Vorstellungen. Es ist eine Voraussetzung für die Selbstverwirklichung, alles als eine Vorstellung zu erkennen, die aus dem Verlangen entstanden ist. Nur durch Unaufmerksamkeit nehmen wir die Realität nicht wahr und erschaffen durch zu viele Vorstellungen das Unwirkliche.

Sie müssen mit ganzem Herzen und Verstand immer wieder über diesen Dingen brüten. Es ist wie beim Kochen, Sie müssen das Essen eine Zeitlang auf dem Herd lassen, bevor es fertig ist.

FRAGE: Stehe ich nicht unter dem Einfluß meines Schicksals, meines *Karma*s? Was kann ich dagegen tun? Was ich bin und was ich tue, ist vorbestimmt. Selbst mein sogenannter freier Wille ist vorbestimmt, nur bin ich mir dessen nicht bewußt und glaube, frei zu sein.

MAHARAJ: Wiederum hängt alles von Ihrer Sichtweise ab. Die Ignoranz ist wie ein Fieber, sie läßt Sie Dinge sehen, die nicht vorhanden sind. *Karma* ist die von Gott verschriebene Therapie. Heißen Sie sie willkommen, folgen Sie vertrauensvoll den Anweisungen, und Sie werden wieder gesund werden. Wenn ein Patient geheilt ist, verläßt er das Krankenhaus. Auf sofortiger Freiheit des Willens und der Tat zu bestehen, wird die Heilung nur hinauszögern. Akzeptieren Sie Ihre Bestimmung und erfüllen Sie sie. Dies ist der kürzeste Weg zur Freiheit von Bestimmung, doch nicht von der Liebe und ihren Forderungen. Aus Verlangen und Ängsten zu handeln bedeutet Gefangensein, aus Liebe zu handeln bedeutet Freiheit.

Kapitel 32

FRAGE: Ich sehe hier Bilder verschiedener Heiliger, und ich habe gehört, daß es Ihre spirituellen Ahnen sind. Wer sind sie, und wie hat alles angefangen?

MAHARAJ: Wir werden zusammen die 'Neun Meister' genannt. Entsprechend der Legende war unser erster Lehrer *Rishi Dattatreya*, die große Inkarnation der Trinität von *Brahma, Vishnu* und *Shiva.* Selbst die 'Neun Meister *(Navnath)*' sind mythologisch.

FRAGE: Was ist das Besondere an ihren Lehren?

MAHARAJ: Es ist die Einfachheit in Theorie und Praxis.

FRAGE: Wie wird man ein *Navnath*, durch Einweihung oder Nachfolge?

MAHARAJ: Weder noch, die Tradition der 'Neun Meister' *(Navnath Parampara)* ist wie ein Fluß - er fließt in den Ozean der Realität, und wer immer in ihn eintaucht, wird mitgetragen.

FRAGE: Schließt das ein, von einem lebenden Meister, der zu derselben Tradition gehört, akzeptiert zu werden?

MAHARAJ: Es gibt Menschen, die dieselben *Sadhana*s ausführen, z.B. den Verstand auf das 'Ich bin' konzentrieren, die eine Beziehung haben zu anderen, die dieselben *Sadhana*s mit Erfolg ausgeführt haben. Vielleicht wollen sie auch nur ihrem Gefühl der Verwandtschaft dadurch Ausdruck verleihen, daß sie sich den Namen *Navnath*s geben. Es macht ihnen Freude, zu einer etablierten Tradition zu gehören.

FRAGE: Nutzt es ihnen in irgendeiner Weise?

MAHARAJ: Der Kreis von *Satsang*, der 'Gemeinschaft der Weisen', wird mit der Zeit wachsen.

FRAGE: Eröffnet sich ihnen dadurch eine Quelle der Kraft und Gnade, von der sie anderenfalls ausgeschlossen wären?

MAHARAJ: Kraft und Gnade sind für alle da und auf Abruf. Sich selbst einen bestimmten Namen zu geben, hilft nicht im geringsten. Benennen Sie sich, wie Sie wollen, solange Sie ein wacher Beobachter Ihrer selbst sind, werden die angesammelten Hindernisse zur Selbsterkenntnis zur Seite gefegt werden.

FRAGE: Wenn mir Ihre Lehren gefallen, und ich akzeptiere Ihre Führung, kann ich mich dann *Navnath* nennen?

MAHARAJ: Tun Sie Ihrem wortsüchtigen Verstand den Gefallen! Der Name wird Sie nicht verändern. Bestenfalls wird er Sie daran erinnern, sich anständig zu verhalten. Es gibt eine Folge von *Gurus* und ihren Jüngern, die ihrerseits weitere Schüler lehren und dadurch die Linie erhalten. Doch die Fortsetzung der Tradition ist informell und freiwillig. Sie ist wie ein Familienname, doch in diesem Fall ist es eine spirituelle Familie.

FRAGE: Muß man verwirklicht haben, um dem *Sampradaya* anzugehören?

MAHARAJ: Der *Navnath Sampradaya* ist nur eine Tradition, eine Lehr- und Übungsmethode. Er bezeichnet keine Bewußtseinsebene. Wenn Sie einen Lehrer des *Navnath Sampradaya* als Ihren *Guru* annehmen, gehören Sie zu seinem *Sampradaya*. Gewöhnlich bekommen Sie ein Zeichen seiner Gnade - einen Blick, eine Berührung, ein Wort, manchmal einen lebhaften Traum oder eine starke Erinnerung. Manchmal drückt sich diese Gnade nur durch einen wichtigen und raschen Wandel in Charakter und Verhalten aus.

FRAGE: Ich kenne Sie nun seit einigen Jahren und besuche Sie regelmäßig. Der Gedanke an Sie ist niemals fern. Gehöre ich deshalb Ihrem *Sampradaya* an?

MAHARAJ: Ihre Zugehörigkeit ist eine Sache Ihres eigenen

Empfindens und Ihrer Überzeugung. Schließlich sind das alles nur Worte und Formalitäten. In der Realität gibt es weder den *Guru* noch den Schüler, weder die Theorie noch die Praxis, weder Ignoranz noch Verwirklichung. Es hängt alles davon ab, was Sie zu sein glauben. Durchschauen Sie sich. Es gibt keinen Ersatz für Selbsterkenntnis.

FRAGE: Was für einen Beweis werde ich haben, daß ich mich durchschaut habe?

MAHARAJ: Sie brauchen keine Beweise. Die Erfahrung ist einmalig und nicht mißzuverstehen. Wenn die Hindernisse bis zu einem gewissen Grad entfernt sind, wird Ihnen plötzlich ein Licht aufgehen. Es ist wie ein gespanntes Seil, das reißt. Ihre Aufgabe ist es, es brüchig werden zu lassen, der Bruch geschieht zwangsläufig. Er kann verzögert, aber nicht verhindert werden.

FRAGE: Ihre Verneinung der Kausalität verwirrt mich. Heißt das, daß niemand verantwortlich ist für die Welt, so wie sie ist?

MAHARAJ: Die Vorstellung von Verantwortung liegt in Ihrem Verstand. Sie glauben, es muß jemanden oder etwas geben, das allein für alle Geschehnisse verantwortlich ist. Doch ein vielfältiges Universum und eine einzige Ursache widersprechen einander. Entweder das eine oder das andere muß falsch sein, oder beides. So wie ich es sehe, sind das alles nur Tagträume. Vorstellungen sind nicht real. Tatsache ist, daß ohne Sie weder das Universum noch seine Ursachen hätten in Erscheinung treten können.

FRAGE: Ich kann nicht herausfinden, ob ich der Schöpfer des Universums oder eines seiner Geschöpfe bin.

MAHARAJ: 'Ich bin' ist eine immer gegenwärtige Tatsache, während 'Ich wurde erschaffen' eine Vorstellung ist. Weder Gott noch das Universum sind zu Ihnen gekommen, um Ihnen zu erzählen, daß sie Sie geschaffen haben. Der Verstand ist besessen von der Vorstellung von Kausalität, er erfindet daher die Schöpfung und fragt sich dann, 'Wer ist der Schöpfer?'. Der Verstand selbst ist der Schöpfer. Auch das ist nicht ganz richtig, denn das Erschaffene und der Schöpfer sind eins.

Der Verstand und die Welt sind nicht getrennt. Verstehen Sie, daß die Vorstellung von der Welt Ihr eigener Verstand ist.

FRAGE: Gibt es eine Welt jenseits oder außerhalb des Verstandes?

MAHARAJ: Raum und Zeit sind im Verstand. Wo wollen Sie eine übergeistige Welt unterbringen? Es gibt viele Ebenen des Verstandes, jede projiziert ihre eigene Version, und doch sind sie alle nur im Verstand und wurden vom Verstand erschaffen.

FRAGE: Was ist Ihre Einstellung zur Sünde? Wie sehen Sie einen Sünder, jemanden, der das innere oder äußere Gesetz bricht? Wollen Sie, daß er sich ändert, oder bemitleiden Sie ihn nur? Oder sind Sie ihm gegenüber gleichgültig wegen seiner Sünden?

MAHARAJ: Für mich gibt es keine Sünder oder Sünden. Ihre Unterscheidung und Wertung haben für mich keine Gültigkeit. Jeder verhält sich seinem Wesen entsprechend. Das kann nicht verändert, noch muß es bedauert werden.

FRAGE: Andere leiden darunter.

MAHARAJ: Das Leben lebt durch Leben. In der Natur ist der Prozeß zwangsläufig, in der Gesellschaft sollte er freiwillig sein. Es kann kein Leben ohne Opfer geben. Ein Sünder weigert sich zu opfern und lädt dadurch den Tod ein. Dies ist so, wie es ist, und es gibt keinen Grund, zu verurteilen oder zu bedauern.

FRAGE: Doch fühlen Sie nicht zumindest Mitleid, wenn Sie einen Menschen in seinen Sünden gefangen sehen?

MAHARAJ: Ja, ich fühle, daß ich jener Mensch bin, seine Sünden sind meine Sünden.

FRAGE: Gut, und was dann?

MAHARAJ: Dadurch, daß ich eins mit ihm werde, wird er eins mit mir. Dies ist kein bewußter Prozeß, es geschieht vollkommen von allein. Wir können gar nicht anders. Was sich ändern soll, ändert sich sowieso. Es ist ausreichend, sich selbst zu kennen, wie man ist, hier und jetzt. Intensives und methodisches Erforschen des eigenen Verstandes ist *Yoga*.

FRAGE: Was ist mit den Ketten des Schicksals, geschmiedet von den Sünden?

MAHARAJ: Wenn Ignoranz, die Mutter der Sünden, sich auflöst, endet auch Bestimmung, der Zwang, immer wieder zu sündigen.

FRAGE: Es gibt auch Vergeltung.

MAHARAJ: Wenn die Ignoranz endet, endet alles. Dann werden die Dinge so gesehen, wie sie sind, und so sind sie gut.

FRAGE: Wenn ein Sünder, ein Gesetzesbrecher, zu Ihnen kommt und um Ihre Gnade bittet, wie werden Sie darauf reagieren?

MAHARAJ: Er wird bekommen, worum er bittet.

FRAGE: Obwohl er ein sehr schlechter Mensch ist?

MAHARAJ: Ich kenne keine schlechten Menschen, ich kenne nur mich selbst. Ich sehe weder Heilige noch Sünder, nur lebende Wesen. Ich händige keine Gnade aus, es gibt nichts, was ich geben oder verweigern könnte, was Sie nicht schon in gleichem Maße besitzen. Seien Sie sich nur Ihrer Reichtümer bewußt, und machen Sie vollen Gebrauch davon. Solange Sie glauben, meine Gnade zu brauchen, werden Sie vor meiner Tür liegen und darum betteln. Es wäre genauso sinnlos, wenn ich Sie um Gnade anbetteln würde. Wir sind nicht getrennt, die Realität ist Allgemeingut.

FRAGE: Eine Mutter kommt zu Ihnen mit einer traurigen Geschichte. Ihr einziger Sohn ist den Drogen und dem Sex verfallen, und es wird immer schlimmer. Sie bittet Sie um Ihre Gnade. Wie werden Sie reagieren?

MAHARAJ: Vielleicht werde ich mich sagen hören, daß sich alles zum Besten wenden wird.

FRAGE: Das ist alles?

MAHARAJ: Das ist alles. Was erwarten Sie sonst?

FRAGE: Doch wird der Sohn sich ändern?

MAHARAJ: Vielleicht, vielleicht auch nicht.

FRAGE: Die Menschen, die sich um Sie versammeln und Sie

seit Jahren kennen, behaupten, daß, wenn Sie sagen, etwas werde sich zum Besten wenden, es zwangsläufig so passiert.

MAHARAJ: Sie könnten genauso sagen, daß das Herz der Mutter das Kind rettet. Für alles gibt es unzählige Ursachen.

FRAGE: Ich habe gehört, daß der Mensch, der nichts für sich selbst will, allmächtig ist. Das ganze Universum steht zu seiner Verfügung.

MAHARAJ: Wenn Sie das glauben, dann handeln Sie entsprechend. Geben Sie alle persönlichen Begierden auf und benutzen Sie die dadurch freigewordenen Energien, um die Welt zu verändern!

FRAGE: Alle *Buddhas* und *Rishis* haben bislang erfolglos versucht, die Welt zu verändern.

Maharaj: Die Welt bringt keine Veränderung hervor, ihr Wesen ist leidvoll und vergänglich. Sehen Sie die Welt, wie sie ist und entledigen Sie sich aller Wünsche und Ängste. Wenn die Welt Sie nicht beherrscht und festhalten kann, wird sie zu einem Ort der Freude und Schönheit. Sie können in der Welt nur glücklich sein, wenn Sie frei von ihr sind.

FRAGE: Was ist falsch, und was ist richtig?

MAHARAJ: Allgemein ausgedrückt ist falsch, was Leiden erzeugt, und richtig, was es beseitigt. Der Körper und der Verstand sind begrenzt und deshalb verletzlich, sie brauchen Schutz, und daraus entsteht Angst. Solange Sie sich mit ihnen identifizieren, müssen Sie leiden. Realisieren Sie Ihre Unabhängigkeit und seien Sie glücklich. Ich sage Ihnen, das ist das Geheimnis des Glücks. Da Sie Ihre wahre Natur nicht kennen, glauben Sie, daß Ihr Glück von Dingen und Menschen abhängig ist. Zu wissen, daß Sie außer Selbsterkenntnis nichts brauchen, um glücklich zu sein, ist Weisheit.

FRAGE: Was kommt zuerst, Sein oder Verlangen?

MAHARAJ: Wenn das Sein im Bewußtsein erscheint, entstehen in Ihrem Verstand die Vorstellung, was Sie sind und gleichzeitig auch die Vorstellung, was Sie sein sollten. Daraus entstehen Verlangen und Taten, und der Prozeß, etwas Bestimmtes zu werden, beginnt. Dieses Werden hat keinen Anfang und kein Ende, denn es fängt jeden Augenblick von neuem an. Lösen sich die Vorstellungen und Wünsche auf, endet auch dieses Werden, etwas Bestimmtes zu sein. Es löst sich im reinen Sein auf, das nicht beschrieben, nur erfahren werden kann.

Die Welt scheint Ihnen so überwältigend real, weil Sie andauernd über sie nachdenken. Hören Sie auf, über sie nachzudenken, und sie wird sich in Rauch auflösen. Sie dürfen nicht vergessen, wenn Verlangen und Angst enden, endet auch die Knechtschaft. Es sind unsere Emotionen, die diese Knechtschaft erzeugen, dieses Muster von Vorliebe und Ablehnung, das wir Charakter und Veranlagung nennen.

FRAGE: Was für eine Motivation zum Handeln gibt es, außer Verlangen und Angst?

MAHARAJ: Keine! Außer, Ihnen ist die Liebe zum Leben, zur Rechtschaffenheit, zur Schönheit Motivation genug.

Haben Sie keine Angst vor der Freiheit von Verlangen und Angst. Es ermöglicht Ihnen ein Leben, das so unterschiedlich ist von allem, was Sie kennen, soviel intensiver und interessanter, daß Sie tatsächlich alles gewinnen, indem Sie alles verlieren.

FRAGE: Da Sie Ihre spirituelle Abstammung von *Rishi Dattatreya* herleiten, dürfen wir annehmen, daß Sie und alle Ihre Vorgänger Wiederverkörperungen des Rishi sind?

MAHARAJ: Glauben Sie, was immer Sie mögen, und wenn Sie entsprechend handeln, werden Sie die entsprechenden Früchte ernten. Doch für mich hat es keine Wichtigkeit. Ich bin, was ich bin, und das genügt mir. Ich habe kein Bedürfnis, mich mit irgend jemandem zu identifizieren, wie berühmt er auch sein mag, noch habe ich das Bedürfnis, Mythen für Realität zu halten. Ich bin nur an der Ignoranz und der Freiheit davon interessiert. Die wahre Rolle eines *Gurus* ist es, die Ignoranz im Herzen und im Verstand des Schülers aufzulösen. Hat der Schüler das einmal verstanden, liegt es an ihm, die entsprechenden Taten folgen zu lassen. Niemand kann für jemand anderen handeln, und wenn er sich nicht richtig verhält, dann heißt das nur, daß er noch nicht verstanden hat und daß die Arbeit des *Guru*s noch nicht vorbei ist.

FRAGE: Gibt es auch hoffnungslose Fälle?

MAHARAJ: Nichts ist hoffnungslos. Hindernisse können überwunden werden. Was das Leben nicht ins Lot bringen kann, wird der Tod beenden, doch für den *Guru* gibt es kein Scheitern.

FRAGE: Warum sind Sie sich so sicher?

MAHARAJ: Des *Guru* und des Menschen innere Realität sind in Wirklichkeit eins und arbeiten zusammen auf dasselbe Ziel hin - die Rettung und Erlösung des Verstandes. Es kann nur zum Erfolg führen. Aus den Hindernissen, die im Weg liegen, bilden sie ihre Brücken. Das Bewußtsein ist nicht das gesamte Sein, es gibt andere Ebenen, auf denen der Mensch viel zugänglicher ist. Der *Guru* ist auf allen Ebenen zu Hause, und seine Kraft und Geduld sind unerschöpflich.

FRAGE: Sie erzählen mir immer wieder, daß ich träume und daß es höchste Zeit sei aufzuwachen. Wie kommt es, daß der *Maharaj*, der mir in meinen Träumen erscheint, es noch nicht geschafft hat, mich aufzuwecken? Er drängt und ermahnt weiter, doch der Traum hält an.

MAHARAJ: Weil Sie noch nicht wirklich verstanden haben, daß Sie träumen. Das ist das Wesen der Knechtschaft, die Vermischung des Realen mit dem Unrealen. In Ihrem momentanen Zustand bezieht sich nur das Gefühl 'Ich bin' auf die Realität, das 'was' und 'wie ich bin', sind Illusionen, aufgezwungen durch Bestimmung oder Zufälle.

FRAGE: Wann begann der Traum?

MAHARAJ: Er scheint ohne Anfang zu sein, doch ist er tatsächlich nur im jetzigen Moment. Sie erneuern ihn von Moment zu Moment. Wenn Sie einmal erkannt haben, daß Sie träumen, werden Sie aufwachen. Doch Sie erkennen es nicht, weil Sie weiter träumen möchten. Eines Tages werden Sie sich mit ganzem Herzen und Verstand nach dem Ende des Traumes sehnen und bereit sein, jeden Preis zu zahlen. Der Lohn wird

Gelassenheit und Losgelöstheit sein, der Verlust des Interesses an dem Traum selbst.

FRAGE: Wie hilflos ich bin. Solange der Traum des Daseins existiert, möchte ich, daß er weitergeht. Solange ich möchte, daß er weitergeht, wird er andauern.

MAHARAJ: Doch es ist nicht unvermeidlich, daß Sie ihn fortsetzen. Sehen Sie mit Klarheit Ihren Zustand, und diese Klarheit wird Sie befreien.

FRAGE: Solange ich bei Ihnen bin, erscheint mir alles, was Sie sagen, offensichtlich, doch sobald ich gegangen bin, kommen Unruhe und Angst wieder zurück.

MAHARAJ: Zumindest in Ihrem Verstand brauchen Sie nie fern von mir zu sein. Doch Ihr Verstand ist hinter dem Wohl der Welt her!

FRAGE: Die Welt ist voller Schwierigkeiten, kein Wunder, daß mein Verstand auch voll davon ist.

MAHARAJ: Hat es je eine Welt ohne Schwierigkeiten gegeben? Die Existenz Ihrer Person ist von der Gewalt gegen andere abhängig. Sogar Ihr Körper ist ein Schlachtfeld, voll von Toten und Sterbenden. Existenz bedingt Gewalt.

FRAGE: Als ein Körper ja; als ein menschliches Wesen ganz sicherlich nein. Für die Menschheit ist Gewaltlosigkeit das Gesetz des Lebens und Gewalt das des Todes.

MAHARAJ: In der Natur gibt es sehr wenig Gewaltlosigkeit.

FRAGE: Gott und die Natur sind nicht menschlich und brauchen sich auch nicht menschlich zu verhalten. Mich interessiert nur der Mensch. Um menschlich zu sein, muß ich absolut mitfühlend sein.

MAHARAJ: Sehen Sie nicht, daß Sie, solange Sie ein Selbst zu verteidigen haben, gewalttätig sein müssen?

FRAGE: Ja, um wirklich menschlich zu sein, muß ich selbstlos sein. Solange ich selbstsüchtig bin, bin ich unmenschlich, nur menschenähnlich.

MAHARAJ: Also sind wir alle nur menschenähnlich, und nur

einige wenige sind menschlich. Wenige oder viele, es geht wieder um die 'Klarheit' und das 'Mitgefühl', die uns menschlich machen. Die Untergeordneten, die 'Menschenähnlichen', werden von *Tamas* und *Rajas* dominiert, und die Menschlichen durch *Sattva*. Klarheit und Mitgefühl ist *Sattva*, wie es den Verstand und die Taten beeinflußt. Doch die Realität ist jenseits von *Sattva*. Seit ich Sie kenne, scheinen Sie immer der Welt helfen zu wollen, wieviel haben Sie geholfen?

Frage: Kein bißchen. Weder hat die Welt sich verändert noch ich. Doch die Welt leidet, und ich leide mit ihr. Gegen das Leid zu kämpfen, ist eine natürliche Reaktion. Und was ist Zivilisation und Kultur, Philosophie und Religion, als der Kampf gegen das Leid. Das Böse und das Ende des Bösen, ist es nicht unsere Hauptbeschäftigung? Sie nennen es vielleicht Ignoranz, es läuft auf dasselbe hinaus.

Maharaj: Nun ja, auf die Worte kommt es nicht an und auch nicht darauf, in welchem Zustand Sie gerade sind. Namen und Zustände verändern sich permanent. Erkennen Sie sich als den unveränderlichen Beobachter des sich verändernden Verstandes. Das ist genug.

Glossar der Sanskritwörter

Adhar: Stütze, Halt.

Adhi-Yoga: Höchster Yoga (*adhi* = über, äußerst + *Yoga*).

Ahimsa: Gewaltlosigkeit, sich enthalten, andere durch Gedanken, Worte oder Taten zu verletzen (Verneinungspartikel *a* = nicht + *himsa* = töten, verletzen).

Akash: Die Leere als Element des Raumes, des Himmels (*a* = zu + *kasha* = Erscheinung).

Ananda: Segen, Segnung, Glückseligkeit (*a* = zu + *nand* = sich freuen).

Anirvachaniya: Das Unbeschreibliche (*a* = nicht, un- + *vachaniya* von *vach* = Wort, Ausdruck).

Antahkarna: Die Psyche, der Geist (*antar* = innerlich + *karana* = Sinnesorgan), also 'Geist' im kollektiven Sinn, einschließlich Intelligenz (*buddhi*), Ego (*ahamkara*) und Verstand (*manas*).

Anubhava: Direkte Wahrnehnung, Erfahrung, Erkenntnis (*anu* = nach + *bhav* = sich ereignen). Eine Erfahrung, die man am Ende einer Handlung, einer Wahrnehmung, eines Gefühls oder eines Gedankens erreicht, ist *anubhava*. In allen Erfahrungen gibt es keinen anderen Erfahrenden als ich. Daher führt alles *anubhava* zum Ich-Prinzip: Ich bin.

Atma, Atman: Das höchste, äußerste Selbst, die individuelle Seele (*atm* = zu einem selbst gehörig). *Atman* ist jenseits der drei *gunas* von *Prakriti*. Nicht *Atman* handelt, sondern nur *Prakriti*.

Atma-Bhakti: Verehrung des Höchsten (*atman* + *bhakti*, von *bhaj* = verehren, anbeten).

Atma-Prakash: Das Licht des Selbst.

Atmaram: Sich des Selbst erfreuen (*atma* = das Selbst + *ram, raman* = sich freuen).

Avatara: Inkarnation (*ava* = aus, herunter, *avataran* = heruntersteigen).

Avyakta: Das Unmanifestierte (Verneinungspartikel *a* = un- + *vyakta* = manifest). Gegenteil: **Vyakta**.

Bhajan: Andachtsübung, Gebet (*bhaj* = verehren).

Bhakti: Verehrung, Anbetung (*bhaj* = verehren); daher

Bhakta: ein Verehrender.

Bhoga, Bhogi: Erfahren weltlicher Freuden und Leiden (*bhuj* = erfreuen, erleiden). Ein *Bhogi* ist in weltliche Freuden und Leiden verstrickt.

Bhoga Marga: der Pfad, der Weltliches verfolgt, bestehend aus Freude und Leid.

Brahma: Gottheit der Hindu-Trinität: *Brahma* der Schöpfer, *Vishnu* der Erhalter und *Shiva* der Zerstörer (*brh* = zunehmen, sich vermehren). *Brahma* erschafft und vermehrt.

Brahmacharya: Enthaltsamkeit, religiöses Studium mit Zölibat. *Brahmacharya* bedeutet im erweiterten Sinn nicht nur Abstinenz von Sexualität, sondern Freisein von aller Sehnsucht nach sinnlichen Freuden.

Brahman: Das Absolute, die letzte Wirklichkeit mit folgenden Charakteristika: absolutes Sein (*sat*), absolutes Bewußtsein (*chit*) und absolute Segnung oder Glückseligkeit (*ananda*). Gemäß Sankaracharya hat *Brahman*, das Absolute, fünf Entwicklungstufen: *Hiranyagarbha*, das Kosmische Selbst, *Ishvara*, den persönlichen Gott in Form eines *Avatars*, *Jiva*, die individuelle Seele, *Prakriti*, die vergängliche Natur und *Shakti*, die Schöpferkraft. *Brahmasmi*: Ich bin das Höchste (*Brahman*, = das Höchste + *asmi* = ich bin von *as* = sein). Ich bin (*asmi*) ist reines Gewahrsein der Existenz des Selbst und daher Ausdruck reinen Bewußtseins oder *Purusha*. Wenn dieses reine Bewußtsein verstrickt wird in Materie, verwandelt sich das reine Ich bin in Ich bin das, Ich bin der Soundso.

Buddhi: Intelligenz, Spiegelung des Wirklichen im Geist (*bodati* = unterscheiden, wissen). *Buddhi* ist die Fähigkeit, die es dem Geist ermöglicht, Objekte der phänomenalen Welt wahrzunehmen. Solange *buddhi* durch das Medium Geist wirksam ist, ist es nicht möglich, das reine Bewußtsein zu erkennen (*budh* = aufwachen, beobachten).

Chetana: Bewußtsein, inneres Erwachen (*chit* = wahrnehmen).

Chidakash: *Brahman* in seinem Aspekt grenzenloser Erkenntnis die Ausdehnung von Gewahrsein (*chit* = wahrnehmen + *akash* = Ausdehnung, Himmel); verschiedentlich verwendet für sowohl individuelles als auch universelles Bewußtsein.

Chidananda: Bewußtsein-Glückseligkeit, Freude des Geistes (*chit* = wahrnehmen + *ananda* = Freude).

Chidaram: Freude des Bewußtseins(*chit* = wahrnehmen + *ram* =

sich freuen).

Chit: Universal-Bewußtsein (*chit* = wahrnehmen).

Chitta: Individuelles Bewußtsein (*chit* = wahrnehmen). *Chitta* ist das immaterielle, aber vom Materiellen beeinflußte Wesen des Bewußtseins. Man kann es als Produkt beider, des Bewußtseins und der Materie, oder *Purusha* und *Prakriti*, beschreiben. *Chitta* enthält alle Geistesebenen, deren niedrigste *manas* ist.

Deha: Der physische Körper.

Deha-Buddhi: Der Intellekt, welcher bewirkt, daß wir das Selbst mit dem physischen Körper identifizieren.

Digambara: Nackt, eingehüllt in die Himmelsrichtungen (*dish, dik* = Viertel oder Himmelsrichtung + *ambar* = Kleidung).

Gnana: Wissen, Erkenntnis, besonders das höhere Wissen, das der Meditation entspringt, meist als **Jnana** (*jna* =wissen) ausgesprochen. (*Gnani, Jnani* = der Wissende). *Gnana* ist die Verwirklichung der Einheit aller Dinge in *Brahman*.

Gunas: Eigenschaften. In der Samkhya-Philosophie die drei Eigenschaften kosmischer Substanz (*Prakriti*): erleuchtend (*sattva*), aktivierend (*rajas*) und zurückhaltend (*tamas*).

Guru: Geistiger Lehrer, Unterweisender.

Jagrat-Sushupti: Wacher Schlaf (*jagri* = wach, aufmerksam, beobachtend sein + *sushupti* = Schlaf). *Jiva, Jivatman*: Die individuelle Seele (*jiv* = leben). Dem Vedanta entsprechend entsteht *jiva* als Resultat fälschlicher Identifizierung von *Atman* mit dem Körper, den Sinnen und dem Geist (mind). *Atman + Handlung ist jiva*.

Kalpana: Vorstellung, Einbildung.

Karma: Handlung, Tat, besonders die verantwortliche Tat, ob gut oder böse (*karma* = tun, ausführen). *Karma* ist dreierlei Art: *sanchita* (aus früheren Geburten angewachsen), *prarabdha* (der Teil des vergangenen *karmas*, der im gegenwärtigen Leben aufgearbeitet werden soll) und *agami* (das jetzige *karma*, dessen Ergebnis das zukünftige Leben befruchten wird).

Karana: Ursache; erste Ursache, die einem Resultat unveränderbar zugrunde liegt; unmanifestierte, potentielle Ursache, die zu gegebener Zeit als sichtbare Auswirkung Form annimmt; die materielle Ursache des Universums. *Karana* ist kosmische Energie in potentieller Form.

Lila: Spiel; der Kosmos als heiliges Spiel betrachtet. *Lila* ist nicht die absolute Wahrheit des *Brahman*, sondern nur partielle Wahrheit, die sich nicht von der Unwahrheit unterscheidet. So mögen z.B. einige Menschen Wasser als Eis beschreiben und andere als Dampf. Beide Feststellungen sind nur eine Teilwahrheit.

Mahadakash: Die große Ausdehnung von Existenz, das Universum aus Materie und Energie (*maha* = groß *akash* = Himmel).

Maha-Karta: Der große Handelnde (*maha* = groß + *karta* = Handelnder von *kar* = tun). Geist (mind) ist der große Tätige,denn er ist stets geschäftig, immer in das eine oder andere verstrickt.

Maha-Mantra: Die große Beschwörungsformel. Siehe **Mantra**.

Maha-Maya: Die große Illusion; Unwirklichkeit (*maha* = groß + *maya* = Illusion). *Maya* ist die täuschende Macht, die die Realität verschleiert. Das Wesen von *Maya* ist die Täuschung. *Maya* ist die Gesamtheit aller mentalen Projektionen.

Maha-Mrityu: Der letztliche Zerfall, der große Tod aller Schöpfung.

Maha-Sattva: Die Höchste Harmonie (*maha* = groß + *sattva* - Seiendes, harmonisches Wesen).

Maha-Tattva: Die Große Realität, das Höchste Bewußtsein (*maha* = groß + *tattva* = Realität, wahre Essenz).

Maha-Vakya: Der erhabene Ausspruch (*maha* = groß + *vakya* = Sprache, Satz, das Gesprochene von *vach* = Wort, Klang, Ausdruck). Als *Mahavakyas* sind vier Aussagen der Upanishaden, welche die höchsten vedischen Wahrheiten ausdrücken, bekannt: *Prajanam Brahman* = Bewußtsein ist Brahman, *Aham Brahmasmi* = Ich bin Brahman, *Tat Tvam Asi* = Das bist Du, und *Ayam Atma Brahma* = Das Selbst ist Brahma.

Mana, Manas: Der Geist, das Verständnis (*man* = denken). *Manas* ist die Denkkapazität, die Fähigkeit zur Unterscheidung. In der Nyaya-Philosophie wird *manas* als Substanz betrachtet, die sich von *Atman*, der Seele, unterscheidet.

Manana: Meditation, Reflexion (*man* = denken).

Mantra: Beschwörung, Hymne, Gedankeninstrument, Idealklänge, als Buchstaben sichtbar und als Silben hörbar gemacht (*man* = denken + *tra* bezeichnet die wirkende Kraft). Ein *mantra* ist eine Wortgruppe, die bei stetiger Wiederholung bestimmte Ergebnisse bewirkt.

Marga: Pfad.

Moksha: Emanzipation, Befreiung von weltlicher Existenz (*muc* = lokkern, befreien).

Mukta: befreiter Mensch.

Mumukshattva: Der rechte Wunsch, der darin besteht, ernsthaft das Höchste Prinzip zu erkennen und dadurch Befreiung zu erlangen. Eine der vier Voraussetzungen für den Wahrheitssucher im Vedanta: rechte Unterscheidung (*viveka*), rechte Loslösung, Gelassenheit (*vairagya*), rechtes Verhalten (*sat-sampat*), und rechtes Streben (*mumukshattva*). *Mumukshattva* ist die intensive Sehnsucht nach Befreiung.

Moksha-Sankalpa: Die Entschlossenheit, vom Falschen frei zu werden (*moksha* = Befreiung + *sankalpa* = Entschluß).

Neti-Neti: Nicht dies, nicht das. Analytischer Prozeß fortschreitender Verneinung aller Namen und Formen (*nama-rupa*), aus denen die Welt besteht, um zu ewigen, Letzten Wahrheit zu gelangen.

Nirguna: Das Unkonditionierte, ohne Attribute (*nir* = ohne + *guna* = Attribut).

Nirvana: Letzte Auflösung, Auslöschen der Lebensflamme (*nis* = aus + *vana* = geblasen von *va* = blasen). Befreiung von der Materie und Wiedervereinigung mit dem Höchsten Geist (*Brahman*).

Nirvani: Ein nach dem *Nirvana* Suchender.

Nirvikalpa:Das Freisein von Ideenbildung, ohne Einschränkungen des Geistes (*nir* = ohne + *vikalpa* = Zweifel, Vorstellung, Phantasie).

Nisarga: Natürlich, angeboren, eingeboren.

Nivritti: Befreiung aus weltlicher Existenz, Rückzug (*nir* = ohne + *vritti* von *vart* = sich drehen, kreisen, der Lebensturnus).

Parabrahman: Die Höchste Realität (*para* = jenseits + *Brahman* = Höchste Wirklichkeit).

Paramakash: Die große Ausdehnung, die zeit- und raumlose Wirklichkeit (*param* = höchst, größt + *akash* = die Leere), also das Absolute Sein.

Paramartha: Die äußerste Wahrheit (*para* = jenseits + *artha* = Ziel, Wahres Wissen).

Pragna: Wissen ohne Ich-Bewußtsein, wahrnehmendes Bewußtsein, reines Gewahrsein. Auch *prajna* geschrieben (*praj* = weise, *pra* = hoch + *jan* = wissen). *Prajna* steht für höheres Bewußtsein.

Prakriti: Die kosmische Substanz, die ursprüngliche, nicht verursachte Ursache phänomenaler Existenz, die ohne Form, ohne Grenzen, unbeweglich, ewig und alles-durchdringend ist (*pra* = vor, erst + *kar* = machen). Man nennt es auch Avyakta.

Pralaya: Völlige Auflösung, wenn der Kosmos in das Unmanifestierte Absolute der Höchsten Wahrheit verschmilzt (*pra* = vor + *laya* = Auslöschung).

Prana: Odem des Lebens, Lebens-Prinzip (*pra* = vor + *ana* = Atem).

Prarabdha: Schicksal; das, was als Handlung begann (*pra, prak* = vor + *abdham, addhi* = Reservoir). Die Anhäufung von *sanchita karma* (das *karma* vergangener Leben), das, was das gegenwärtige Leben bestimmt hat.

Pravritti: Fortgesetzte Aktivität, Vorliebe für ein weltliches Leben (*pra* = vor + *vritti* = Lebensform).

Premakash: *Brahman* als Aspekt grenzenloser Liebe (*prem* = Liebe + *akash* = Ausdehnung, Himmel). Ein anderer Ausdruck für *Chidakash*, mit der Betonung des liebenden Aspektes und nicht des Wissens. Liebe ist das durch das Herz offenbarte Selbst. *Premakash* ist das Herz + Ich bin: Ich bin das Herz.

Puja: Verehrung, Anbetung (*pu, puyati, puta* = reinigen).

Purna: Vollständig, absolut, unendlich; für *Brahman* gebräuchlich.

Purusha: Der kosmische Geist, der das Universum bewirkt, seine ewige Ursache ist und in aller manifestierten Materie Bewußtsein erscheinen läßt (*prakriti*). Die Gebundenheit von *Purusha* in der Materie ist die Folge des Ich-Bewußtseins, aus *chitta-vrittis* erzeugt, welche ungezählte Wünsche entstehen läßt.

Rajas: Bewegung, Aktivität, Energie (*ra(n)j* = gefärbt, betroffen, bewegt sein). Einer der drei Bestandteile kosmischer Substanz (*sattva, rajas* und *tamas*), ohne die die beiden anderen nicht offenbar sein könnten. Im Yoga: Egoismus.

Sad-Chit: Transzendentaler Zustand des Universalbewußtseins (*sat* = Sein + *chit* = Bewußtsein).

Sadanubhava: Erfahrung der immerwährenden Wirklichkeit (*sada* = immer + *anubhava* = Erfahrung).

Sadhashiva: Andauernde Glückseligkeit, stetes Glück (*sada* = immer + *shiva* = huldreich, freundlich, glücklich).

Sadchidananda: Das äußerste Prinzip vollkommener Vollkommenheit der drei Eigenschaften (Attribute): *sat* = Sein, *chit* = Bewußtsein, *ananda* = Glückseligkeit.

Sadguru: Der wahre geistige Lehrer (*sat* = wahres, transzendentales Sein + *guru* = Lehrer).

Sadhana: Zu Erfolg (*siddhi*) führende Übung (*sadh* = gerade auf das Ziel zugehen, erfolgreich sein).

Sadhu: Asket (*sadh* = gerade auf das Ziel zugehen).

Saguna: Manifester Zustand mit den drei *gunas: sattva, rajas* und *tamas*. Das Höchst Absolute als Eigenschaften wie Liebe, Erbarmen usw. besitzend verstanden, im Unterschied zum Undifferenzierten Absoluten des Advaita Vedanta.

Samadhi: Überbewußter Zustand, tiefe Meditation, Trance, verzückte Versunkenheit (*sam* = zusammen + *a* = zu + *dhi* = zurechtrücken, zusammenfügen). Yoga-Praktik, in welcher der Sucher (*sadhaka*) eins wird mit dem Objekt der Meditation (*sadhya*) und dadurch einen Zustand uneingeschränkter Segnung erreicht. *Samadhi* besteht in fünf Formen: *savikalpa*, die bildhafte Vorstellung eines Sinnesobjekts (gewöhnlich eines Ideals oder Gottes) im dualistischen Raum, *nirvikalpa*, jenseits aller Zweifel, Namen und Formen, *nissankalpa*, alle Wünsche hören auf, in Form von = Sankalpa aufzutauchen, *nirvrittik*, selbst unwillkürliche Mentalaktivitäten (*vrittis*) hören auf, *nirvasana*, selbst das instinktive Aufwallen von = Vasanas wird beruhigt.

Samskara: Mental-Eindruck, Erinnerung (*sans* = zusammen + *kara* =

Handlung, zusammensetzen). Auch *vasana* genannt, der zurückbleibende Eindruck.

Samvid: Wahres Bewußtsein, Gewahrsein.

Sat: Transzendentaler Aspekt des höchsten Prinzips in Aktivität (Part. der Wurzel *as* = sein). Gegenteil: **Asat**.

Sat-Sang: Gemeinschaft mit den wahren und weisen Menschen (*sat* = wahr, weise + *sang* = Gemeinschaft).

Sattva:: Sein, Existenz, wahre Essenz (*sat* = Sein + begriffsbildendes Partikel *tva*). Im Yoga die Eigenschaft von Reinheit und Güte. Sattvisch = rein, wahr.

Sattvanubhava: Erfahrung(*anubhava*) der wahren Harmonie mit dem Universum (*sattva* = Sein).

Satyam-Shivam-Sundaram: Das Wahre, das Gute, das Schöne (*satyam* Subst. zu *sat* = wahr, *shivam* von *shiva* = glücklich, gnädig, *sundaram* von *sundar* = schön).

Satyakama: Derjenige, der nach der Höchsten Wahrheit verlangt (*satya* = Wahrheit, *Brahman* + *kama, kaman* = Verlangen).

Shiva: Einer der Götter der Hindu-Trinität - *Brahma* der Schöpfer, *Vishnu*, der Erhalter und *Shiva*, der Zerstörer. *Shiva* bedeutet eigentlich glückverheißend, gnädig. Die Zerstörung des Kosmos durch den Gott *Shiva* ist eine gnädige Tat, denn die Zerstörung geht der Schöpfung voraus. *Shiva* ist absolute Liebe des Ich-Prinzips im Menschen. Als Zerstörer vollbringt er die völlige Aufhebung des menschlichen Egos.

Shravana: Das Hören der heiligen Schriften, der Akt des Hörens.

Siddha: Ein verwirklichter Mensch, derjenige, der Vollkommenheit erreicht hat.

Smarana: Erinnerung, mentale Rezitation.

Soham: Ich bin Er (*so* = er + *aham* = ich bin).

Sutratma: Das Verbindende zwischen allen Wesen (*sutra* = Band, Faden, Schnur + *atma* = Seele). Die bandartige Stütze der manifestierten Welten, also das reine Bewußtsein als Substrat aller Wesen. Der *Maharaj* verwendet das Wort für das von Leben zu Leben angehäufte *karma*.

Swarga: Die himmlischen Regionen.

Swarupa: Jemandes eigene Form, Wesen, Charakter (*sva* = das eigene + *rupa* = feines Formelement).

Tamas: Dunkelheit, Unbeweglichkeit, Passivität. Einer der drei Bestandteile (*gunas*) der kosmischen Substanz: *sattva, rajas* und *tamas*.

Tat-Sat: Das ist die Wahrheit (*tat* = das + *sat* = Wahrheit, Sein, Wirklichkeit). Im Heiligen Text: *Om Tat Sat* wird *Brahman* jedem der drei Worte gleichgesetzt.

Tattva: Die wahre Essenz, Wirklichkeit (*tad, tat* = das + *tva* = *Abstraktum bil-*

dendes Formans, daher die Bedeutung etwa So-heit).

Turiya: Überbewußter Zustand von *samadhi*, der vierte Zustand (*turiya* = viertens) der Seele, in dem sie eins wird mit *Brahman*, dem Universalbewußtsein.

Turiyatita: Jenseits des Universalbewußtseins (*turiya* + *atita* = darüber hinausgegangen).

Tyaga: Entsagung von den Früchten aller Arbeit, d.h. der *tyagi* sollte sein *karma* in Loslösung und ohne Verlangen nach Ergebnissen ausüben.

Uparati: Rast, Ruhe, Duldsamkeit und Lossagung von allen konfessionellen Regeln (*upa* = zu...hin, unter, unten + *rati* = Rast, Ruhe, aus der Wurzel *ram* = zufriedenstellen). Im Vedanta eine der sechs zu erlangenden Erkenntnisse (*sat-sampat*): *sama* = Ruhe, *dama* = Selbstentsagung, *uprati* = Duldsamkeit, *titiksha* = Ausdauer, *sraddha* = Vertrauen und *samadhana* = Gleichgewicht.

Vairagya: Das Nichtvorhandensein weltlicher Begierden (*vi* = abseits, ohne + *raga* = Wunsch, Verlangen). Gleichgültigkeit gegenüber dem Unwirklichen und Vergänglichen, also völlige Abwesenheit jeglichen Angezogenseins von Dingen, die Freude bereiten.

Vishnu: Einer der Götter der Hindu-Trinität: *Brahma, Vishnu* und *Shiva*.

Viveka: Unterscheidung. Die rechte Unterscheidung zwischen dem Wahren und dem Falschen, dem Wirklichen und dem Unwirklichen (*vi* = fort, ohne + *veka* aus der Wurzel *vic* = abtrennen, lösen). *Viveka* ist Ausdruck spirituellen Bewußtseins jenseits der Geistestätigkeit. *Viveka* führt zu **Vairagya**.

Vyakta: Offenbarte Materie, das hochentwickelte Wesen (*vi* = fort, ohne + *akta* Passivpartizip von *anj* = salben). Also entwickeltes, gesalbtes Wesen. Gegenteil: **Avyakta**.

Vyakti: Die Person, der Mensch mit Persönlichkeitsempfinden, das äußere Selbst.

Vyaktitva: Persönlichkeit, begrenzte Selbst-Identifizierung mit dem Körper.

Yoga: Eines der sechs Systeme der Hindu-Philosophie (von *yuj* = jochen, verbinden). Yoga lehrt die Hilfsmittel, durch welche der individuelle Geist (*jivatma*) mit dem Universal-Geist (*paramatma*) vereint werden kann. Man betrachtet Pantajali als Begründer des *yoga*.

Yoga-Bhrashta: Jemand, der aus dem hohen *yoga*-Zustand gefallen ist.

Yoga-Kshetra: Das Betätigungsfeld für *yoga*, im philosophischen Sinn der physische Körper (*kshetra* = Feld).

Yoga-Sadhana: Spirituelle *yoga*-Praktiken.

Yogi: Jemand, der *yoga* ausübt.

ICH BIN ... / I AM THAT

Ramesh S. Balsekar

DUETT DER EINHEIT

Der Ashtavakra Gita Dialog

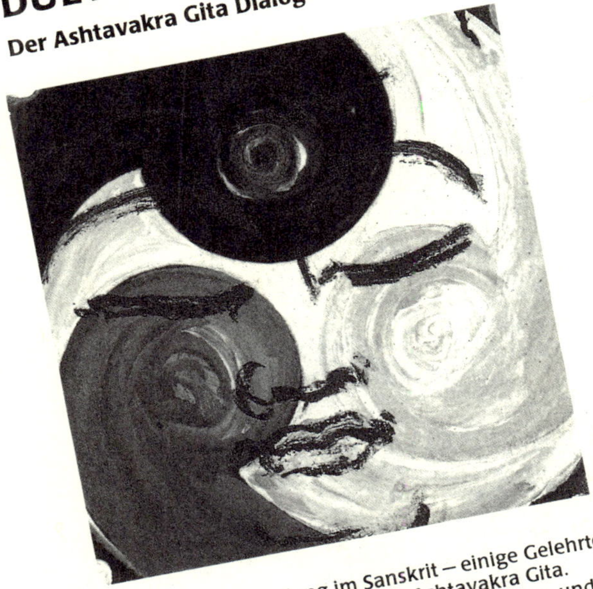

„Es gibt eine klassische Abhandlung im Sanskrit – einige Gelehrte halten sie für älter als die Bhagavad Gita – die Ashtavakra Gita. Sie beinhaltet den Dialog zwischen dem Heiligen, Ashtavakra und seinem Schüler, König Janaka. Dieser Dialog ist ein außergewöhnliches Beispiel für das göttliche Element in der Beziehung eines Gurus und eines extrem „reifen" Schülers, i.e. einer, der nur noch auf diesen einen, kurzen Funken von Initiierung in die Wahrheit wartet, der augenblicklich zur Erleuchtung führt.

Die Ashtavakra Gita bietet eine sehr direkte, positive und unmißverständliche Auslegung der Lehre der Nicht-Dualität – vielleicht die beste, die je entstanden ist."

In diesem Buch enthüllt sich Ramesh S. Balsekar selbst als einen spirituellen Meister des 20. Jahrhunderts. Er übersetzt die 300 Verse aus dem Sanskrit und entschlüsselt deren ungetrübte Klarheit und Direktheit, wie es wohl nur ein Meister kann.

Die Gedanken der Nicht-Dualität und ein nachvollziehbares Meister/Schüler Verhältnis, transparent gemacht von einem lebenden Meister, machen dieses Buch zu einem spirituellen Kleinod.

Ramesh S. Baleskar
Duett der Einheit
Der Ashtavakra Gita Dialog
ISBN 3-926257-08-3
220 S., geb., Schutzumschlag

DREHBUCH I

DREHBUCH für MEISTERSCHAFT im LEBEN

Es gibt jemanden,
der IHR Erleben
von einem Moment
zum anderen
von Grund auf ändern
und IHR Leben zu
wahrer Meisterschaft
führen kann:

SIE SELBST

„Das erste Buch, das aus der erlebten Einsicht geschrieben worden ist, daß wir einen Verstand haben und nicht unser Verstand sind. Wenn von Transformation und Wandlung gesprochen wird - hier ist sie nachvollziehbar beschrieben. Es ist das Buch zum Leben des Lebens. Es gibt wohl kaum ein anderes Buch, das den Prozeß des Wach- und Gesundwerdens so tiefgehend und nachhaltig beeinflussen kann."

Dr. Henning von der Osten

Ron Smothermon M.D.
Drehbuch für Meisterschaft im Leben
ISBN 3-926257-00-8

Sie sind ohne Gebrauchsanweisung geboren. Welche haben Sie erfunden?

Ron Smothermon

HANDBUCH FÜR DAS DRITTE JAHR1000

Wir erschaffen uns unsere eigene Realität in einem schöpferischen Prozeß. Wie sind Sie mit Ihrem Ergebnis – er zeigt sich in Ihrem Lebensgefühl und Ihren Beiträgen zu dieser Welt – zufrieden? Befreien oder versklaven Sie sich und andere?

Spüren Sie einen ständigen Zuwachs an Kraft, Kreativität, Lebensglück, Intensität in Ihren Beziehungen, an Liebe für diese Welt, oder hängen Sie irgendwo fest?

Das neueste, unbequemste und befreiendste Werk von einem der großen Wachtstumshelfer unserer Zeit.

Ron Smothermon, ehemals Arzt (Psychiater), jetzt Autor, Trainer und Künstler liefert Ihnen in diesem Buch eine machtvolle Lebensphilosophie für das nächste Jahrtausend. In seiner genialen Art beschreibt er die Hindernisse, die zwischen uns und einem schöpferischen, tief befriedigenden Leben stehen und liefert das „Räumwerkzeug".

Ron Smothermon
Handbuch für das Dritte Jahr1000
Übersetzt von Heike Carl
ISBN 3-926257-09-1
Qualitätsbrosch., ca. 380 S.

Seung Sahn

Buddha steht kopf

Die Lehren des Zen-Meisters Seung Sahn

Hoch in den Bergen wird die große Tempelglocke geschlagen. Du hörst ihren Widerhall in der Morgenluft – und alle Gedanken verschwinden aus deinem Geist. Es gibt nichts mehr, was du bist. Es gibt nichts mehr, was du nicht bist. Es gibt nur noch den Klang der Glocke, der das ganze Universum erfüllt.

Die ursprüngliche Natur hat keine Gegensätze. Sprache und Worte sind unnötig. Ohne Denken sind alle Dinge genauso, wie sie sind. Die Wahrheit ist einfach genau so.

Also wozu benutzen wir Worte? Wozu haben wir dieses Buch gemacht? Entsprechend der orientalischen Medizin wird jede Krankheit mit dem Mittel bekämpft, durch das sie verursacht wurde. Die meisten Menschen sind sehr abhängig von Worten und Sprache. Deshalb heilen wir diese Krankheit mit der Wort-und-Sprache-Medizin.

Seung Sahn

Seung Sahn
Buddha steht kopf
ISBN 3-926257-06-7